U0647328

"南水北调精神教育文丛"
编辑委员会名单

主　　任：朱是西

副 主 编：王智慧　　李　永

委　　员：（以姓氏笔画为序）
　　　　　　万里征　　王兴华　　包　晓　　孙富国　　张富强
　　　　　　周大鹏　　赵　鹏　　赵庆波　　柳明伟　　秦守国

《南阳古代官德文化概论》

主　　编：李　永　　孔国庆

副 主 编：孙富国　靳安广　席晓丽

编辑（写）人员：
　　　　　　李新士　　杨景涛　　张书报　　靳安广　　石　峰

南阳古代官德文化概论

李永　孔国庆　主编

人民出版社

C 目 录
ONTENTS

引 言

上 篇
南阳古代官德文化的形成及影响

中　篇
南阳古代优秀官员官德概览

下　篇
南阳古代官德文化的当代价值

序

　　文化是一个国家、一个民族的灵魂。党的十九届五中全会明确提出到 2035 年建成文化强国的远景目标，并强调在"十四五"时期推进社会主义文化强国建设。这是以习近平同志为核心的党中央基于历史和现实、着眼全局和长远作出的战略决策，标志着我国文化建设进入了一个新的历史阶段。中华优秀传统文化，是新时代干部政德建设的重要理论资源，其中包含的传统治国理政思想观念，特别是政德文化，蕴含着历久弥新的传世智慧。

　　习近平总书记非常重视社会发展史、中华优秀传统文化、中国共产党历史的学习、传承和弘扬。他指出："优秀传统文化是一个国家、一个民族传承和发展的根本，如果丢掉了，就割断了精神命脉。""战胜前进道路上各种风险挑战，文化是重要力量源泉。""学史明理、学史增信、学史崇德、学史力行"。通过对历史、文化的学习，从中反思、警醒、觉悟，在思想上清醒和坚定，在道德上锤炼和提升，在实践上勇毅和奋发。不忘本来才能开辟未来，善于继承才能更好创新。迈入新时代，实现中国特色社会主义现代化奋斗目标和中华民族伟大复兴的艰巨使命，关键在党，关键在人，要确保党在发展中国特色社会主义历史进程中始终成为坚强领导核心，要建设一支宏大的高素质干部队伍，对德才兼备的党政干部的要求愈发突出。治国之要，首在用人。古人讲："为政之要，莫先于用人。""尚贤者，政之本也。"选贤任能，历来是治国的关键性、根本性问题。那么，如何拥有大批德才兼备的党政干部呢？对古代官德文化的研究和学习，是吸取历史经验的重要内容和途径，是党员干部修身律己的良好方法。

古代官德文化源远流长，丰富多彩。南阳是中国历史文化名城，自古以来英杰辈出，群星璀璨。在南阳丰饶的大地上，多少优秀官员，以自己出色的政绩、高洁的品行，书写出为官从政的精彩篇章，流传下不朽的官德，充实发展出宝贵的南阳古代官德文化。如百里奚、范蠡、张释之、召信臣、诸葛亮、邓禹、张衡、张仲景、羊续、范仲淹、贾黯、元好问等，他们以鞠躬尽瘁、忠诚担当、先天下之忧而忧、清正廉洁、勤政为民、公正执法等优秀官德，哺育着一代代的官员，净化着社会风气，造福着一方百姓。这一官德文化实际的影响超越了南阳地域的局限，对整个中华民族都有积极的影响，某种程度在国际上也具有深远影响。比如，张衡的科学创新、张仲景的民本意识、诸葛亮的忠诚尽责、范仲淹的忧乐思想等，其影响波及甚广。

挖掘和整理南阳古代官德文化，是一项有意义的工作，也具有一定的挑战。第一，官德也就是今天所讲的政德，是党员干部从政为官的职业道德。政德是领导干部为官之魂、从政之基、用权之道。国无德不兴，人无德不立，官无德不为。政德好坏，在社会生活中具有根本性的作用，不仅是领导干部安身立命之本，关乎领导干部个人形象，更是整个社会道德建设的风向标和政治生态的导航仪，关乎党的执政地位和国家的前途命运。所以，领导干部政德建设事关党和国家兴衰存亡。用优秀的官德文化教育和熏陶领导干部，是官德建设的重要举措。第二，对南阳古代官德文化的整理和弘扬，是南阳加强文化建设的重要内容，是文化建设在历史深度和聚焦重点内容方面的突出表现，而且对宣传和推介南阳形象也将发挥积极作用。第三，挑战性在于，南阳历史上名人辈出，优秀官员众多，如何取舍选择，同时选择出来的官员事迹和德行如何表达，都有不小的难度。

此书克服了种种困难，比较精心地选择出具有代表性的优秀官员，重点论述了他们为官从政的典型官德，为我们呈现了南阳古代官德文化的厚重和灿烂。阅读之，无疑是感受传统文化之熏陶。本书的出发点和落脚点，是揭示南阳古代官德文化的时代价值和现实意义，这是著作的目的和价值所在。作者以史为据，史论结合，视野开阔，胸襟博大，见解深刻，阐述透彻，促人思考，启人心智，能够让人警醒、感悟，见贤思齐。

习近平总书记说："我们党要永远立于不败之地，就要不断推进自我革命，教育引导党员、干部特别是领导干部从思想上正本清源、固本培元，筑牢思想道德防线，增强拒腐防变和抵御风险能力，时刻保持共产党人的政治本色。"解决认识上的问题、思想上的问题，通过教育学习，是十分有效的途径和方法。从党员干部自身来说，勤于学习、主动学习，更有利于自身思想觉悟的提高，更有助于纠正错误认识，澄清模糊的认识，使认识正确深刻、清醒坚定。这本关于官德文化的著作，为党员干部提供了加强自身修养的优秀学习读本，从中能够感悟和汲取丰富的精神营养，助力党员干部不忘初心，牢记使命，在工作、生活中，崇尚美德，忠诚干净担当，永葆蓬勃朝气，永远做人民公仆、时代先锋、民族脊梁。

当然，对于普通读者，本书可读性也很强，有故事，有评述，鲜活的人物，精彩的故事，深刻的人生哲理，能带给读者美善的体验和智慧的启迪。总之，本书是一部值得人们品味阅读的好书。

　　毋庸讳言，本书还有不小的提升空间。对于书中众多的人物，怎样安排组织，使其更加清晰有序，还有待思索和改进；表达风格如何贴近现实，注意与时代发展和现代人，特别是年轻人的特点相契合，做到化古出新、不拘一格、生动活泼，接地气、聚人气、有生气，更清新和流行化；对南阳古代官德文化的提炼如何更为精准，使其更能深入人心，发挥更大的社会价值等方面，无疑都有努力改进之处。期待作者在继续研究中不断完善！

2021 年 5 月

引 言

一、中国古代官德和官德文化

《大学》开篇讲："大学之道，在明明德，在亲民，在止于至善。"这是儒家政治伦理哲学著名的"三纲目"，意思是说：大学的道理，在于修明彰显自己的德行（良知），以德行为基础推己及人、亲和民众，最终取得合理的立场和为政效果。《大学》进一步论述："古之欲明明德于天下者，先治其国；欲治其国者，先齐其家；欲齐其家者，先修其身；欲修其身者，先正其心；欲正其心者，先诚其意；欲诚其意者，先致其知；致知在格物。物格而后知至，知至而后意诚，意诚而后心正，心正而后身修，身修而后家齐，家齐而后国治，国治而后天下平。"这段话是古代儒家结合万事物理对君子"明明德"思想和认识境界的进一步阐释，也就是儒家实现政治文明和大同社会理想的八个必要步骤（"格物""致知""诚意""正心""修身""齐家""治国""平天下"），这其中关键的一点，就是道出了中国传统文化中一个极其重要的特征：道德伦理本位意识。中国古人的宇宙观、人生观、社会秩序感甚至是家庭生活等，方方面面都有着鲜明的道德伦理烙印。

官员，在社会上扮演着特殊的角色，肩负着特殊的使命。《周礼·天官·叙官》讲："惟王建国，辨方正位，体国经野，设官分职，以为民极。"表明设官为国，官员管民并作为民众的表率。《史记·殷本纪》认为，"君国子民，为善者皆在王官。"儒家的基本命题之一是"内圣外王"，将道德与政治直接关联。无论官居何位、权力多大，修身都是首先要面对的问题，不过此关，就无从谈齐家、治国、平天下。为官之德是道德建设的重要组成部分，也是全社会普遍关注的问题。中国古人一直很注重官德问题，并有许多精彩论断。从"为政九德"到"十思"，从《待漏院记》到《阅江楼记》，我们可以看出，中国古代针对官德的评说早已自成体系，而这个体系又是与中国传统文化紧密相连的。

《尚书·皋陶谟》中，皋陶与大禹讨论如何选拔官员，总结出了"为政九德"："宽而栗，柔而立，愿而恭，乱而敬，扰而毅，直而温，简而廉，刚而塞，强而义。"皋陶认为，理想中的官员应该具备九种德行：宽宏大量而又严肃恭谨，性情温和而又有主见，态度谦虚而又庄重严肃，具有才干而又办事认真，善于听取别人意见而又刚毅果断，行为正直而又态度温和，直率旷达而又品行廉洁，刚正不阿而又脚踏实地，坚强勇敢而又符合道义。

"九德"可以说是官员道德水平的理想境界。对于一般人来说，很难天生就具有这些美德。怎么办呢？古人总结出了修炼"九德"的基本方法。

魏徵在《谏太宗十思疏》中，以"十思"劝谏唐太宗李世民，这"十思"就是通往"九德"的路径："君人者诚能见可欲，则思知足以自戒；将有作，则思知止以安人；念高危，则思谦冲而自牧；惧满溢，则思江海下百川；乐盘游，则思三驱以为度；忧懈怠，则思慎始而敬终；虑壅蔽，则思虚心以纳下；惧谗邪，则思正身以黜恶；恩所加，则思无因喜以谬赏；罚所及，则思无因怒而滥刑。"大意是：看见特别喜好的东西，要想到知足以自我约束；将要大兴土木，就要想到适可而止，以便能使百姓安宁；想到身居高位的风险，就要想到低调做人以加强自身修养；害怕自己骄傲自满，就该想到像大海一样处于百川之下，心胸博大；乐于打猎游乐，应想到古人"打猎只能围三面，网开一面"的做法，知道凡事不可过度；害怕自己懈怠懒惰，就自始至终都要谨慎；怕受欺瞒，就要想到虚心接受他人意见；害怕邪恶之人聚集在身边，就想到自身要先正直，然后才可斥退邪恶之人；要给别人以恩惠，就要想到是不是因为偏爱而错误地奖赏；将要实施惩罚，就要想到是不是因为生气而滥用刑罚。做到这十个方面，对扩大"九德"的修养，一定会得到很多补益。

宋朝著名文学家王禹偁写了一篇著名的文章《待漏院记》，这也是一篇探讨官德的文章。待漏院，是百官在宫门外等候早朝的地方。《待漏院记》是讲述官员利用待漏之时思考为官之德的。文章说，贤相忠臣在待漏院等待早朝时想到的是："兆民未安，思所泰之；四夷未附，思所来之。兵革未息，何以弭之；田畴多芜，何以辟之。贤人在野，我将进之；佞臣立朝，我将斥之。"即如何使老百姓安居乐业，如何使四方少数民族归顺朝廷，如何使战乱尽快平息，如何使荒芜的土地得以开辟，如何使在野的贤人得以重用，如何将奸佞小人逐出朝廷等等。这些官员显然是心系苍生之人，其官德当然值得嘉许。

可并不是所有的官员都如此。一部分官员在待漏之时，想的则是另外的事："私仇未复，思所逐之；旧恩未报，思所荣之。子女玉帛，何以致之；车马器玩，何以取之。奸人附势，我将陟之；直士抗言，我将黜之。三时告灾，上有忧色，构巧词以悦之；群吏弄法，君闻怨言，进谄容以媚之。"他们想的是如何报私仇，如何得到子女玉帛，如何党同伐异。一句话，他们想的是一己私利。与前相对，高下立判。

《待漏院记》虽然通篇没有一处提到官德，但却抓住了官德的关键之处。修官德的关键就在"起心动念处"。如果一个官员起心动念是为百姓苍生着想，那么这个人的官德一定让人称许；反之，若一个官员时时处处想的都是如何谋求个人私利，那么不论他如何作秀、掩饰，本质上一定是官品低下和徇私枉法的。

明朝初年，朱元璋下诏在南京修建阅江楼，并让文臣宋濂为此楼写一篇庆贺文章。宋濂写了《阅江楼记》，在有限度地歌功颂德之余，重点还是劝谏朱元璋要修"官德"。他说，陛下下诏建这座楼，是为了"与民同游观之乐"。接着又具体说陛下登楼观景应该怎么想：其一，在阅江楼上看到大好山河，应该想如何保住江山，"见江汉之朝宗，诸侯之述职，城池之高深，关阨之严固"，则"中夏之广，益思有以保之"；其二，在阅江楼上看到远方少数民族的船舶航行在长江上，应想到如何怀柔天下，"见波涛之浩荡，风帆之上下，番舶接迹而来庭，蛮琛联肩而入贡"，则"四陲之远，益思所以柔之"；其三，在阅江楼上看到两岸人民辛勤劳作的身影，则要想到如何安民，"见两岸之间、四郊之上，耕人有炙肤皲足之烦，农女有挌桑行馌之勤"，则"万方之民，益思有以安之"。①

上述"为政九德""十思"，《待漏院记》《阅江楼记》，我们可以看出，中国古代从政治文件到文学作品，其中都有针对官德思想的认识价值体系，而这个体系又是与中国传统文化紧密相连的。

中国古代政治文化很明显的一个特征就是重德。用道德教化来赢

① 郑连根：《"官德"文章千古事》，《光明日报》2013 年 4 月 17 日。

得民心，是古代政治家成就一番伟业的法宝。从古至今，民心向背决定着执政者的成败和国家的命运。古今中外，法律和制度只能从外部降低腐败发生的可能性，但道德却可以从根本上消除官员对腐败的迷失。

国无德不兴，人无德不立。世间行业万千，均应各守其德。师有师德，医有医德，商有商德，艺有艺德。对为官从政者来说，在管理国家和社会事务时，必须恪守基本的职业道德与政治操守，这便是官德。①"官德"又称为"政德"，是为官者在其管理活动和权力运作过程中所展现出来的德行素质。②对各级领导干部来说，官德就是为官从政的职业道德。具体而言，官德是领导干部在行使职权、履行职责的过程中所表现出来的道德素质、品行修养、节操伦理，是一个领导干部政治品德、思想作风的综合反映，也是每一位领导干部的从政之本、用权之道、做人之魂。③官德建设是道德建设特别重要的内容。官德即从政者的道德，指为官之人在施政行为中对"非分之思"的自我思想约束和行为敬惧，官德是官员的立身之本，是做人做官的良心和道德操守。官德建设既是执政的需要，也是做人的需要。官德包含政治道德、角色道德以及特殊的职业道德等几个方面。传统的官德分为官德和君德，概括地说，就是上下级官员都应该具备的职业道德和品质要求。④习近平总书记高度重视党政领导干部的官德修养。早在浙江工作期间，他在《用权讲官德，交往有原则》一文中就指出：所谓官德，也就是从政道德，是

---

① 王杰：《从传统官德中汲取为官从政智慧》，《中国领导科学》2018 年第 1 期。
② 刘玉君：《官德——中国传统文化之魂》，《长江论坛》2001 年第 6 期。
③ 余师芳：《领导干部官德失范与匡正策略》，《重庆行政（公共论坛）》2018 年第 3 期。
④ 姜彦国：《重塑中国官德研究》，博士学位论文，吉林大学，2014 年。

为官当政者从政德行的综合反映。

中国传统文化历来强调为官从政者要做到以德修身、以德为政。孔子说："为政以德，譬如北辰，居其所而众星共之。"荀子说："德不称位，能不称官，赏不当功，罚不当罪，不祥莫大焉。"西汉的刘向说："道德不厚者，不可使民。"宋代的王安石说："修其心治其身，而后可以为政于天下。"做官必须先做人，为官必须先修德，根本在于德是修身之本、为政之要。①

在古代，治理国家和天下被看作是最重要的事业，所以"官德"也被看作是最重要的道德。一个社会官德的好坏，关系到国家的安危和民众的祸福。因此，官德也就成了传统文化中闪耀着先哲深睿智慧、包含着往昔成败经验的一份丰厚的文化遗产。② 为政以德、崇德重礼、清正廉明、节俭持家、正心修身，这是古人留给我们的宝贵遗产。官员只有留下美德，才能被百姓铭记，才能名垂青史。

中国数千年政治文明的演进，赋予了传统官德极为丰富的内涵，涵盖了官员政治活动与社会生活的方方面面。它既涉及到官员自身的道德修养，也包括官员处理公务时的具体方法和要求，甚至还涉及到官员的家庭社会等方面。传统官德的主要内容包括孝悌忠信、礼义廉耻、公畏慎勤、清俭和节、仁爱宽恕、平明志友、谦正忍敬、直智实达、淡静藏谨、温恭让学。其中，忠、孝、慎、廉四德目颇为人们所倚重。③

同时，我们要认识到，古代官德是特定历史条件下的产物，特别是在漫长的封建社会中产生的，摆脱不了为封建统治者服务的历史局

---

① 王杰：《政德乃为官从政之本》，《学习时报》2019 年 11 月 18 日。
② 刘玉君：《官德——中国传统文化之魂》，《长江论坛》2001 年第 6 期。
③ 王杰：《从传统官德中汲取为官从政智慧》，《中国领导科学》2018 年第 1 期。

限性，其本身也有着道德决定一切、代替一切的偏弊。① 古代官德是精华与糟粕并存，主要的缺陷与局限性表现为：第一，官德一统的形式与官德思想多元、价值多元的矛盾，导致不同派别官德思想积极因素的消磨和消极因素的沉淀；第二，义利关系偏废，行政奖惩、刑罚与官德褒贬不一致，甚至背道而驰，使官德缺少一种现实的感召力和约束力；第三，存在两种极端（一是权术色彩浓厚，缺乏真挚的道德情怀；二是漠视是非价值，强调愚忠和盲从）；第四，重教化，轻践履，古代官德实际上只反映了统治集团对统治危机的反省与防范的愿望，很难转化为整个官僚队伍的实践。② 我们还应看到，在君权统治之下，为了维护专制和封建集权，在人才任用和选拔上必然使用自上而下的等级授职制，以达到权力约束的目的。这种授权制度人为干扰因素过多，是裙带关系或食利集团产生的温床，难以从根本上消除行贿受贿、权力寻租、官官相护的顽疾，所以无法形成内在的一脉相承性反腐。③

传统官德文化的内涵十分丰富。它既包括传统官德理念赖以形成的理论框架（如儒家"为政以德"的德治主张、"内圣外王"的治道规划、"修己安人"的实践门径等），又包括为政主体必须恪守的核心价值与道德规范（如"天下为公""礼义廉耻""仁民爱物""清、慎、勤"等），还包括儒家德治理念进入政治实践的制度安排和操作办法。由此可见，传统官德文化实际上是一个涵括德治框架、德治目标、德治规范与德治操作的整体性概念。立足于儒家伦理道德体系的传统官德文化，包含诸多为政美德和道德规范，能为当代行政道德建设提

---

① 刘玉君：《官德——中国传统文化之魂》，《长江论坛》2001 年第 6 期。
② 涂永珍：《我国古代官德的缺陷及鉴戒》，《河南大学学报（社会科学版）》1996 年第 6 期。
③ 李悦田：《循吏文化与当代官德建设》，《领导科学》2017 年第 29 期。

供丰厚的文化滋养。同时，也应看到，传统官德文化存在"德治越位""德政错位""德格畸位""德福异位"四重错置，它们是传统德治理念无法在政治实践中充分释放积极效应的根本原因。① 作为古代官德文化所涵盖的思想、制度、实践等丰富内容，我们必须实事求是地加以鉴别，对于其中优秀、先进的内容，具有深远历史意义的宝贵精神遗产，要大胆认真地学习和借鉴；对于其中的官本位思想、等级制观念、情大于理等消极因素，要彻底地消除和抛弃。

二、南阳古代官德文化

南阳，是一座历史悠久的文化名城，培育了无数的优秀儿女，孕育了辉煌灿烂的文化。自古以来，南阳藏龙卧虎，贤能荟萃，高士云集，英雄辈出。史家所称的智圣诸葛亮、科圣张衡、医圣张仲景、商圣范蠡，皆为中华翘楚，人类精英，均出南阳。忠臣良将、哲人骚客、善工奇才、绝世能人层出不穷。其中的杰出官员和官德文化，是南阳对中国乃至世界的重大贡献。诗仙李白是何等狂放眼高，"天子呼来不上船，自称臣是酒中仙"，可他到了南阳，震撼于"陶朱与五羖，名播天壤间"，由衷赞叹："此地多英豪，邈然不可攀"，油然而生敬畏。厚重的璀璨历史，众多的拔尖英才，给南阳留下了珍贵的精神文化资源，使南阳人做人有先贤之标杆，行事有古训之理据。② 正所谓"明镜所以照形，古事所以知今"，"君子多识前言往行，以畜其德"。

在南阳的历史上，曾涌现出许多杰出的官员，他们为官从政，为

---

① 黄建跃：《错置与重构：传统官德文化的创造性转化探析》，《湖湘论坛》2017 年第 4 期。
② 李庚辰：《南阳为啥好人多》，《人民日报》2017 年 3 月 20 日。

经济社会发展、百姓福祉作出突出贡献。从他们做官生涯中，反映出值得后世继承发扬的为官之道。这种为官之道，就是为官从政应遵守的品质和准则，是做一个好官，能为国为民造福，能留名青史为百姓爱戴尊敬的官德。这些官德通过具体官员的从政实践体现出来，是其生活的社会历史条件和文化影响熏陶而成，凝聚了历史文化的精华，又不断丰富充实着官德思想和文化。南阳古代优秀官德文化内涵丰富、博大精深，继承并体现着中华优秀传统文化的精髓，是南阳人民的宝贵财富，也是中华民族的宝贵财富，是当今党员干部执政为民取之不尽、用之不竭的思想文化资源。

回望和探寻南阳古代官员的为官之道，它是一座丰富的宝藏，是留给南阳、留给中华民族，乃至人类的永闪灿烂光辉的精神遗产。

这些官德和官德文化，是秉持其道的官员成为好官、载入史册的文化标志，也是今天党员干部履职尽责、成为表率的有益滋养。因此，挖掘、总结南阳古代官德文化的丰富内涵，具有十分重要的现实意义。

本书所讲的南阳古代官德文化，主要是讲出生于南阳或者曾在南阳为官从政的古代官员，在其为官从政活动中秉持和践行的优秀官德思想文化。总的来讲，南阳古代官德文化主要体现在以下方面。

第一，尽忠竭智，鞠躬尽瘁。诸葛亮是突出代表。诸葛亮自从刘备三顾茅庐出山之后，一直追随刘备，殚精竭虑，忠心耿耿，为蜀国的建立立下了不朽的功勋。随后辅佐后主，不辞辛劳，呕心沥血，在蜀、魏、吴三国错综复杂征战不断的形势下，能够维护蜀汉政权延续，的确是鞠躬尽瘁、死而后已。

第二，先忧后乐，心怀天下。范仲淹堪称典范。不管是官大官小，处在何种位置，范仲淹都能以天下苍生和国家安危为念，"居庙堂之高则忧其民，处江湖之远则忧其君"，"进亦忧，退亦忧"，不计个人得失，不惧外在风险，始终以天下忧乐为头等大事。

第三，秉公执法，维护正义。西汉张释之任廷尉时，严于执法，当皇帝的诏令与法律发生抵触时，仍能执意守法，以执法公正不阿闻名。时人称赞"张释之为廷尉，天下无冤民"。

第四，求真务实，济世利民。张衡、张仲景在这方面是万世景仰的人物。张衡是伟大的天文学家，为我国天文学、机械技术、地震学的发展作出了不可磨灭的贡献；在数学、地理、绘画和文学等方面，张衡也表现出了非凡的才能和广博的学识。发明创造的浑天仪、地动仪等仪器，利国利民，是对人类文明的卓越贡献。为官能够严整法纪，打击豪强，使得上下肃然。张仲景是东汉末年著名医学家，被后人尊称为医圣，写出了传世巨著《伤寒杂病论》，它确立的辨证论治原则，是中医临床的基本原则，是中医的灵魂所在。这部巨著是集秦汉以来医药理论之大成，并广泛应用于医疗实践的专书，是中国医学史上影响很大的古典医学理论著作，也是中国第一部临床治疗学方面的巨著。张仲景不重仕途，怜悯百姓，以自己的医学为百姓解除痛苦。

第五，不惧风险，勇于担当。身为官员，执掌公器，应主持公道，去私除弊，因此会面临各种威逼利诱，甚至有丢官丧命的危险。但是，优秀的官员不会被风险挑战吓倒，而是在使命感责任感的驱使下，勇往直前，无所畏惧，敢于担当。范仲淹不惧皇权，秉公直言，不怕宰相权势，尖锐批评。贾黯光明磊落，刚正不阿。张释之在执法中，坚持维护法律权威，法不阿贵，即使涉及到皇族权贵，依然秉公处理。他们是大义凛然，富于担当精神的杰出表率。

第六，清正廉洁，敦风化俗。范仲淹自省自警，以修身为本，不但以杰出作为彪炳史册，更以廉洁操守而扬名天下。被人称为"悬鱼太守"的羊续，以自己正直廉洁的品行感染百姓，也以巧妙的方法使清正廉洁风气逐渐形成，把洁身自好与净化政治生态有机结合。诸葛亮不谋私利，忠诚为公，廉洁自持，高风亮节，让后世有识之士明白了"非淡泊无以明志，非宁静无以致远"。

从南阳古代官德文化蕴含的优秀官德来看，与今天提倡的政德是相通的，那就是为官从政，必须从大德、公德、私德三大方面严格要求自己，只有三个方面都合格、都过关，才能行稳致远，从而成为信念坚定、政治过硬、政绩突出、品行高洁的好官。作为官员，不同于一般的职业，身上肩负着重要的政治责任，被寄予崇高的期望，必须以高的标准相要求，所作所为应该造福社会，品行道德应该在社会上发挥典范和带动作用，务期成为"整个社会道德建设的风向标"。所以，每一名官员都应清醒地认识到这一点，都应时时处处严格要求自己。而能够始终不忘为官的职责和使命，拥有优秀的政德，从南阳古代官德文化中，无疑可以汲取源源不断的智慧和力量。

在充分认识和发挥南阳古代官德文化当代价值的过程中，必须看到，作为传统官德思想体系的一部分，南阳古代官德文化同样是在君权统治之下，为了维护封建专制集权政治服务的，南阳古代官德文化同样在外延方面没有厘清公德和私德之间的关系。实际上，在当代社会法治规范下，不必过分依赖私德作为公德的支撑条件，尤其是官员的道德更应该以公共生活为适应范围。官德塑造更应该针对官员的职业操守和大局观念，而不是打造自身形象的光辉圣洁。领导干部应该是社会公德和职业道德的双重表率，同时树立正确的人生观、价值观和权力观，更好地服务社会和国家。

同时，我们还应认识到，官德问题从来不是官员个体自身单方面的问题，也不仅在于面临的任务艰巨繁重，更大的影响因素则在于政治生态的好坏。对官员来讲，条件艰苦、工作繁重未必使斗志消磨，但在一个歪风盛行的环境中，可能会让人意志消沉，甚至最后被环境同化，选择同流合污。长期历史教训说明，官德的普遍状态同政治生态呈正相关。

还有一个问题不容忽视，无论历史上还是当下，都应予以重视，即一些官员在德行上似乎没有什么大毛病，而在实际政务上惫懒拖沓，也就是所谓的"庸官懒政"。庸官懒政在官德考察方面最大的问题是，存在一定的隐蔽性和迟滞性，不同于贪腐之类明显败坏官德的行为，"太平官"造成的危害可能要在一段时间后才显现出来。政治生态的底线不能低到不贪不腐即可，官员最大的操守就是在其位谋其政。

所以，当代官德建设要有宽广的视野和系统思维。首先，官德建设要有最基本的核心认识，就是人民群众是国家政权的根本，官员必须树立为人民服务的理念。其次，官德建设要树立更丰富的行为伦理，官德一定具有信念化的特征，是个人理想同国家政治价值以及公共道德相结合的精神产品。因此，官员要做到对三方面忠诚：对上忠诚于组织，对下忠诚于群众，对自己忠诚于理想信念。再次，官德建设需要适当的培养机制，领导干部要树立正确的权力观和人生观，也需要通过官德教育来实现。最后，官德建设要设立科学的监督考察方式，把监督考察和教育有效地融为一体，更加突出监督考察的预防性和主动性。①

---

① 李悦田：《循吏文化与当代官德建设》，《领导科学》2017 年第 29 期。

上 篇

南阳古代官德文化的形成及影响

　　恩格斯指出："马克思发现了人类历史的发展规律……人们首先必须吃、喝、住、穿，然后才能从事政治、科学、艺术、宗教等等"。历史表明，一种文化就是一个特定的人类群体，在特定的地理环境中长期形成的生产、生活、生存方式，在此过程中产生的行为规范、风俗习惯、价值观念、意识形态、宗教信仰等等，以及相应的物质与精神产物。

　　著名作家二月河曾对南阳官德文化形成的原因多有论述。他认为，南阳这个地方是中国最适宜人类居住的地方，它居黄河以南长江以北，四面环山，土地肥沃，雨量充沛，光照充足，动植物种类多，今天叫生态环境优良。南阳是个大粮仓，历史上很少绝收。秦始皇"徙天下不轨之民于宛"。不轨之民范围较广，其中包括六国王孙贵族后裔、商贾巨富、军事将领、文化名人等，他们都是上层精英分子。为什么迁到南阳而不是别的地方？因为当时咸阳的南北西三方都还比较蛮荒，这些"极端人物"也需要安置到一个适宜的地方，不能太近也不能太远。客观上讲，这部分人对南阳发展和文化锻造影响很大。接着秦始皇"焚书坑儒"，杀了460个儒家知识分子，弄得其他文人们惶惶不可终日，有的隐姓埋名成群结队翻山越岭来南阳避难。知识分子头脑灵活，南阳生存条件好，成为他们的首选之地，这在史书上都是有记载的。

　　古代绝大多数名人都是当官出身，但当了官不一定都是"贤人"。贤有贤良、贤才、时贤、圣贤、尊重、崇尚等意思。孟子曾说："虞不用百里奚而亡，秦穆公用之而霸"。科圣张衡、医圣张仲景都被举为孝廉。张仲景被称为医学亚圣，亚是第二。华佗医术很高，但写过的书失传了。张仲景的书传下来了，不仅南阳沾光，中华民族都受益了。百里奚是被当作奴隶，在押解途中，逃到南阳卧龙岗北边定居的。诸葛亮为什么躬耕南阳，而不是襄阳？一岗为什么能出两相？

当时社会总体上很封闭，这些人有本事又清高，那个时候选干部还不是科举制，需要有人推荐，上边才能考察。历代王朝中，南阳大多是上封之地，范仲淹、寇准、赵匡胤、韩维在南阳都有很多故事。

为什么外地人到南阳都能干出成绩，说明南阳这个地方政治生态环境好，南阳人不排外。为什么南阳人一出去，就"卧龙腾飞"，伏牛奋起，说明南阳基因好。当时也讲区域中心，谁居中心，说明文明高地就在那里。

我们认为，二月河的一些观点为我们研究古代南阳官德文化形成原因提供了新的视角。那么，南阳古代官德文化形成的具体原因是什么？归纳起来，主要有以下六个方面。

一、独特优越的自然禀赋

一个地区的文明，一种文化的孕育，从它产生之日起，它的基本特征和基因就定下来了，这主要取决于它开始所处的地理环境。"橘生淮南则为橘，生于淮北则为枳。"不同的地方会生长出不同的植物，并且环境还决定它的品性。

地理环境和人文环境对人的品格塑造影响同样是巨大的。打开中国地图，从所处方位和地形特点看，南阳在地图板块的心脏部位，地貌形状又像一颗"心"，三面环山，形成盆地。盆地中数百条河流密布，像是血脉流淌，既接受山川河湖的营养，又向外输送着新鲜血液。同时，南阳盆地又是人类始祖诞生之地，"南召猿人""淅川猿人"见证了这里是人类最早诞生地之一。星罗棋布的新石器时代先民，夏王朝的始都地，楚文化的形成，还有先秦时期南北文化融合，秦汉时期的辉煌……都在这盆地里孕育成长。可以这样说，南阳这块土地上所蕴藏的独特元素是其他地方无法比拟的，或者说含量没有南阳如此丰沛。

一、独立而不封闭。南阳"绵三山而带群湖，枕伏牛而蹬江汉"，东扶桐柏山，西依秦岭，北靠伏牛山，南临江汉，地势呈阶梯状。独特的地貌构成了一个相对独立和完整单元，但它与中国其他盆地，如四川和汉中盆地不同，南阳盆地没有被周围群山封闭严实，可以陆通秦晋，水达吴楚。南阳是南北气候过渡带，南北植物均可在这里生长，物产极为丰富。这种介于封闭与敞开的状态，使南阳独立而不封闭，自足而不保守。不封闭不保守，使南阳人乐意接纳不同思想，善于接受新生事物，不排斥，不妒能，博采众长，思维活跃，思想大气，勇于进取，善于创新。独立和自足的社会环境能使社会和谐，人心相对平静，功利心不太明显，思维方式、思想方法呈现出"中道"色彩。

二、舒适宜居。"仓廪实而知礼节，衣食足而知荣辱。"南阳处于中国核心腹地，境内鲜有自然灾害发生，台风和热带风暴很少到达此地。它四季分明、阳光充足、雨量充沛、气候宜人，是全国最适宜居住的首选地之一。优越的自然条件，为人类的生存、繁衍和成长提供了良好的生活条件、工作环境。西汉时，全国共有人口两千多万，南阳就有二百多万。健康学证明，自然地理环境显著影响人的身体健康状况，而且直接影响人的寿命。自然环境与文明发展、文化形成往往呈正相关。心理学家分析证明，舒适的环境有助于人类思维活跃，有助于提高工作效率和质量。

三、资源丰富。一般来讲，自然环境越好，物种越丰富，产业分布越广泛，社会分工越细，人们的创造性和社会实践就越多。相比其他地区，南阳的农耕文明也相对呈现多元化。尤其从商周开始，一些诸侯封国于南阳，导致人口急剧增长，促进大规模生产劳动的开展，这样又锻炼了南阳人强大的组织生产能力和改造自然的能力。比如，世界生物圈保护区——宝天曼，它是我国中部地区最为完整的自然综合基因库，这就为南阳各地培养了一批自然生物科学领域人才。又如，南阳是矿产最为密集地区之一，在战国时代，就是全国冶铁中心，到汉武帝时，国家就在南阳设立冶金管理机构，孔仅就是派往南阳的冶铁高官，这就推动了相关人才的涌现。再如，南阳是中药材之乡，伏牛山被称为"天然药库"，"八大宛药"国内闻名。名地产名药，名药出名医。因此，医圣张仲景诞生于南阳，南阳中医药人才居全国之首，就不足为奇。

四、人杰地灵。什么叫人杰地灵？山川秀丽之地有灵秀之气，能孕育出杰出人才。南阳居黄河、长江两条母亲河中间，兼北国风光之雄浑，携江南山水之清秀，这里"春前有雨花开早，秋后无霜叶落迟"。母亲河白河穿城而过，与独山形成一幅"青山横北郭，白水绕东城"的壮丽画卷。城东有医圣张仲景纪念祠，城南十五公里有商圣范蠡诞生地，城西卧龙岗"一岗两相"、百里奚纪念碑、智圣诸葛亮躬耕地，城北十五里是科圣张衡的诞生地。秀美的自然风光和厚重的人文景观，吸引着无数文人墨客前来。张衡的《南都赋》、李白的《南都行》等一百三十多篇诗词散文，吟诵南阳的山川秀丽，都市风貌。韩愈、孟浩然、王维、白居易、范仲淹、元好问等著名诗人，均在南阳留下佳作。2007 年 4 月，胡锦涛来南阳视察，称赞南阳是一个风光秀丽的地方，是座充满生机活力的城市。自然风光可以陶冶人的心灵和情操，激发人的想象，拓宽人的视野，开阔人的胸襟，对个人成才有着很大促进作用。同时，又能扩大人类生活半径，促进文明交流，吸纳不同文化共同发展。

以上四个方面也向我们揭示了四个问题：第一，南阳早在先秦时期就解决了人们的物质生存需要——有饭吃、有衣穿、有活干。人类是在满足了物质需求基础上才有精神创造的，这说明南阳是中华文明较早的产生地之一。第二，南阳生态宜居，生活安定，它不像古代成都和汉中盆地，四面荒芜，四夷侵扰。否则，商王武乙也不会把儿子文丁封于南阳，周宣王也不会把他舅舅申伯封国于南阳，秦始皇也不会把六国贵族迁至南阳。封国的结果使南阳集中大批精英人才，使南阳在国家管理、社会管理、经济发展、文化创造等方面优于其他地区。第三，南阳有交通优势，距"天之中"洛阳、帝王之城西安、楚国之都荆州三个古代"一线城市"，只有三百公里左右。据专家分析，古时候人口越集中的地方，人类文明越发达，正像今天的北京和上海。第四，南阳在历史上吸引着众多名人前来游历，反映出这里优越的生态环境和厚重的文化积淀，引人注目。像李白这样的大诗人，钟情名山大川，热衷寻古探幽，眼光非同一般，竟先后五次游历南阳，还留下十二首赞美诗，的确说明南阳的独特魅力，以及在李白心目中的分量。著名文化学者二月河说："评价一个地方文明，不能只看七朝八都，那只是一个方面，真正能代表东方农耕文明的是南阳，南阳具备了东方农耕文明的所有特征。"著名国学大家聂振弢说："农耕文明看河南，河南看南阳，农耕文化是南阳最宝贵的资产。"

毫不夸张地说，从先秦起始到两汉时代，南阳都是引领中华文明前进的地区之一。物质文明的进步，必然反映出文化的发达。传统文化中，南阳人理想的家庭模式是"耕读传家"，既要有"耕"来维持家庭生活，又要有"读"来提高家庭的文化水平。因而具有浓重的"家国情怀"，他们用家的亲缘情理推及他人，推及社会和大自然，把个人使命感与历史担当推及人类社会和自然，所谓"爱其亲，不敢恶人；敬其亲，不敢慢人。爱敬尽于事亲，光耀加于百姓，究于四海"。这种以家为本的情感和义理，"亲亲而仁民，仁民而爱物"。

正是生活和居住在南阳这块土地上的古圣先贤们，用他们一代代的辛勤耕耘，用他们的智慧积累了丰厚的文化积淀。在对待自然方面，具有应时、取宜、守则、和谐的理念，他们崇尚自然、敬畏自然、亲近自然、守护自然，与自然和谐相处；在对待个人要求上，吃苦耐劳、勤奋敬业、立身持正、不甘人后，具有自强不息精神；在对待家庭方面，敬祖顾家、尊老爱幼、家和事兴，具有家族荣誉感；在对待社会方面，爱好和平、集体至上、邻里相助，具有团队意识；在对待国家方面，忠诚爱国、渴望统一、守土有责，具有担当气魄。这些精神禀赋，是南阳官德思想的底色，是南阳官德文化形成的先天基因。它既契合古代德治思想强调的人际和谐、群体和谐、天人和谐的要求，也符合圣贤们修齐治平的修养原则，更是历代有为君王选拔人才的标准。早在尧舜时期，先哲们就提出"有德者居其位"，西周提倡"贤者为政也"，孔子主张"政在选贤"，墨子强调"尚贤，为政之本也"，孟子坚信"大德必得其位，必得其禄"。

春秋战国时代是中华文明的大发展时期，是百家文化形成时期，也是人才争夺的激烈时期。儒家孔子开办私学打破了原来贵族对教育的垄断，使得教育由"学在官府"开始向"学在四夷"转变，一大批爱好读书学习的南阳人借得天时、地利、人和之先机，施展才能，率先走向报效国家和民族的奋斗场。百里奚凭着聪明和苦读，学富五车，才高八斗，三十多岁开始外出求官，乞讨到过很多国家，阅历丰富，同情底层，后经贤达之人蹇叔推荐，在虞国做了大夫。晋献公"假道伐虢"，百里奚和虞公一同被俘，沦为奴隶。在他逃往南阳的路上，被楚军俘获，流放卧龙岗放牛。秦穆公求贤，得知百里奚治国有道，用五张羊皮从楚国赎回百里奚，并亲自打开囚枷，询问治国理政大事。"虞君不用子，故亡，非子罪也。"穆公一句话，重新点燃了百里奚的报国信心，遇到明君，如鱼得水，与穆公在相堂谈论三日。然后，穆公把国政交给他，号称"五羖大夫"。接下来七年时间，他辅佐秦穆公，使秦国由一个边陲小邦变为列强之一，为秦国最终统一奠定了基础。百里奚生活在春秋末期，他的从政经历告诉我们，天命是可以转换的，而这个转换的决定因素是"德"。[①] 被尊为商圣的范蠡，楚国南阳人，出身衰贱之家，但博学多才，立志做大事。楚昭王暴虐昏聩，"非贵族不得入仕"，把他挡在仕途之外。时任楚宛令的文种得知后，两人交上朋友，时常是"抵日而谈""终日而语"。贤士与志士终能惺惺相惜，两人一起南下投奔了越国。

越王勾践报仇心切，在与吴国交战中成了亡国之君。范蠡自告奋勇，三年如一日，与勾践夫妇一起在吴国劳动，粗食、卧薪，不忘君臣之别，时刻教主、护主，不离不弃。面对吴王夫差权位财色诱惑，岿然不动。范蠡忠诚故主，遇逆境不改初心的品格，换来了同伴的信任，也换来了对手的尊敬。接下来十几年里，范蠡辅佐勾践发愤图强，卧薪尝胆，彻底击败吴国。之后，范蠡被勾践封为上将军，一人之下，百官之上。但范蠡深知越王勾践可以共患难，难以同富贵，正所谓"鸟尽弓藏，兔死狗烹"，"敌国破，谋臣亡"，于是范蠡留下劝文种的一封书信后，驾舟弃官从商。

范蠡从政官至极品，从商富甲天下，最后为民散尽千金。范蠡对历史的重要贡献在于他前半生从政，辅佐一个濒临灭亡的国家成为春秋五霸之一，功成名就后急流勇退，为官场上树立了一个既能入朝建功，又能下野善终的典范。他与那些气节虽高却不幸成为宫廷政治斗

---

① 苏定堃、唐明华主编：《南阳官德文化（历史名人卷）》上册，河南人民出版社 2016 年版，第 1 页。

争牺牲品，和那些厌恶官场、躲避政治、隐居保全自身的士大夫形成鲜明对照。李斯称赞他"忠以为国，智以保身，商以致富，成名天下"①。今天看来，范蠡是中国历史上践行要做官就不要发财、要发财就不要做官第一人。

---

① 苏定埜、唐明华主编：《南阳官德文化（历史名人卷）》上册，河南人民出版社 2016 年版，第 18 页。

二、多元厚重的文化积淀

南阳文化厚重是其主要特征。厚，指历史久远，积淀深厚；重，指南北融合，多元交融。

南阳人为什么对大禹治水故事那么钟情？主要原因是夏人主要生活在南阳，而夏人的首领大禹又是中国第一个王朝的缔造者。班固《汉书·地理志》："颍川、南阳，本夏禹之国。夏人尚忠，其敝鄙朴。"《史记·货殖列传》："颍川、南阳，夏人之居也。"《史记·越王勾践世家》："楚适诸夏，路出方城。"方城是南阳北出中原的垭口。南阳—方城—禹州—郑州，这条道路下边埋着的就是夏路。1958 年第一次郑州会议时，毛泽东对中共河南省委书记吴芝圃说，中国历史上第一条路叫"夏路"，它由南阳经方城直达中原。毛泽东几次到郑州想沿着夏路来南阳。一次刚到襄城县，雨大路断，没有成行。南阳人自古称自己为夏人，把自己视作大禹同一部族的人，有一种外部族所不具有的自豪和荣耀。让南阳人更为自豪的是，南阳是中国的始都地。大禹选择邓林（今邓州市林扒镇）为国都。夏王朝是中国进入阶级社会前期第一个王朝，是中华文明的起源地。中华文明从此开始，有了"华夏""中华"之说，有了华夏大版图概念。"华夏""中华"成为我们的国家名号。

商王武乙经过多年征战，深知南阳的战略地位关乎商朝安危，称南阳为"南乡"。自此，南阳成为商代重要的政治军事和战略要地，武乙以南阳为根据地，向东征俯冲可以进入江淮流域，向南征服长江流域，并将其儿子文丁分封在南阳。商朝时，这里有邓国、谢国等众多小方国，这些国家不仅是商王朝人口最密集的地方，还是商王朝的对下统治机构，称"外服"（中央机构所在地称"内服"），主要职责是"服王事"，即向商王朝缴纳税租，对国家承担着重要的政治经济责任。①

西周时期，南阳称"南土"，以其优越的自然条件，丰富的农特产品，便利的交通优势，成为统治者的向慕之地，王公贵族争相在此获得封地，建立封国。这时的诸侯国有申、吕、楚、鄀、蓼、鄦、邓、鄂等，姜子牙就是因先祖辅助大禹治水有功被封在吕国。这些封国承担缴纳地租和贡品任务，成为周王朝主要经济来源。这时对历史贡献最大的应为申、吕两国。② 吕国在南阳繁衍生息一千四百余年，有重要影响的人物，如佐禹治水的伯夷、兴周灭商的姜子牙、主持中国历史上第一部法典《吕刑》的吕侯等。到西周中期，周宣王即位，他视南阳为拱卫周王朝的屏障，封其舅父申伯于南阳，建立申国。申伯即位，改进石、陶生产工具，发展金属生产，扩大黄牛饲养，鼓励开垦荒地，很快政通人和，威震四方，誉满万国。《诗经》中称"南土是保""王心则宁"。这时的申、吕二国成为周王朝经济和军事支撑之地。西周末年，周幽王任用奸人，废王后及太子，立褒姒为后，立伯服为太子，天下大乱，国力日衰。申伯于公元前 771 年联合南阳

---

① 李天岑主编：《南阳历史地位研究》，中州古籍出版社 2016 年版，第 35 页。
② 李天岑主编：《南阳历史地位研究》，中州古籍出版社 2016 年版，第 30 页。

诸国，发兵杀死幽王，救出王后，在南阳立太子宜臼即位，即周平王。申伯率众诸侯护送平王至洛阳定都，即东周。申国经济军事实力强大，在国家生死存亡时刻，能力挽狂澜，充当了扭转乾坤、开辟新时代的角色。这时期的申国，拥有仅次于周王都城的政治经济地位。①

　　楚风汉韵，既是对南阳历史文化的概括，也是南阳文化精神的凝练，更是南阳古代官德文化的根与魂。南阳是楚国发源地和国都，战国时期秦楚曾经历多次战争，楚国由盛转衰。最后楚国被秦国大将王翦所灭，但楚人不忘亡国之痛，立志灭秦的志向始终没动摇过。司马迁在《史记·项羽本纪》中写道："夫秦灭六国，楚最无罪，自怀王入秦不反，楚人怜之至今。故楚南公曰：'楚虽三户，亡秦必楚也'。"从楚怀王被秦昭王囚禁秦地，到公元前209年楚人刘邦响应秦末农民起义，再到楚人项梁借助楚怀王威信，号令天下，共伐暴秦，诛杀秦王子婴，楚南公"楚虽三户，亡秦必楚"的预言已变成现实。这反映了楚国人有一种不忘国耻、自强不息的精神。从秦末历史发展看，楚人陈胜、刘邦、项羽是推翻暴秦的主要英雄，而刘邦能够先于项羽攻进秦都咸阳，也主要得益于先取南阳，后沿丹江西进，西出武关，直逼咸阳，迫使秦王子婴投降。历史上的楚人始终隐忍奋发，不屈不挠，不畏强权，充满自信的精神，为后世所效法。

　　历数楚国古圣先贤，列在前位的当数屈原。更有人认为，屈原是中国历史上第一位真正具有纪念价值的爱国精神缔造者，第一个敢于以身殉国、以身殉道、以身殉志的爱国主义战士。屈原出身贵族，又明于治乱、娴于辞令，早年深受楚怀王信任；为实现楚国统一大业，积极辅佐楚怀王变法图强，坚决主张联齐抗秦，使楚国国富兵强，威

---

① 李天岑主编：《南阳名人研究（古代名人卷）》，中州古籍出版社2019年版，第69页。

震诸侯；他遭小人陷害，被怀王疏远，逐出郢都，流放汉北。公元前278年，秦国大将白起攻入郢都，屈原在悲愤和绝望中怀抱大石投江，以身殉国。在"楚才晋用"时代，屈原有足够理由和充分条件选择离开，像百里奚、范蠡那样离开楚国，寻找明君，开辟自己的政治试验田，宣扬自己的政治主张，但屈原宁死也没有离开楚国一步。他"长太息以掩涕兮，哀民生之多艰"，以民为本，为民请命，对国家对民族的忠诚日月可鉴。① 在河南省西峡县城东山岗上，屈原追上楚怀王叩马而谏，哭求怀王返驾回车，给今天留下"回车"这个地名。司马迁对屈原更是赞叹不已，《史记》中用了一千二百多字，让中国人记住了这位不屈的脊梁。

秦统一后，为巩固中央集权，全国推行郡县制，南阳郡始得名，形成北临嵩山、南蹬汉水、西依秦岭、东达江淮的最大行政区域，南阳区域中心的政治地位正式确立。南阳也是隋朝的龙兴之地，北周时杨坚把南阳作为基地，将南阳划为二十个郡册为封地，并将封地定为隋国，南阳再次成为立国之基。唐朝时因突厥侵犯中原，有人主张迁都邓州。安史之乱爆发，再次有人上书迁都邓州。虽两次迁都未果，但南阳的战略地位却显而易见。北宋灭亡，南宋宰相再次提出迁都邓州未果。南宋时岳飞抗击金军，在卧龙岗手书前后《出师表》，为后人留下壮怀激烈的爱国情怀与书法艺术。元、明、清时期，中国经济重心转移，南阳地位下滑，但由于水运优势突出，陕商、晋商、闽商、徽商、浙商会馆林立，大批有经济头脑，有开拓精神的商人汇集于此，带来广泛信息和交流，多元文化润泽着南阳大地。总之，由于特殊的地理区位，东西南北文化在这里交汇融合，形成了开放、多

---

① 李天岑主编：《南阳名人研究（党政军英模卷）》，中州古籍出版社2019年版，第46页。

样、包容的文化特质，它不仅具有黄河文化特征，又有南方长江流域的文化特点。南阳成为南北文化和东西文化交流的枢纽地带。北方河洛文化与南方荆楚文化在此相接，西边的商洛文化，西南的巴蜀文化、江汉文化与东方的齐鲁文化都在南阳盆地交汇。

多元文化的形成得力于南阳自古就是一个移民地区，而且是一个政治移民地区。因它居西安、洛阳、荆州三个中心都城连线的中心，又是历代国家政权可以强力到达的地方，也就成为改朝换代时胜利者处置圈禁政治对手的地方。特别是，南阳自古为兵要之地，频繁战争可能导致人口锐减。历代统治者为确保这一战略要地的稳定和发展，不断采取措施，其中之一就是移民。古代向南阳的大移民有三次，由此逐步形成移民文化。

如元朝前后向南阳大规模移民。在宋、金、元三朝大约一百五十年的历史中，南阳邓州、新野、唐河一直处于战争争夺焦点，南阳人口从二百万锐减到四十万，平均每县不足三万。元朝统一后，元世祖忽必烈十分清楚，南阳是他立足中原、灭宋建国的发迹地，决定从山西、河北、内蒙古、东北向南阳移民百万，凡移民户一律免地赋十年，凡移民学子乡试优先选取，凡移民不分男女老少每人发银十两，落户兑现。这也是中国古代历史上规模最大最成功的一次移民。

明朝大规模移民南阳。明朝中央专设移民机构于山西洪洞县，从山西、陕西、湖广向南阳移民，史称"洪洞移民"。史书记载："明朝初建，外省籍人士迁入南阳甚多。明宣德中期，山西大灾，饥民纷纷涌入南阳。"这是继中央有组织移民之后，民众自发形成的一次大移民。

一个是国家行为的政治移民，一个是战争、灾荒之后的自然流入；一个是军人的落籍，一个是商人的安家，使得南阳人口组成十分复杂。而且由于战争频仍，使得南阳人口组成反复变化，反复更新。更为重要的是，在中国这块核心腹地上实现了南北东西融合，这种融合是各种先进思想观念碰撞，最终形成一种素养，改变南阳人的传统，改变人的观念，改变人的人格，成为一种传承基因，为南阳人才的成长，为官德文化的形成注入了特殊养分。总之，多元而厚重的文化传承，使南阳人既有深沉凝重、坚韧内敛、家国情怀浓厚的楚文化个性，又有阳光、自信、刚毅、进取的中原文化特征。

从中国传统历史来看，从大禹大公无私艰苦创业，坚韧不拔治"四渎"（淮渎始于桐柏县），定国都，灭三苗，划九州，改民俗，实现九州大一统；到申伯兴德化，减税赋，兴农桑，制冶铁，"护周抗楚""统理南方"，巩固周王政权，成就"宣王中兴"，实现周朝八百年文明延续；再到百里奚"三置晋国之君"，"一救荆国之祸"，"发教封内，而巴人致贡，施德诸侯，而八戎来服"，"由余闻之，款关请见"，七年办三件大事，成就穆公称霸大业，实现民族共享繁荣；到范蠡劝勾践"屈身以事吴王，徐图转机"，卧薪尝胆，关键时刻"辅危主，存亡国，不耻屈厄之难，安守被辱之地，往而必返，与君复仇者：臣之事也"，辅佐勾践成为春秋时代的南方霸主。他们以政治家的高瞻远瞩、思想家的深谋远虑、军事家的战略眼光和自身人格魅力，治国理政，在历史发展的起点，历史进程的关键点，政权更替的转折点，发挥着定海神针、扭转乾坤的作用，推动着中华文明进步发展。

在历史变化中形成的南阳文化是中国文化的重要组成部分，一些有志之士的最高理想就是与"君主共治天下"，他们追求传统精神道德，不为物质权贵所桎梏，坚守"士为知己者用""士为知己者死""士受伤不受辱"的节操，每每在民族危难时刻挺身而出，在一个一个传奇中书写出中国历史。2020 年 3 月，习近平总书记深入疫区，又多次用"治国有常，而利民为本"，要求党员领导干部把人民生命和健康放在第一位；他以"苟利国家生以死，岂因祸福避趋之"，高度评价医护人员舍家为国的精神；他以"立天下之正位，行天下之大道"，充分肯定广大人民群众与党和政府休戚与共、共克时艰的优良传统。18 世纪，法国启蒙运动领袖伏尔泰说过，西方要想冲破中世纪黑暗，要实现真正的民主和自由，就应该放下傲慢和偏见，回到几千年前的中国，去学习他们的政治制度，因为那是智慧的最高峰。多元厚重的南阳文化为中华文化增添了绚烂的一笔。

三、中原枢纽的战略地位

自古"得中原者得天下"。南阳有高山峻岭可以控扼，有宽城平野可以屯兵，西临关陕可以召将士，东达江淮可以运谷粟，南通荆湖、巴蜀可以取财货，北拒三都（开封、商丘、洛阳）可以遣救援。重要的交通地位，使南阳具有重要的战略地位，成为历代兵家必争之地，控制南阳者控中原。群雄逐鹿，英豪博弈，积淀了思想家的睿智、军事家的智慧、英雄人物的豪情、政治家的谋略。这些都成为润泽古代南阳官德文化的丰富滋养。

在古代，代表着最高政治理想和最大政治秩序的，就是大一统理念。爱国作为南阳古代官德文化的重要特征，一直起着凝聚共识、统一人心的作用。历史上五大战乱，南阳几乎无一幸免。历代战争中南阳都是争夺的焦点。占领南阳可掌控江南，获取北进中原的战略要地，可切断关中物资供应，加之南阳三面环山，南边傍水的地形优势，这里进可攻退可守。此外，南阳人口多，也是兵家必争的因素。在早期社会，部族的强弱和稳定主要由人口来决定。那时科技、医学、文化不发达，环境恶劣，人均寿命短，死亡率高，加上部族之间战争频繁，因此有足够多的稳定的新人口补充成为关键。战争的目的，不仅是争土地，人口争夺也成重点。和平时期这里是南北要道、东西枢纽；动乱时期就变成战争多发地。同时，在战争的血与火的洗礼中，也造就了南阳大批军事将领、爱国人士。

原始社会晚期，尧成为中原部落首领。当时三苗族中一支以修蛇为图腾的部落联盟，生活在丹水流域，他们日益强大，经常侵犯中原。尧率中原部落在丹水岸边与其大战，将其驱逐出中原，迫使三苗求和。《吕氏春秋》记载："尧战于丹水之浦，以服南蛮"。一场血战，鲜血染红了河水，这就是丹江的来历。历来的侵略战争都是犯人国土，而战败者最大的耻辱就是当亡国奴。因此，南阳人把捍卫国土作为自己的神圣职责。

商周时期，南阳是通往南方的门户，也可说是南北之间的跳板，北可抵中庭，南可揽江南。申伯在南阳成立诸侯联盟，"统理南方诸国"，为"宣王中兴"作出重要贡献。外族被申伯"柔惠且直"的人格魅力所折服。申伯以"不战而屈人之兵"求民族团结，表现出一个政治家的超凡智慧。

秦末，刘邦和项羽约定"先入定关中者王之"。①项羽兵力强大，选择北部路线。刘邦兵力较弱，在洛阳遭到秦军顽强抵抗，无法入关。张良建议刘邦改道南阳，走关中侧门。刘邦急于入关，就绕过宛城向西进军。张良进谏劝阻道："沛公虽欲急入关，秦兵尚众，距险。今不下宛，宛从后击，强秦在前，此危道也。"于是，刘邦连夜引兵返回，变更旗帜，黎明时分把宛城围得水泄不通。太守清晨起床听闻刘邦兵临城下，便心生自杀念头。此时门客陈恢赶紧制止道："现在自杀太早。"说完便出城去见刘邦，说："我听说你与项王约定，先攻入咸阳者可称王，现在你攻打宛城，宛城又是一个大郡，十几座城池

---

① 《史记·项羽本纪》。

相连，人口众多，物资丰富，官民们都认为投降后必定被杀害，所以都表示据城坚守，如果你决意攻打宛城，势必带来重大伤亡，而且，还会错过先入咸阳而王的约定，后边还有强大军队袭击的后患。替你着想，不如约定投降条件，封赏南阳郡守，让他留下来守住南阳，你率领守城部队一起西进，那些还没有降服的城邑听到这个消息，一定会争相打开城门欢迎你，这样就没有后顾之忧了。"刘邦对陈恢建议十分赞赏，便封南阳郡守为殷侯，仍守南阳，并封陈恢为千户，下令军中"所过不得掳掠"，"秦民皆喜"。[①] 刘邦和平取得南阳，一路势如破竹。公元前 206 年 10 月，刘邦至灞上，秦王子婴投降，秦朝灭亡。由此可见，秦王朝的统一得益于南阳至关中的交通要道，而同样是这条要道，又注定了大秦王朝的灭亡。陈恢只不过是个门客，一个小小文职官员，但他凭着自己对战势的透彻分析说服刘邦，不仅使南阳免遭一场战乱，还促成刘邦先入咸阳成为汉王。

三国时期，南阳再度成为各军事集团争夺占据的重点，许多重大战役都在南阳境内进行，以诸葛亮为代表的一大批政治、军事人才集中出现。其中南阳籍的一批政治、军事谋略人才，十分活跃，他们分别辅佐刘备、曹操、孙权等军事集团。

刘备集团中，有谋略家、高级将领邓芝，诸葛亮贴身智囊宗预，外交家陈震，政治家李严，财政经济家吕乂，高级将领黄忠、魏延等。其中，邓芝是蜀汉集团高管，曾任尚书、车骑将军等职。他是蜀汉的扛鼎台柱，栋梁精英，力主蜀吴联盟，只身到东吴，面对沸腾炉鼎，随时被烹杀的生死考验，镇定自若，据理辩析，最终说服东吴，实现蜀吴联合，震慑了曹操。史书对邓芝这样评价：为将二十余年，

---

① 《汉书·循吏传》。

赏罚明断，善恤卒伍，廉洁奉公，临官忘家。

曹操集团的谋士，有许攸、娄圭、文聘、邓展、韩暨等。在官渡之战中，许攸向曹操献计偷袭袁绍囤积粮草之地，使曹操以数千人之众大败袁绍十万大军，创造了中国历史上以少胜多的成功战例，此役为曹操统一北方奠定了基础。娄圭是著名的军事家，他力劝曹操接纳刘表之子刘琮归降，在曹操攻打西凉时又献计"敌避我待，敌驻我扰，敌攻我退，敌退我追"战术，使曹操智获马超。曹操说："剖事析理我不如娄圭"，"计谋制敌我不如娄圭"。娄圭的十六字战术，深受毛泽东好评。

孙权集团有安邦定国之臣甘宁，智谋辩士赵咨，政治家谢景、李肃等。甘宁智高谋广，作战勇猛，轻财重义，享誉江东虎臣，他的"取荆图蜀"方略，堪与诸葛亮《草庐对》相媲美。

南北朝时，北魏孝文帝兵发南阳，夺取宛城，随后以宛城为据点，继续向南推进；安史之乱时，藩王曾提出"战南阳、攻汉江"的战略，并在南阳与唐肃宗一起展开血战，成功阻止了叛军南下战略。北宋灭亡，南阳又成为宋金对峙的桥头堡，岳飞曾在这里大败金军。元朝忽必烈曾定下"以南阳为基础，先取襄阳，南下灭宋"的战略方针，并兵发南阳，为元朝建立奠定了基础。明末，李自成曾将南阳作为南征北战的大后方，九屠南阳城后，又在这里招抚流亡，募民垦田，作为北上南下的根据地。清末，太平天国西北远征军曾两度围攻南阳城。

这里需重点介绍一下诸葛亮。他十七岁时选择宛城西郊的卧龙岗作为蛰伏地。家庭的不幸、生活的磨难，成为他奋发向上的动力。他研读前朝历代政治、经济、军事、科技、文化书籍，分析各派政治主张，阅读诸子百家著作，汲取治国理政经验。他密切关注天下形势，努力探索国家统一道路。他还广结崔州平等大批杰出人士。他既希望像当年管仲辅佐齐桓公九合诸侯、一匡天下那样兴复汉室，又希望如乐毅那样扶持弱燕，统率强兵，一举拿下齐国七十余座城而扫除群雄，结束分裂。他给自己设计的是"出将入相"道路。207年，刘备在新野屯兵，经徐庶推荐，礼贤下士，三顾茅庐，一场《草庐对》，英雄和名士心心相印。刘备感叹，自得到诸葛亮后如鱼得水，几次战役下来，彻底扭转蜀军被动局面，形成三足鼎立之势。刘备取得荆州，孙权命诸葛瑾说服诸葛亮效力东吴，诸葛亮说："兄所言，情也；弟所守者，义也。"可见，诸葛亮统一国家的意志坚定不移。

我们从南阳著名的政治、军事人物事迹中可以看出，南阳众多的治国治军精英，他们分别辅佐帝王，虽各为其主，但各献奇谋，各尽其力。他们有一条根深蒂固的观念就是把国家统一作为自己的神圣追求，他们的底线是不能把国土与人民分离，最大的意愿是国家统一，他们共同把南阳推向一个令人敬佩的政治高度。同时，也孕育了南阳人血性刚毅、精忠报国的品格和勇往直前的英雄气概。

四、两汉繁荣的政治助推

西汉建立，汉承秦制，与民休养生息：重农抑商，发展农业；编户齐民，扩大税源；厉行节约，反对靡费；轻徭薄赋，减轻负担；停止战争，对匈"和亲"。又经四十余年文景之治，西汉迎来空前盛世。南阳在政治、经济、科技、文化上进入鼎盛时期，最突出的标志是"功臣将相相继而隆"。官员队伍出现三个特点：一是数量多，用井喷之势形容毫不为过。据《汉书》记载，西汉南阳籍官吏有十八人任职九卿。《后汉书》记载，南阳籍官吏一百五十四人，其中三公、位居宰相二十七人，公卿侍郎三十八人，被封侯封王的一百二十人，有近六十人任地方郡守和刺史，其余任侍中、将、大夫、郎者不计其数。东汉辅佐刘秀称帝的重要功臣"二十八宿"中，出生在南阳境内的，就有十一人之多。二是门类齐全。涉及政治、经济、文化、科技等各行各业。政治方面以将相九卿居多，其影响处于核心和关键地位。三是层次高。刘秀被毛泽东誉为"最有学问，最会打仗，最会用人"的农民领袖，他把汉朝延续二百年，是唯一一个同时拥有"中兴之君"和"定鼎帝王"两个头衔的皇帝。以张衡、张仲景为首的科学巨匠，代表着当时世界科技高峰，是古代文明高度的灯塔。

两汉政治经济全面发展，得益于政治体制下的官吏选拔制度。汉朝吸取秦朝灭亡教训，开始实行察举制。公元前 196 年，刘邦下诏，令天下郡国举荐贤才。贤才的标准，是儒家极为倡导的"仁"与"礼"，把秦国实行的以法治国转向以德治国、德法并重。汉文帝下诏，举荐"贤良方正，能直言极谏者"。贤良方正，即有德行、有才能、正直无私。他还要求根据国家发展需要，举荐更多的行政、技术、文化人才。这就为各个阶层人才打开了一条入仕通道。到汉武帝时，无论是何出身，都可以举荐，按学有所长，分德行、学识、法令、能力等几方面，选拔官吏。在《汉官仪》里，记载着察举录取的四条标准：一曰德行高妙，志节清白；二曰学通行修，经中博士；三曰明达法令，足以决疑，能按章覆问，文中御史；四曰刚毅多谋，遭事不惑，明足以决，才任三辅令，皆有孝悌廉公之行。用现在干部选拔标准来衡量就是，首先要品行端正，其次要有真才实学，然后还得秉公办事，最后还必须会办事。对高级干部还有更高要求。

正是这种开明的选人制度和明确的用人导向，西汉各阶层，尤其是底层知识分子有了稳定的入仕途径，从而使国家发展，获得了广泛而又持续的人才资源。

东汉政权建立后，刘秀深知，政权的巩固不仅需要思想上的统一，还要全社会行为举止的高度一致。实现这一目标的根本措施是加强文化教育。首先，与民休息，偃武兴文，重用文人贤士；其次，兴建太学，设五经博士，传授经典，尊孔崇儒；再次，表彰气节，对西汉末年隐居不仕的官僚、名士加以表彰、礼聘，表扬他们忠于汉室、不仕二姓的高风亮节。刘秀这些开明的选人制度和珍惜贤士的宽大胸襟，使东汉人才济济，出现了"光武中兴""建武盛世"。有史学家讲，刘秀为东汉带来至少八十年的盛世。毛泽东评价他为大汉延续两百年。南阳是刘秀的家乡，被称为帝乡，又被确立为陪都，就是仅次于东都洛阳的国家副中心城市。

南阳大批德才兼备的人才，为两汉发展贡献着聪明才智。

政治方面，西汉有名臣直不疑、南阳太守召信臣，东汉有南阳太守杜诗、政治家邓禹等。刘秀临朝称制，任命二十八将之首邓禹为首辅（丞相）大臣，邓禹深感责任重大，他对刘秀一番谏言，表现出一个政治家的高瞻远瞩。他说："古之兴者，在德薄厚，不以大小。"他详细分析天下大势认为，"于今之计，莫如延揽英雄、务悦民心，立高祖之业，救万民之命。以公而虑天下，不足定也"①。用今天话说，就是古代那些享有天下的人，在于他们有很高的道德水平，而不在于他们有多大权势，当今想成大业，没有比重视人才、争取民心更重要的事情了。如果能做到这两条，就可建立高祖刘邦那样的基业，解救天下受苦百姓的性命，这样去做，安定天下就不是什么难事了。邓禹以德之厚薄立论，不以权势大小论英雄，这与先贤们"天下非一人之天下，唯有德者居之"之说，相互印证。这番治国理政的至理名言，直到今天仍有借鉴意义。

法律方面，西汉有杜周、杜延年、张释之等。张释之官至廷尉，他倡导的"法者，天子所与天下公共也"的观点和"刑无等级，法不阿贵"的主张，相当于今天所说的公正执法是法律生命所在。公平与正义是社会的终极追求，更是每个法律工作者良知和理念的追求。在执法过程中，对冒犯了文帝座驾的一个农民，他依法判定为"冒犯车驾，罚金四两"。文帝认为判决太轻，张释之据理争辩说："法律是天子与天下共同拥有，应该共同遵守的，不应偏私，法有定规，如果加重处罚，如何取信于民？作为最高司法官，如果廷尉不公正，地方也

---

① 李天岑主编：《南阳名人研究（古代名人卷）》，中州古籍出版社 2019 年版，第 123 页。

会不公，百姓就会恐慌不安。所以，一旦经手办案，就只能依法办事，而不能顺从皇帝个人的意旨。"①史学家也认为，张释之为政四十年，正是在西汉文景之治时期，他的先进法治理念和刚直不阿的执法精神，对文景之治起到了法治保障作用。

东汉中期开始，官吏选拔被权势部门把持，基层举荐也被门阀操弄。"举秀才，不知书；举孝廉，父别居"，成为对当时的最大讽刺。官至尚书的左雄，顶着罢官免职的风险，数次上疏汉顺帝，要求对选拔官员制度进行改革。他的改革措施可概括为：凡被举为孝廉者，在公府严格考察的基础上，增加一次经书相关内容的考试，然后予以公示，经审核无误后才正式录用。②说白了就是在原来察举程序上，增加一次笔试，考察其真实水平。这一制度的改革打破了只有贵族子弟才能取士的局限，使学习取士形成制度。这对当时"上品无寒门，下品无士族"的选官制度也是一次纠正，为底层志士提供了一条上升的通道。对这一改革，顺帝予以采纳，将此令颁布各郡正式实施。

"前有召父，后有杜母。"召信臣，字翁卿，为官清廉，西汉元帝初元到竟宁年间出任南阳太守。任太守时，他摘下乌纱换上斗笠，脱去官靴穿上草鞋，跋山涉水，勘察水源，协调土地，建渠修闸，几年间建成大小水利工程达三十余处，可浇地达三万余公顷。《汉书·循吏传》记载，召信臣"好为民兴利，务在富之"，"民得其利，蓄积有余"。杜诗，字君公，河内汲县（今河南卫辉市）人，东汉官员，水利学家、发明家。光武帝时，为侍御史。建武七年（31 年），任南阳太守。在太守任上，杜诗修坡整地，扩大耕作，把经战乱破坏的召渠

---

① 李天岑主编：《南阳名人研究（古代名人卷）》，中州古籍出版社 2019 年版，第 87 页。

② 李天岑主编：《南阳名人研究（古代名人卷）》，中州古籍出版社 2019 年版，第 148 页。

整理修复。杜诗还发明了"水排",减轻了农民劳动强度,提高了农业发展水平。他研制的水轮"发动"机,以强劲的风力为冶铁生产提供了巨大动力,增加了产量,提高了质量。南阳老百姓感念召信臣、杜诗两位太守,说"前有召父,后有杜母"①。"父母官"这个词,是南阳人民创造的,后来成了官德文化的核心,成了做官的最高境界,再后来成了地方官的代名词。

东汉时期的代表人物非张衡莫属。张衡,字平子,南阳西鄂(今石桥镇)人,为官清正,廉洁不阿。公元105年,张衡被举为孝廉,公府三次征召他不到,他不是为了保全自身而躲避现实,而是用十年时间模仿班固的《两都赋》完成了他的《二京赋》。他对"时天下承平日久,自王侯以下莫不逾侈"忧心忡忡,鉴于当时恶劣的政治环境,他有意将其批判的现象集中在《西京赋》,治世之理想置于《东京赋》,最后还用七百字作总结,意在警戒穷奢极欲之害,申述治国为君之道。公元111年,张衡在南阳太守鲍德的推荐下,被朝廷特召进京,先任侍郎,再任太史令。他在太史令位置上干了十四年。第三年研制出当时世界上最先进的天文仪器——漏水转浑天仪,同时他的天文巨著《灵宪》问世。"天之包地,犹壳之裹黄",这一宇宙理论,比西方早一千七百年。十四年后,世界第一架监测地震的仪器——候风地动仪研制成功,并于公元135年成功预测出甘肃大地震。这项技术比西方早一千三百年。②1970年,国际天文学联合会把月球背面的一座环形山命名为"张衡环形山",1977年,把宇宙中1802号小行星命名为"张衡星",这也是第一颗以中国人

① 李天岑主编:《南阳名人研究(古代名人卷)》,中州古籍出版社2019年版,第92、138页。

② 李天岑主编:《南阳历史地位研究》,中州古籍出版社2016年版,第103页。

名命名的小行星。2018 年，中国成功发射电磁监测试验卫星，并命名为"张衡一号"。

张衡官做到尚书，担任谏议官时，那些官僚分子"畏平子如虎"。他在河间府为相时，三年中"打虎拍蝇"，被百姓称为好官。他为后世留下了"不患位之不尊，而患德之不崇；不耻禄之不夥，而耻智之不博"的为政格言。习近平同志在浙江工作期间，曾撰文《做人与做官》，据此为典，并指出古代官员能把道德看得比职位更加重要，是因为道德表现与民心息息相关，如不重视道德建设，官员必然腐败，政党必然失去民心。

建安年间，大汉王朝即将倾覆，军阀混战，天下大乱。大兵之后必有大疫，十年之内暴发五次大瘟疫，"家家有僵尸之痛，户户有号泣之哀"，张仲景家族也未能幸免，十年内二百余人中三分之二死于伤寒。张仲景作为一个民间医生，为家族的衰落和人口丧失而感慨，为早死和枉死的百姓不能及时救治而悲伤。他立志"勤求古训，博采众长"，"上以疗君亲之疾，下以救贫贱之厄"。张仲景被举为孝廉后并没有马上做官，而是日夜在抗疫战场操劳，救治病人。为了让穷人能看起病吃起药，连研究的方剂都是"四六味"，能用单方的决不用复方。他反复实践，研究出十几种无痛苦不花钱的急救治疗法，人工呼吸、心肺复苏、灌肠法等，至今仍在应用。

张仲景当上长沙太守后，白天处理公务，晚上以郎中身份为百姓治病，后来又择定每月初一、十五停止办公，在大堂开诊。"坐堂行医"典故就出于此。当时瘟疫流行，很多老百姓得不到救治，张仲景深知，造成这种现象的原因主要是民间医学落后、百姓缺医少药。正当个人前途如日中天之时，他毅然辞去长沙太守，回到家乡，在一个庙里安顿下来，白天出诊看病，上山采药，收集经方，晚上钻研古医著，撰写医书。经过十余年功夫，《伤寒杂病论》著成。① 这部巨著问世之日，也是张仲景辞世之时，可以说倾注了他毕生的心血。

张仲景在我国医学史上有着不朽的地位，其医学成就泽被后世。他的六经辨证理论，成为中医理论的核心思想，他的药方被后人称为千古经方，他的论著今天已成为中医药大学的必修经典。2020 年新冠肺炎疫情暴发期间，具有疗效的"清肺排毒汤"，源自张仲景经方中的麻杏石甘汤、五苓散汤、小柴胡汤、射干麻黄汤四种经方的加减融合。

张仲景在《伤寒杂病论》自序中感叹，当时生活在社会上的那些读书人，竟然都不重视医药，不精心研究医方医术，以便对上治疗君亲和父母疾病，对下用来解救贫苦人的疾难和困苦。他也无情地鞭挞那些读书人追求荣华权势，踮起脚跟仰望权势豪门，急急忙忙致力于追求名利。张仲景"医相无二，活国在于活人""进则救世，退则为民"的理念，对后世影响深远。孙思邈也认为"古之善为医者，上医医国，中医医人，下医医病"。宋代把医与仕相提并论，范仲淹更是把"不为良相，定为良医"作为人生理想。元代文人的认识达到新的高度，认为"医以活人为务，与吾儒道最切近"。在胸怀天下的人眼中，济世和救人都能实现自己的人生价值。

---

① 李天岑主编：《南阳历史地位研究》，中州古籍出版社 2016 年版，第 105 页。

五、崇文重教的社会风尚

一个不读书的民族必定是没有希望的民族，这在南阳历代官员中早就形成了共识。南阳自古以来民风淳朴，耕读传家、崇文重教之风笃厚。自春秋始，南阳境内书院、学堂、私塾不断修建，宋代花洲书院、元代卧龙岗诸葛书院、内乡菊潭书院闻名遐迩。一代代有识之士身体力行支持教育，投身教育，敬业学堂、劝忠学堂，几乎县县都有，它们为南阳人才成长、官员选拔、官德养成发挥了不可替代的作用。早在远古时代，南召猿人就破洪荒立足中原、繁衍生息在南阳这块神奇土地上，随之教育活动就出现了。夏商周时期学在官府，春秋战国时期出了一个孔子，是天下最有理想、最有学问的人。孔子认为，群雄争霸的原因是"礼崩乐坏"，应当推行"有教无类"方针，培养大批人才，让他们到各个国家去做官，他的培训教材就是"五经"。此时南阳民间渐设私学，百里奚、范蠡，就是这个时代的代表。西汉时期南阳历任郡守重视教育，"迁不轨之民于宛"，原六国宦臣官吏家传读书的良好风气，东汉"帝乡"皇亲国戚、功臣故旧，学风更浓。所有这一切，都为两汉人才的培养提供了充足的文化滋养。

"武定祸乱，文治太平。"刘秀立国后，偃武兴文，在经济极度困难情况下，把名儒范升、陈元、杜林、卫宏、刘昆、桓荣召集到京城洛阳，立为博士，给予优厚待遇，让他们教授学生。还把新野阴氏、湖阳樊氏等功臣子弟集中起来，设立校舍，专配优秀教师，让他们成才立业。刘秀发现为数不少的基层官吏经济上腐败，为政懈怠，专门举办劝学，强化教育。刘秀的儿子刘庄也很尊师重教，曾亲自到太学做主讲。东汉和帝邓皇后（邓绥）临政期间，把那些不学无术的王侯子弟近百人集中起来，开办学校教授经书。东汉安帝时，南阳人樊准，建议重视儒学，振兴教育。①

汉顺帝在教育选官上是一个有为的君王。他认为，君王应该尊崇经术，修建太学，这样可以从根本上改变官员知识结构，提高官员整体素质。针对太学老师的推荐，他指出，出来做官执教，都要协理风俗，宣扬教化，若是不学无术，那就一点用也没有。孝廉年不满四十的不得推举，应先到公府，考儒家之学。然后诸门复试，考其虚实，观察才能，以美风俗。他坚持把教育和官员推举挂钩，明确地方官员推举要经过考试才能确定真实水平，确定是否被任用，这就是顺帝对察举制的纠正，也是早期科举制的萌芽。这一措施颁布实施，更加激发了人们的学习积极性，靠学习取士的制度慢慢形成，大批年轻人携经书前往京师洛阳学习。钱穆这样评价：汉代是乡举里选之后，而再由中央加以一番考试的。其先是推荐程序，只是征询意见而已。直到东汉晚期，左雄为尚书，才开始正式有考试。②

除高官之外，东汉南阳太守鲍德、杜诗、刘宽、羊续在任期间都以推广儒学、教化为务，大力兴办学校。东汉从光武帝到质帝一百多年间，太学生数量猛增。汉代南阳不仅郡学发达，私人教育发展

---

① 李天岑主编：《南阳名人研究（古代名人卷）》，中州古籍出版社 2019 年版，第 140 页。
② 钱穆：《中国历代政治得失》，生活·读书·新知三联书店 2005 年版，第 54 页。

也很快，大有超过郡学之势。据统计，东汉南阳有私人教授十一人，位居全国诸郡第二位。雄厚的师资力量为南阳培养了大批治国良才，张衡、张仲景就是最有代表性的人物。梁启超说："汉尚气节，光武、明、章，奖励名节，为儒学最盛时代，收孔教复苏之良果。尚气节，崇廉耻，风俗称最美。"南怀瑾更有如此评价："在中国两千年左右历史上，比较值得称道，能够做到齐家治国的榜样，大概算来只有东汉中兴之主的光武帝刘秀一人。"

魏晋南北朝时期，虽战乱频仍，也不乏少数明君对教育的重视。宋齐梁陈时，最高统治者推行"寒人掌机要"，提拔大批寒门子弟，让他们担任部门长官。北朝时，皇帝推行"擢贤良"政策，打破了以门资取士的旧习俗。在这种新风下，南阳郡守们坚持请立学校，广兴教育，文风不衰。这时期从南阳走出去的代表性人物，有豫章太守、文学家范宁，南朝大臣、文学家范泰，南朝史学家范晔，南朝尚书左丞、哲学家范缜，南北朝文学家庾信等。他们的治国理政思想、严谨的治学态度、人格风范、显著的学术成就，一直被后人推崇。

庾信（今南阳新野县人），家世显赫，"七世举秀才，五代有文集"，先祖、祖父都是东晋文学家。他十五岁入皇宫，成为梁朝太子萧统、梁简文帝萧纲的伴读。父子两人同为东宫效力，恩宠礼遇无人能比。庾信后官至骠骑大将军，开府仪同三司，世称"庾开府"。他先后任南京、洛阳刺史，"吏不敢贿，人不忍期"。他的文学成就"穷南北之胜"。①

隋唐时期，始兴科举制度，这是一种不拘一格、不讲出身，只看才学的选官制度，建立起的刚性评价体系，给寒门子弟提供了上升的

---

① 李天岑主编：《南阳名人研究（古代名人卷）》，中州古籍出版社 2019 年版，第 196 页。

通道。南阳有汉末左雄为科举制的"先行试点",加上厚重的教育传统,坚实的教育基础,使大批民间士人"朝为田舍郎,暮登天子堂"。南阳还出现了大批著名诗人,如边塞诗人岑参,"大历十才子"之一的韩翃和杜牧极为推崇的张祜,他们都被称为"官员诗人"。唐朝中期,赵宗儒以优异成绩考中进士,当他被任命为翰林学士时,父亲赵晔任秘书少监。唐德宗为表示对他们父子二人的恩宠,在同一天下达二人的任命,一时传为佳话。赵宗儒凭借出类拔萃的文才一路升迁,历宪宗、穆宗、敬宗、文宗四朝,晚年以司空致仕。史学家称他是"前后三镇方任,八领选部"(三次出任方镇节帅,八次在吏部任职)。

宋代建国之初,首要任务是弘扬"士"德,改变士风。"以科取士",几乎成为进入仕途的唯一途径。这一制度为"士"阶层铺平了上升通道,同时也激发了平民子弟的学习积极性。特别是宋太祖、宋太宗提出的"与士大夫共治天下",成为文人志士奋斗的动力和源泉。宋代邓州管辖南阳。随着国家经济、科技、文化、学术的繁荣,南阳教育进入最为辉煌的时代。

北宋名相范仲淹第四次贬谪邓州后,第一件事就是创建花洲书院。范仲淹自己经过苦读经书中进士为官,他曾受宰相晏殊的邀请,在母校应天府(今商丘)书院做过三年老师,深知教育对官员素质提升,官德修养的重要性。他曾大声疾呼,"善国者莫先育才,育才之方莫先于劝学"。他做地方官时,第一件事就是兴学聘师,他做到副宰相时,曾下令所有州县必须办学。他到邓州后在经济还很困难情况下,发动社会捐资,自己也捐出薪水助学。花洲书院建有藏书阁、春风堂和览秀亭,聘请名师执教。他在处理完政务之后,常常到书院讲学。一时间南阳文坛声名大振。范仲淹次子范纯仁官至观文殿大学士。理学创始人张载，邓州知州韩维，均在花洲书院师从范仲淹。①
南阳因范仲淹重视教育，书院建设达历史高峰。书院成为与官学并行
发展的一种教育组织形式，南阳也因花洲书院学术氛围而文韵大盛，
先后出状元二人，榜眼一人，进士六十六人，举人二百零二人。

两宋之后，随着中国经济重心向南方转移，南阳文化总体上呈现
新的特点：即闻名海内外的大师巨匠寥落，但学术文化和学术思想更
加普及，学校如林，实用性人才更多。元朝皇庆三年，诸葛书院在南
阳卧龙岗创办，元仁宗钦赐书院匾额及印本九经，并划拨书院学田
四十顷，南阳知府也配套书院学田四十顷，规模宏备，雅成大观，为
全国郡学之最。明朝是我国全民化教育普及的时代，"国初教职多由
儒士举荐"，此时的科举制度完全是为儒学服务，文化教育从文化培
养为主转向以科举培养为主，政治利益大于文化价值。读书为官成为
明代诗人最高的价值标准。南阳教育在明成化、嘉靖两朝达到高峰。
这期间，除政府颁有文教政策外，更为重要的是南阳地方官员和民间
普通民众的热心提倡和兴办。明代共办书院二十二所，其中创办人身
份可考证的有十四所，几乎全部是政府官员。南阳知府段坚，一人创
建三所书院。参政刘漳也创建三所，他创办的白水书院，存世达四百
余年。官员如此，普通百姓也积极为书院捐置学田，支持资金，帮助
学院发展。元朝以后，南阳虽没有像两汉三国时期那样人才呈群体性
出现，但也没有出现断层。元代南阳最知名人物、著名农学家、经济
理财家，官至汉中道劝农副使、国子司业等职的畅师文，撰写的《农
桑辑要》同《齐民要术》《东鲁王氏农书》《授时通考》《农政全书》

---

① 　杨德堂编著：《做人为官之道：范仲淹忧乐思想启示》，中国方正出版社 2018 年版，
　　第 130 页。

并称为"中国五大古农书"。① 这部不朽著作，是南阳人对人类社会的伟大贡献。

明弘治年间，南阳县孟家村参加乡试人员中，出现了轰动河南省的"双状元"，孟家村为此改为王宅村，世人称"王家二夫子"。哥哥王鸿儒官至户部尚书，弟弟王鸿渐任山东右布政使。后来宁王朱宸濠发动叛乱，王鸿儒父子同上前线，作战四十余天，平定了宁王之乱。王鸿儒担任南京刺史（相当于南京市长），政绩显赫。离任时，十万官民在瑟瑟寒风中号泣跟送这位勤政爱民的官员，逾境不绝。②

这位重量级官员，就是南阳太守段坚发现并培养成才的。段坚和召信臣、杜诗一样，以儒术缘饰吏治。他说："天下有才皆可用，世间无草不从风。"为选拔优秀人才，段坚举办四十人参加的"才子宴"，十六岁的王鸿儒夺得第一。段坚在前八名中选留七名任府衙官吏，把王鸿儒举荐到豫山书院深造，并用自己的薪俸支付学费。③ 王鸿儒没有辜负段坚的期望，二十八岁考中进士，踏入仕途。

清朝时南阳书院达到巅峰，共建书院三十二所。康熙三十一年（1692 年），南阳知府朱磷在府城内建立南阳书院。此后，各县书院相继扩建或兴建。1902 年，随着光绪皇帝下诏全国书院改制学堂，书院伴随着科举制终止，走完了一千多年历史。此时，南阳仍有一批重视教育，在当地小有名气的儒学教育者。清代南阳最著名的人物有三位：一位是雍正皇帝的老师彭师抟。他在浙江督学时，以经学为本，严守儒家道德规范，后在北京任内阁学士兼礼部侍郎，经筵讲官等职。任经筵讲官时曾教过胤禛，即后来的雍正皇帝。一位是台湾知

---

① 李天岑主编：《南阳名人研究（古代名人卷）》，中州古籍出版社 2019 年版，第 234 页。

② 李天岑主编：《南阳名人研究（古代名人卷）》，中州古籍出版社 2019 年版，第 236 页。

③ 李天岑主编：《南阳名人研究（古代名人卷）》，中州古籍出版社 2019 年版，第 236 页。

府高叔祥，他曾担任花洲书院主讲，任台湾知府期间，发展农业生产，剿匪治安，抵御外侵，把台湾治理得安定有序，后病逝台湾。一位是嘉庆年间武状元马殿甲，他曾领兵镇压白莲教，平定过新疆张格尔叛乱，后参加鸦片战争，抗击英国侵略，因功而被擢升为广西提督。

在两千多年历史中，南阳历朝书院以环境优雅、藏书丰富、学术氛围浓厚、院规严明、受到世人青睐，并以其宏大的规模、独特的办学宗旨和繁荣文化的功能，成为南阳的文化中心和教育圣地，逐渐形成了"官员重视——名儒执教——士子云集——人才辈出"的良性循环。

在数千年的历史烟尘中，从帝王到将相，从官学到义学，再到民间私塾教育，无论战争多么残酷，经济再怎么困难，南阳重视教育的传统都没有丢，南阳境内形成的"以兴教为乐，以读书为本，以文章为贵，以知识为荣"的学术氛围没有改变，这正是南阳历史上人才辈出的重要原因。

本质意义上讲，中国从春秋战国开始，就实行了精英治国，它依赖两个条件：一是选拔官吏的政策导向；二是根据国家人才培养所采取的教育政策。从官吏选拔政策上看，贯穿始终的是强调德才兼备，举贤荐能，从史前时期民主选举——禅让制，夏商周时期乡举里选基层官员——世官制，春秋战国时期"学而优则仕"——学士制，秦国因功而授官——军功制，战国七雄中得士则强——客卿制，两汉德才兼备——察举制，魏晋南北朝——九品中正制，一直到隋唐时期的科举制。从周朝开始，都注重以德治国，注重官吏的素质，甚至把官员素质的高低上升到国家兴亡成败的高度。提升官员素质的根本在教育。教育的功能就是为国家储备人才，因此官吏选拔政策成为教育强有力的动力。尤其是从唐朝起，科举制度系统完善，左右着教育的内容、方法和目的，科举考什么，教育就讲什么。再就是教学评价也与科举制挂钩，一个学校有多少人中举就是教育成果。而对教师的考核标准也看科举的及第率。科举制按考试选拔人才，这样无论贫富贵贱都有一个向上机会。科举考试内容是四书五经，儒学成为国家和社会意识形态，科举制宣扬的是"学而优则仕""万般皆下品，唯有读书高"的儒家思想，激发了全民尊重知识、热爱知识、追求知识的良好学风。这些都是南阳古代官德文化形成的重要条件。

六、流风遗韵的修身家训

古代官吏在读书、工作、生活过程中，积累了丰富的修身齐家心得体会，对这些心得体会又进行分析提炼，进而上升到价值判断、精神引领层面，形成内涵丰富的治家观，并用家规家训形式固定下来。治家观在传承家风、延续美德、矫正过失、促进社会进步方面发挥着重要作用。这些家规家训虽然因家庭、家族各异，训诫内容千差万别，但对修齐治平的教诲，却异曲同工、殊途同归。修身正己，为政以德，成为家训中官德教育的主旨，流风遗韵，泽被后世。

（一）立志勤学。立身以立学为先，立学以读书为本。南阳有首百姓耳熟能详的儿歌——"月奶奶，明晃晃，读私塾，念文章，旗杆插到咱门上，你看排场不排场！"还有口口相传的劝学民谣——"生子不读书，不如养头猪""读书肯用功，茅屋出相公"等等。

刘邦登基后，时常用南阳谋略家陈恢劝他放弃武力攻占南阳、先入咸阳成为汉王的谋略，反省自己，教育儿子。他深悔自己早年轻薄文人之举，并现身说法告诉儿子学习的重要性。他说，我遭逢动乱时代，赶上秦始皇焚书坑儒，禁止求学，我很高兴，直到登基才明白没文化有多可怕，于是我让别人给我讲经，终日不辍。古代尧舜为什么不把天下传给儿子？不是他们不珍惜天下，而是因为他们不能担当大任。刘邦写信对儿子说，我平生没读多少书，文辞也不太工整，但起码能表达清楚意思，现在你做的文书还不如我，你应当勤奋读书，每天献上的奏文应自己动手，不能让别人代笔。

范仲淹的百字家训中，"勤读圣贤书，尊师如重亲"，道出了范家一日为师终身为父的良好传统。范仲淹的哥哥范仲温想利用范仲淹的权力为儿子谋官，被他断然拒绝，他还给哥哥修书一封，对子女教育提出两点希望：一是要督促孩子发奋学习，每天都必令其钻研功课，苦读苦练，决不可得过且过，混天度日。二是教育孩子们，只有学有所成，才能入仕为官。他还写有《训子弟语》，其中有两句着重强调读书重要性："耕读莫懒，起家之本；字纸莫弃，世间之宝。"在范仲淹教育下，范氏后代无一不在学业上奋发进取，名人辈出。

"学本于立志，志立而学问之功已过半矣。"冯友兰父辈清代迁入唐河县，冯氏家训这样记载："读书志在圣贤……贵不在权大，人敬者贵……治学当勤勉，知者闻，不知者问……"冯家为了让孩子能学到知识，愿出别人十倍工资，在南阳选最好的私塾先生，并多次登门拜访，承诺别人用八抬大轿，冯家可用十人大轿接先生。冯氏后代自第七代"兰"字辈起，至第九代"镇"字辈止，具有大学学历的五十五人，硕士二人，博士八人，大都毕业于清华、北大、哈佛等名校，其中有二十三人留学海外，二十二人成名成家。①

（二）国事为重。唯德唯贤，能服于人。古人立德主要内容是忠孝，在家能尽孝，于国能尽忠。孝讲尽反哺之情，忠要求为国尽力。那些志士仁人总是以国事为重，忠义为先。《后汉书》记载大司徒邓

---

① 李天岑主编：《南阳名人研究（院士校长法学家卷）》，中州古籍出版社 2019 年版，第 40 页。

禹家训:"禹内文明,笃行淳备,事母至孝。天下既定,常欲远名势。有子十三人,各使守一艺。修整闺门,教养子孙,皆可以为后世法。资用国邑,不修产利。"东汉后期,外戚专权,危及朝纲。邓骘的妹妹邓绥以秀外惠中,德冠后宫,做了汉和帝的贵人,因宫中缺位,邓绥被册立皇后,亲政十六年。邓绥对邓家要求近乎苛刻,不让和帝加封邓氏一族,邓骘只是一名中郎将,相当于警备团的团长。邓绥临朝称制,邓骘平时谨慎从事,多次请求离开朝廷。公元107年,邓骘因迎立安帝有功,食邑达一万三千户,邓骘坚辞不受。他辗转来到宫中,向邓绥陈述外戚掌权、过分恩宠,必将引发祸害,反遭诛杀的道理。后经反复上疏,邓绥才勉强收回成命。平时,邓骘对子女要求严格,生怕影响朝政,中郎将任尚向邓骘儿子邓凤行贿一匹白马,邓凤向父亲自首,邓骘就剪掉妻子和儿子的头发到邓绥面前请罪。公元121年邓绥去世,安帝亲政,官宦挑拨,安帝将邓氏宗族全部免官归乡。邓骘被遣返封地,田宅没收,家属流放,邓骘受郡县官吏逼迫,绝食而死,其余兄弟也以自杀保全名节。众多文武官员认为,邓骘兄弟恪守宗族遗训,谨慎守礼,奉公守法,从不恃宠欺人,也不随众苟同。范晔在《后汉书》中这样评价道,邓骘善良谦让、贤达品正与邓禹家规家训的谆谆告诫、与邓太后对家族的严格约束密不可分。

汉光武帝刘秀的哥哥刘縯,参加推翻王莽新朝功劳显赫,被刘玄嫉恨杀害。匹夫见辱,当拔剑而起,但刘秀想到更多的是推翻新朝,光复汉室,他极力克制,立即从前线返回南阳,不提昆阳之战,不为哥哥服丧,完全当作没发生任何事情。刘玄见刘秀并不反对他,拜刘秀为破虏大将军。但刘秀每当独处时,饭不思茶不进,抱着哥哥的灵牌失声痛哭。刘秀这种先国后家的人臣之义,正是传统文化的精义所在。

（三）廉为政本。南阳官员家训中，包含着丰富的政从廉始的道理。他们根据为官经历，在家训中阐述为官从政之道：清廉为最。只有做到清廉，才"能守素业，使门户不辱"；只有报公绝私，是为率正；只有公而忘私，才能尽职尽责；只有持正公平，才能勤政廉洁。范仲淹一生廉洁，给家人做出榜样。他官至副相，有人要在洛阳为他买一处小绿林好休养，他当即拒绝说："一旦受人之物，于心何安？"儿子想在洛阳为范仲淹买套住宅好度晚年，他立即制止说："为父平生屡经风霜，四起四落，唯能忍穷，故得免祸。"儿子办婚事，凭范仲淹的官职和威望，办隆重一点也不为过，但他对儿子说："钱财莫轻，勤苦得来；奢华莫学，自取贫穷。"就是这样一位朝廷显贵却没有为后人留下半点财产。在他弥留之际，问他对皇上有什么要求时，他摇摇头，表示没有任何要求。

秦相百里奚，是一位廉洁勤政的"布衣丞相"。他从三十多岁外出求官，穷困时沿街乞讨。七十岁当上秦相，外出视察不乘车，天热不张伞，走访不带护卫。百里奚曾回过一次南阳，别人说他妻子带着儿子外出讨饭去了。一次百里奚宴请宾客，见一仆人唱着小曲，"百里奚，五羊皮，可记得，熬白菜，煮小米，灶下没柴火，劈了门闩炖母鸡"。百里奚止不住泪流满面，仔细一看，竟是自己的结发妻子。相堂之上夫妻抱头痛哭。百里奚相堂认妻的故事，让南阳人编成戏，传唱两千多年。贫贱不移、威武不屈，是家规家训传承千年的优良传统。

（四）处事公正。民为政本是家训的核心内容。古圣先贤都强调为政主要是处事以公，举职以勤，御吏以正，抚民以仁。范仲淹常对后人讲，官无大小，凡事只讲一个"公"字，若能坚持公心，做出来也精彩，就是一小官，人们也望风畏服。如果不公，你就是当了宰相，做来做去也不会留下美名。范仲淹有四个儿子，纯祐、纯仁、纯礼、纯粹，这四兄弟在朝廷都担任要职。其中，纯仁、纯礼担任宰相。更值得一提的是，宋朝朝廷为了嘉奖有功之臣，允许他们的子孙后代凭祖上的荣耀担任官职，也就是"祖荫出仕"，但范家四兄弟除老四外，其他三人都是通过科举考试获取功名的。并且，都是在范仲淹卸任后才出来做官的，他们的大好前程全靠自己的实力。他的二儿子范纯仁后来官至宰相，在任上和父亲一样，推荐大批人才，属下劝他说，别人举荐人才都让别人感恩戴德，咱们何不告知本人，日后这些人上位了也会投靠范家门庭。范纯仁说，我推荐人才是让他们为国效力，而推荐人才是皇帝赋予我的职责，这些人知不知道是我推荐又有什么关系？从此之后，范纯仁把写给皇帝的推荐信都顺手烧掉。《宋史》这样评价范纯仁："纯仁位过其父，而几有父风。"范纯仁性格平易宽厚，不以疾言厉色对待别人，但认为符合道义的事，一点也不屈从，坚持原则。曾有亲友来请教为人之道，范纯仁说："惟俭可以助廉，惟恕可以成德。"①

---

① 杨德堂编著：《做人为官之道：范仲淹忧乐思想启示》，中国方正出版社 2018 年版，第 144 页。

中　篇

南阳古代优秀官员官德概览

南阳是国家历史文化名城，有近三千年的建城史，为楚汉文化的发源地。夏朝初，禹把今南阳境内邓州作为都城。商朝、周朝时，南阳境内有申、邓、谢等诸侯国。春秋时，楚设宛邑，称为宛，是全国冶铁中心。秦设南阳郡治宛城，西汉时为全国六大都会之一。东汉时期为光武帝刘秀的发迹之地，故有"南都""帝乡"之称。南阳北连洛阳，南控荆襄，自古为兵家必争之地。同时也是地灵人杰之乡，曾孕育出谋圣姜子牙、商圣范蠡、智圣诸葛亮、科圣张衡、医圣张仲景等历史名人。李白在《南都行》里感叹说："此地多英豪，邈然不可攀。陶朱与五羖，名播天壤间。"诗里的陶朱，即陶朱公范蠡；五羖，即五羖大夫百里奚。在中华五千年的历史长河中，南阳高官贤相辈出，留下为官从政佳话与优秀官德，为中华文明的存续发扬作出了不可磨灭的贡献。

纵观南阳历史，从古代官员优秀官德的孕育发展过程来看，大致可以分为三个重要时期：先秦两汉时期、唐宋时期、元明清时期。在先秦两汉时期，国家观念增强，忠诚、尽职、施德、爱民、廉洁等为官从政原则逐渐确立，成为好官追求的目标和行为规范。百里奚、范蠡等人的行为所产生的效果，具有较大的示范效应。被称为"召父杜母"的召信臣和杜诗，可以说，为古代官员树立了标杆，确立起好官的基本形象。诸葛亮巨大的个人魅力，以其忠诚、廉洁、爱民、执着、智慧等美德的集中体现，对后世产生了深远影响。这时期的官德，是南阳古代官德文化的初创和奠基阶段。

唐宋时期，随着政治制度的更趋稳定和完善，文化繁荣，社会发展，官员在社会生活中的表率作用更加重要更加明显，越来越多的名臣贤相，在推动社会进步、为国分忧、为民造福、为人楷模方面，作出了杰出的贡献，赢得了当时和后人的崇高敬仰。其间的贞观之治、开元盛世、两宋繁荣，凝结着无数先贤名臣的心血和汗水。在官德思想上，境界高远、内涵深刻、思想宏阔、影响巨大的，无疑以范仲淹为代表。他把南阳古代官德文化，甚至中国古代官德文化从总体上推向了新高度，提升到全新的境界，尤其是他的"忧乐观"，是以往官德文化的深化和提升，成为古代官德文化的核心思想，是历来优秀官员修身从政的根本准则和至上追求。

元明清时期，中国社会无论在政治制度，还是社会规范方面，都越加健全，更好地调适着人们的行为。虽然存在着僵化刻板的束缚性，也制约了社会生活多方面的创新创造性，但不可否认，整体的发展和进步，仍是处于世界先进行列。中华文化的悠久厚重，南阳官德文化积淀熏陶，滋养着更多的后继者砥砺奋进，以名臣贤相为期许，以忠心报国、廉洁自律、担当作为、造福黎民为己任，涌现出无数优秀的官员，他们在自己的政治实践中，为国贡献、为民造福，光大发扬南阳官德文化。顾嘉蘅撰述的匾联"为政戒贪，贪利贪，贪名亦贪，勿骛声华忘政事；养廉唯俭，俭己俭，俭人非俭，还从宽大保廉隅"，以及"心在朝廷原无论先主后主，名高天下何必辨襄阳南阳"，高以永撰写的"得一官不荣，失一官不辱，勿道一官无用，地方全靠一官；穿百姓之衣，吃百姓之饭，莫以百姓可欺，自己也是百姓"楹联，无不蕴含着深厚的传统文化精髓，为官德文化的发展作出了卓越贡献。

一、先秦两汉时期：初创和奠基

百里奚

百里奚（约前 725—前 621 年），姜姓，百里氏，名奚，字子明，齐国没落宗室子弟，后在楚国宛地（今南阳）牧牛为生。

百里奚自幼家贫，但以天下苍生的命运为念，青年时期奔波齐、虞等地游学，尝遍人生艰辛。在齐游学时曾乞食于市，为蹇叔收留，因得不到齐国的任用，投奔虞国，为大夫。周惠王二十二年（前 655年），晋国借路虞国攻打虢国，虞君贪图晋献公的宝玉"垂棘之璧"和名马"屈产之乘"，不听大夫宫之奇和百里奚的劝阻。晋国灭了虢国后顺路灭了虞国，虞君和百里奚等大臣都做了俘虏。秦穆公向晋国求婚，晋献公将百里奚作为陪嫁臣送与秦。百里奚不堪其辱，逃到楚国宛地，被楚人捉拿，以放牛为生，并且把牛饲养得很肥。秦穆公得知百里奚是个贤才，遂以缉拿逃奴为由，用奴隶身价——五张羊皮，将百里奚赎回，拜为大夫，因号五羖大夫。百里奚相秦七年，勤理政务，平易近人，生活俭朴，使秦大治，遂建霸业。及卒，"秦国男女流涕，童子不歌谣，舂者不相杵"[1]。

---

[1] 《史记·商君列传》。

（一）仁爱苍生，勤政为民

《史记》记载：五羖大夫，荆之鄙人也，其为相也，劳不坐乘，暑不张盖。行于国中，不从车乘，不操干戈。五羖大夫死，秦国男女流涕，童子不歌谣，舂者不相杵。百里奚作为一个国相，出门不坐车，夏天烈日炎炎，也不让属下打伞遮阳，不带卫兵。《吕氏春秋》记载，百里奚为秦相期间，"谋无不当，举必有功，倡文明教化，重施恩于民，内修国政，外图霸业，开地千里，称霸西戎"。

百里奚有如此为世称道的业绩，并不是偶然的，其中有坚定的为官理念作指导。百里奚在楚国宛地牧牛，因为把牛饲养得好，楚成王问其原因，百里奚说："时其食，恤其力，心与牛而为一。"养牛尚且如此，那么为政也必然如此。庄子曾说："百里奚爵禄不入于心，故饭牛而牛肥。"这就是"仁者与天地万物为一体"的情怀，其根本原则在于"时其食，恤其力"。"时"，就是不误农时，不瞎折腾百姓，这对为政者的执政素质要求很高。不仅要抓住天时地利，更要符合实际情况安排生产。"恤其力"，就是要体谅百姓之难，与民心合一，掌握百姓的实际情况，顺应百姓的愿望。

这些早已厚植于心的为官理念促使百里奚为官期间，将安抚、教化、融合境内各民族，发展生产，充实国力放在了首位。为官为政，不贪恋权势，不贪图富贵，而是要大济天下苍生。他敬惜民生民力，鼓励民众开边垦荒，提倡教化，开启民智，并按照周朝的官制和朝仪改变秦国落后的国体，将中原先进技术文化、政治和耕作技术传播于境内各民族。

在百里奚的励精图治下，秦国府库充盈，百姓安乐，秦国短期内便得到了大治。

（二）施德诸侯，树秦声望

百里奚以仁义作为内政和外交政策的理论基础，不但使秦国由一个边陲小国一跃为五霸之国。百里奚为秦相七年，帮助秦穆公成就了霸业，其事迹已载入史册。

帮助晋国立国，这是百里奚继承尧舜禹的美德。"兴灭国，继绝世，举逸民，天下之民归心"，是尧传给舜的治理天下的法宝，舜又要求禹这样做。在比权量力的春秋时代，百里奚三次帮助晋国设立国君，而不是趁火打劫，确实难能可贵。晋献公去世后，百里奚和公孙支奉秦穆公之命，带兵保护逃亡在梁国的晋公子夷吾回国做了国君，是为晋惠公。惠公为感谢秦国，答应给秦国河外五座城池，后来又反悔了。秦穆公要攻打晋国，被百里奚劝阻了。秦穆公十三年（前647年），晋国粮食绝收，向秦国求援。不少人认为，应该乘机攻晋。百里奚却说："天灾流行，国家代有。救灾、恤邻，道也。"当秦国遇到粮荒时，晋国却忘恩负义，拒不卖粮，还在公元前645年攻打秦国，结果晋惠公被擒。晋国只好送给秦国五座城池，又派太子做人质，秦国才放惠公归国。晋惠公卒，秦国帮助流亡的公子重耳做了晋国国君，是为文公。司马迁在《史记·商君列传》中记载："（百里奚）发教封内，而巴人致贡；施德诸侯，而八戎来服。由余闻之，款关请见。……德行施于后世。"百里奚在国内广施恩义，巴人和八戎都来归顺，秦国疆土扩大，百姓安居乐业。

百里奚由奴隶走向秦国国相，将"内圣"和"外王"统一起来，立下定国安邦的功业。这一现象说明，恃德者昌，恃力者亡。恃力，是"内圣"的缺陷，必然导致"外王"方面的"亡"；相反，恃德，则是"内圣"的修炼，必然导致"外王"的"昌"。只有"内圣"和"外王"有机结合，才能出现天下大治。

南阳市民为纪念这位远古先贤，把一条大道命名为百里奚路。

范　蠡

范蠡（前536—前448年），字少伯，楚国宛（今南阳）人。春秋战国时期杰出的政治家、军事家和经济学家兼大商人，被后世尊为文财神和商圣。范蠡青少年时期在楚国宛地隐志读书；青壮年在越国为官，助越王勾践打败吴王，成就霸业；中晚年在齐国和陶地务农经商发家。司马迁曾总结说："范蠡三迁，成名于天下。"

（一）隐志求学，待机而行

范蠡不像其他诸子百家留下了皇皇巨著，也没有门生故吏详细记载其言行起居。《越绝书》第七卷记载：范蠡，其始居楚，曰范伯。贫困不堪，"饮食则甘天下之无味，居则安天下之贱位"，可见青少年时期范蠡的生活状况。而且，还要"披发佯狂"，不与世人交往，活脱脱一个楚国狂人。但范蠡并非不学无术，实际上，当时楚国文化水平要高于周边地区，范蠡隐志求学，世人只是被他假装的疯癫迷惑，其实这对出身底层的范蠡来说也是自保之法。但是，时任宛令的文种却对他青眼有加，认为范蠡是个奇才。

范蠡并非甘于沉沦之辈，只是在等待时机。当时楚平王执政，政局混乱，太子建和太傅伍奢及其子伍尚被杀，楚国一大批优秀人才都离开楚国，伍子胥、伯嚭奔吴。范蠡此时也有打算，他和文种商量何去何从时的一番宏论，展示范蠡不凡的见解和抱负。范蠡说："三王乃三皇之苗裔也，五伯乃五帝之末世也。天运历纪，千岁一至。黄帝之元，执辰破巳。霸王之气，见于地户。子胥以是挟弓干吴王。"① 这番言论表明范蠡对时局有着清醒的认识，他认为王道时代已过去，春秋五霸时代是个末世，而且最适合他们这些平民子弟建功立业的地方在东南，因为东南为地户，地户之地就是吴越所在的地方。

虽然史书只有寥寥几句，但表明范蠡的青年时代确实是隐志读书，虽然出身贫寒，却是穷且益坚，不坠青云之志。在风云激荡、波谲云诡的春秋时代，楚国的平民子弟范蠡，怀抱"兴灭国，继绝世"的宏大抱负，书写了令后人敬仰的人生轨迹。

（二）忍辱负重，忠心事君

秦朝统一后，丞相李斯陪同秦始皇泰山封禅。范蠡墓在泰山西麓陶山脚下，李斯虔诚叩拜，并题词：忠以事君，智以保身，千载而下，孰可比伦。其实，范蠡和勾践是互相成就的。当时，伍子胥已在吴国，范蠡与文种在楚国并无显名，而伍子胥乃楚国太傅之子，早有盛名，两人感觉很难在吴国有所作为。范蠡认为，"地户之位，非吴则越"②，于是投奔越国。虽然，越王勾践很欣赏范蠡的才华，但是越国的大夫石买嫉妒范蠡之才，诋毁范蠡说："衒女不贞，衒士不信。"意思是，爱炫耀的女人不贞洁，爱炫耀的士人不可靠。范蠡也不争辩，在楚越之间游历考察，直到勾践贸然进攻吴国失败后，范蠡走近勾践，才有了垂范后世的君臣勠力合作的佳话。

在"忠以事君"方面，范蠡可谓竭力用心。这个"忠"不仅是忠心，同时还要有解决困难的策略和行为。勾践战败后，打算破罐子破摔，

---

① 李步嘉校释：《越绝书校释》，中华书局 2018 年版，第 161 页。
② 李步嘉校释：《越绝书校释》，中华书局 2018 年版，第 161 页。

在范蠡和文种的劝说下，接受了投降的策略，但心灰意冷，以为此去吴国必会客死异乡。范蠡则进谏说："闻古人云：居不幽，志不广；形不愁，思不远；圣王贤主皆遇困厄之难，蒙不赦之耻……今大王虽在危困之际，孰知其非畅达之兆哉！"①这在精神上给勾践以信心。在陪同勾践夫妇为奴吴国期间，范蠡对勾践不失君臣之礼，这令夫差极为钦佩，几次拉拢范蠡为己所用。终于有一天，吴王夫差对范蠡进行开导说："贞妇不嫁破亡之家，仁贤不官绝灭之国。今越王无道，国已将亡，社稷坏崩，身死世绝，为天下笑。……吾欲赦子之罪，子能改心自新，弃越归吴乎？"②范蠡若是贪图名利的俗人，这真是个难得的机会，但范蠡之所以被后世尊为圣人，其可贵就在于他依道行事，要用自己的道和技，在这个弱肉强食的末世，实现自己"兴灭国，继绝世"的抱负。所以，范蠡的回答也是千古一绝，范蠡说："我听说亡国之臣不言政，败军之将不言勇，我身为越国之臣，兵败来降，甘愿为大王效力奔走，但不可投降作贰臣，请大王勿怪！"这段话不亢不卑，但细究却是满满的自信。后世那些贰臣们，在投降时，哪个不是奴颜婢膝？

范蠡背井离乡，不是陪勾践做一辈子奴隶的。他在忍耐，也在创造时机，绝不是心如死灰，坐以待毙。为了脱身，范蠡劝勾践要从内心深处把自己当奴隶，从外表到内心不要露出一点不满和怨恨，甚至夫差生病，他让勾践去尝夫差的粪便，然后煞有介事地祝贺夫差不久就会痊愈。经过三年的奴仆生活，夫差被勾践君臣的行为感动，就让他们回国了。

---

① （东汉）赵晔：《吴越春秋·勾践入臣外传第七》。
② （东汉）赵晔：《吴越春秋·勾践入臣外传第七》。

勾践回国后，在范蠡、文种的辅佐下，卧薪尝胆，"十年生聚，十年教训"。富国强兵的过程中，范蠡和文种默契配合，拯救了越国这个即将败亡的国家。范蠡告诫勾践，兵强谷多才是与吴国争霸的资本。"时不至，不可强生；事不究，不可强成"，在等待时机的同时，要悉心创造各类条件。勾践对范蠡十分信任，显示了在困难时期这位未来霸主的胸襟和韬略。勾践对范蠡说："不谷（诸侯的谦称）之国家，蠡之国家也，蠡其图之！"意思是说，我的国家也是你的国家，你按照你的意图去做吧！范蠡十分冷静地对勾践说："四封之内，百姓之事，蠡不如种也；四封之外，敌国之制，立断之事，种不如蠡也。"①意思是，内政交给文种，外交和军事由我做主。这也表现了范蠡务实、不贪权、敢于担当的品德。文种做过地方官，相对有治理国家的能力。而外交和军事，在强敌环伺的春秋时代，确实是个重任。

但如果范蠡平时没有这方面的能力培养，他也不会主动接受这个艰难的工作，而实践证明范蠡这两方面做得很好。外交方面，范蠡采取"宜亲于齐，深结于晋，阴固于楚，后事于吴"策略，利用吴王夫差"淫而好色"、好大喜功的弱点，不断输送美女珍玩，又诱使吴国北伐中原，加深与邻国的矛盾。军事上，训练军队，积极备战，重视军事人才的培养，一大批能争善战的青年将领脱颖而出。越女、陈音是射箭和剑戟高手，范蠡让他们训练军队，"三月军士皆可用弓弩之巧"。于是，一支军纪严明的军队诞生了。

对吴国作战，事关越国国运，更是范蠡兵战事业的开端，此事非同小可，所以范蠡竭尽全力，确保成功。他对越王说："臣闻古之善用兵者，赢缩以为常，四时以为纪，无过天极，究数而止。因天地之

---

① 《史记·越王勾践世家》。

长，与之俱行；后则用阴，先则用阳；近则用柔，远则用刚；后无隐蔽，先无阳察。用人无疑，往从其所。"① 这里面包含了丰富的军事辩证法思想。强调战争必须符合客观规律，随机应变，不可主观臆断。勾践报仇心切，范蠡四次阻止了其对吴国用兵的计划。第一次，范蠡告诉勾践，天下之事，有夺，有予，有不予，如果过早行动，反受其害；第二次，吴王亲小人，远贤臣，勾践又想伐吴，范蠡说："人事至矣，天应未也，王姑待之。"第三次，当伍子胥被杀害，勾践认为天赐良机，范蠡反对说："逆节萌生，天地未形，而先为之征，其事是以不成，杂受其刑。"范蠡敏锐地观察到，夫差虽然失道，但整个吴国的实力还没有溃败，这个时候攻打它，吴国会举国反攻，两者对比，越国尚不具备与之完全对抗的实力和必要。第四次是吴国遭受自然灾害，粮食绝收，勾践又想乘人之危，范蠡阻止说："人事必将与天地相参然后可以成功。"吴国遭灾，经济必然受损，到这时候攻打它，吴人反而会化悲痛为力量，因此越国未必能稳操胜券。直到公元前 482 年，吴王夫差率领吴军主力在黄池（今河南封丘）与晋、鲁和周会盟，同晋争夺霸主。范蠡这次主动请战，只用了十多天就攻陷了姑苏，夫差惊慌回国，向越国求和。鉴于吴国军队主力尚存，为避免无谓的牺牲，范蠡请越王答应求和，但继续在战略上和吴国对抗。

公元前 478 年，吴国遭受百年不遇的大旱，赤地千里，国家没有赈灾物资，民怨沸腾，这次范蠡被封为上将军，率领五万大军打败六万吴军，吴军士气低落，困守姑苏。范蠡围而不攻，两年后，范蠡采取声东击西之法，假装攻打楚国，吴军大意后，又突然袭击，吴军大乱。夫差打算求和，愿意像勾践君臣当年那样来越国为奴，勾践

_____

① （春秋）左丘明：《国语·卷二十一·越语下》。

竟然想答应这个和谈条件。范蠡对越王说："会稽之事，天以越赐吴，吴不取；今天以吴赐越，越可逆命乎？"①范蠡很果断地拒绝了吴国使臣的要求，击鼓兴师进攻姑苏，夫差在绝望中自杀。

（三）功成身退，致富行善

越王勾践在范蠡和文种两位楚国（确切说是南阳）才俊的精心辅佐下，打败了宿敌吴国，走上霸主的地位，范蠡也位极人臣。但是，范蠡的修为和操守，志不在富贵，他虽然韬略武功独步天下，但兵战事业已臻辉煌，而且春秋诸君，人品道德不一定令范蠡心悦诚服，离开越国，去开辟另一番人生天地，也就成为范蠡人生的第二次选择。

范蠡离开越国前后都劝过文种要功成身退，文种不以为然。范蠡来到姜太公的封地齐国后，给文种写了一封信，提醒该离开越国了。范蠡的理由是：天有四时，人有盛衰，要知道进退存亡。高鸟已散，良弓将藏；狡兔已尽，良犬就烹。尤其值得重视的是，范蠡看清楚了越王的本性。他说："夫越王为人，长颈鸟喙，鹰视狼步。可与共患难，而不可共处乐；可与履危，不可与安。子若不去，将害于子，明矣。"②但文种依然不听劝告，结果就被勾践赐死了。世界上建功立业的英雄多，但能够不贪恋权位、功成身退的英雄少。百里奚、范蠡、张良是急流勇退的典范，商鞅、李斯、韩信被权力迷惑，最后丢了性命。

范蠡利用早年学到的经济知识和平民子弟的吃苦耐劳精神，在齐国艰苦创业。司马迁在《史记》中记载道："范蠡浮海出齐，变姓名，

---

① （春秋）左丘明：《国语·卷二十一·越语下》。
② （东汉）赵晔：《吴越春秋·勾践入臣外传第十》。

自谓鸱夷子皮，耕于海畔，苦身戮力，父子治产。"①鸱夷子皮，是指用牛皮做的酒坛子。越国上将军范蠡，远离荣华富贵，给自己起了这样粗俗的名字，我们仿佛又看到青年范蠡在宛（南阳）时落拓不羁的形象。这次，他带领妻子儿女，像普通人那样辛苦地经营渔桑，那个纵横吴越、叱咤风云的范蠡变成了勤勤恳恳的农夫兼小商人。由于经营得法，不久就"致产数千万"，齐人很是崇拜他，齐王又聘请范蠡做相国。范蠡则认为，"居家则致千金，居官则至卿相"，这是布衣百姓所达到的极致，如果长久享受这种尊贵是不吉祥的。范蠡辞去相职，把财物分散给亲朋好友，只带重宝，悄无声息地来到定陶。

范蠡作为一个平民子弟，无论为政还是经商，都做到了极致，这不仅仅是幸运，而是依道而行的结果。官有官德，商有商道，而要把握这个道，需要扎扎实实地投入实践，才能获得深刻的认识。

张释之

张释之（生卒年不详），字季，西汉堵阳（今南阳方城）人，在汉文帝、景帝时为官。早期，释之与兄张仲同住，为官十年没有升职，担心再这样下去会耗费兄长的财产，打算辞官自谋生计，他对兄长说："久宦减仲之产，不遂。"②所幸的是，中郎将袁盎了解他，认为张释之是个德才兼备的君子，请文帝任命他为谒者，就是皇帝的传达员。张释之觐见文帝后，陈述治国安邦的大计，文帝对高深理论不感兴趣，让他谈谈哪些方法可以立竿见影。释之就细谈了"秦所以失而

---

① 《史记·越王勾践世家》。
② 《史记·张释之冯唐列传》。

汉所以兴者久之"。文帝很满意，让他做了谒者仆射。此后历任公车令、中郎将、中大夫、廷尉。

（一）崇实贱虚，朴实厚道

张释之为官多年，没有奔走官场，沽名钓誉，久不迁升，怕损失兄长的财富而要辞官。这本身说明，他的目的不在于功名利禄，而在于为公做事。汉初鉴于秦亡的教训，取黄老之术与民休息，对秦朝重用刀笔酷吏的作风，也有所纠正。张释之是一位刚毅木讷之士，对巧言令色之徒深恶痛绝。张释之跟随汉文帝出行，登临虎圈，汉文帝询问书册上登记的各种禽兽的情况，问了十几个问题，上林尉只能东瞧西看，全都不能回答。看管虎圈的啬夫从旁代上林尉回答了皇帝提出的问题，答得极周全。想借此显示自己回答问题犹如声响回应且无法问倒。汉文帝说："做官吏不该像这样吗？上林尉不合格。"显然，文帝很欣赏这个能说会道的啬夫，命令张释之让啬夫做上林尉。张释之沉默思考许久，才上前对文帝说："陛下认为绛侯周勃是怎样的人呢？"文帝说："是长者啊！"又再一次问："东阳侯张相如是怎样的人呢？"文帝再一次回答说："是个长者。"张释之说："绛侯与东阳侯都被称为长者，可这两个人议论事情时都不善于言谈，现在这样做，难道让人们去效法这个喋喋不休伶牙俐齿的啬夫吗？秦代由于重用了舞文弄法的官吏，所以官吏们争着以办事迅急、苛刻督责为高，然而这样做的流弊，在于徒然具有官样文书的表面形式，而没有怜悯同情的实质。因为这个缘故，秦君听不到自己的过失，国势日衰，到秦二世时，秦朝也就土崩瓦解了。现在陛下因为啬夫伶牙俐齿就越级提拔他，我想恐怕天下人都会追随这种风气，争相施展口舌之能而不求实际。况且在下位的人被在上的人感染，快得犹如影之随形、声之回应一样。陛下做任何事情都不可不审慎啊!"于是,汉文帝取消原来的打算,不再任命啬夫为上林尉。

王生是汉初的隐士,喜欢黄老之学,很受当时人的尊重。曾应召入朝,当时三公九卿均在场,王生的鞋带松了,就让张释之替他系上,张释之便跪下替他系好了鞋带。事后,有人问王生为什么要在朝廷上羞辱张释之,王生说:"我年纪大了,地位也不高,自忖帮不上张廷尉什么忙,所以才这样做。张释之是天下名臣,我羞辱他,正是为了增强他的名声。"大臣们听到后,都称赞王生的贤德而且敬重张廷尉。此事也足以表现出张释之朴实厚道的道德品质。

(二)法不阿贵,执法公允

张释之做公车令和廷尉时,坚守"法不阿贵""刑无等级"等执法原则,同时积极汲取了儒家的"明德慎罚"和"罪疑从轻"理念,依法判案,避免轻罪重判或者重罪轻判,既维护了法律权威又起到警示作用。这与"赭衣塞路,囹圄成市"的秦朝法制环境迥然不同。后世这样赞颂张释之:

民为天下之本,有民方有天下,无民何来天下?故而民即是天,天即是民,细民性命大于天;

法乃国家公器,立法全为保民,法滥岂能安民?因之法善民聚,法弊民散,天子行事须守法。

张释之面对皇族权贵的违法行为,毅然秉公处理。太子刘启入朝,车至司马门还不下车。这违反了宫卫禁令。张释之此时作为公车令,追上太子阻止其进宫,并以"过司马门不下车为大不敬"之罪向朝廷弹劾太子。结果汉文帝向张释之赔罪,薄太后特赦,太子才得以进宫。这体现了张释之在执法中坚守"法不阿贵"的职业道德,这在两千年前的皇权时代尤为可贵。

张释之做廷尉时，秉公执法。汉文帝出行，御马被一乡下人惊扰。文帝大怒，交由廷尉发落。经查明，此人纯属无心之过失，按律判处罚金。文帝大怒，认为判罚过轻。皇帝的理由是：这人冲撞车驾，如遇烈马，自己会有生命危险，所幸自己的马性柔和，应该判他重罪。张释之的回答掷地有声。他说："法者，天子所与天下公共也。今法如此而更重之，是法不信于民也。……廷尉，天下之平也，一倾，而天下用法皆为轻重，民安所措其手足？唯陛下察之。"意思是，国家的法律是天子和百姓都应该共同遵守的。这个案子依法应判罚金，若是依陛下的意见重判，以后法律就无法取信于民了。廷尉，是主持天下公平的执法人，一旦断案稍有差错疏忽，全国各地的执法官在量刑时就会失去轻重。这样，百姓就不知所措了。最后，文帝认为廷尉做得对。

有人盗走汉高祖庙里神座前的玉环，犯人归案后，文帝交由张释之审判。张释之根据汉代法律规定的条款，盗窃宗庙御物，当判为斩首"弃市"。文帝大怒，他认为，盗窃皇家宗庙的罪犯，应该诛灭九族，而不是像一般的案件处理。张释之说："法如是足矣。假令愚民取长陵一抔土，陛下何以加其法乎？"张释之很明确地向汉文帝表明，判决罪犯"弃市"已经足够了，如果这个盗窃罪判了灭族，假如一人破坏了皇陵，那又该用什么刑罚呢？皇帝和太后最终同意了张释之的判罚。张释之"明德慎罚""法不阿贵"的执法精神，在漫长的专制社会，犹如一把火炬，虽然光亮微弱，但却给后人以希望和信念，为中华法系的法哲学提供了丰富的思想和生动的案例。

召信臣

召信臣（生卒年不详），字翁卿，九江郡寿春（今安徽寿县）人。因明经甲科而成为郎官，补授谷阳长。后被荐举为高第，升迁为上蔡长。他为官视民如子，所到之处都为民众称颂。后彼越级提拔为零陵太守，但因病免职归田。后起复征辟为谏大夫，调任南阳太守，为官仍如在上蔡时一样。班固在《汉书》中把召信臣列为循吏。

（一）躬行儒学，造福百姓

在南阳为官期间，召信臣勤勤恳恳，喜欢为民兴利，只想使民富裕。他常亲自劝导农耕，出入于田间，住在乡野亭舍之中，很少有安闲在家的时候。经他调查巡视郡中的水源，而开通沟渠修建水闸堤堰一共有数十处，使灌溉面积年年增加，达到三万顷之多。老百姓都得到了利益，家家积蓄有余。信臣又为民制订了先后用水的规定，刻在石头上立于田边，以防止争抢。他又禁止民间婚姻嫁娶和举办丧礼铺张浪费，务必要勤俭节约。府县官吏人家的子弟游手好闲，不把务农当作一回事的，他看见了就要加以训斥，严重者还治以不法之罪，以此显示出他的好恶。他治理的地方教化大行，郡中人家无不耕稼力田，外地百姓前往投奔，因而使户口倍增，但盗贼讼狱却大为减少。官吏百姓都敬重热爱他，称他为"召父"。荆州刺史上奏说信臣为百姓兴利，从而使郡县殷富，皇上便赐给他黄金四十斤。后迁调河南太守，其政绩在全国屡次排在第一，因而朝廷几次提升他的品秩并增加赏赐。

（二）精勤务实，厉行节约

竟宁年间，他被征召为少府，位列九卿。曾上奏，对上林苑等许多皇上很少巡幸的离宫别馆，不要再花费修缮；又奏请将乐府黄门中的倡优、杂戏以及官馆中的守卫、器物等减少一半以上。在皇宫的园圃里种着一些冬天出生的葱韭菜菇等，周围都用屋宇覆盖着，日夜都燃烧着微火，以提高气温使其生长。信臣认为这些都不是按季节生长的东西，对人有害，不应该对它如此侍奉供养，还有其他不适合的食物，他都上奏请予罢止，这样每年可节省数千万费用。

信臣因年迈而卒于官任之内。元始四年（4年），平帝下诏为百官卿士中有益于民众者立祠，九江便以"召父"响应诏书。当年该郡的二千石率领官佐属吏举行祀礼，带着供品到信臣坟上祭祀，同样南阳也为他立了祠。

北宋时期的苏洵如此赞美召信臣：惟彼翁卿，古蔡邑长。视民如子，太守南阳。为民兴利，召父益彰。善教仁化，重茑甘棠。德垂先创，俎豆功光。世传伯爵，新安故乡。去彼来此，分徒一方。临图里镇，万古流芳。

南阳人民为纪念这位父母官，把一条大道命名为信臣路。

邓 禹

邓禹（2—58年），字仲华，南阳新野人，东汉初年军事家。邓禹十三岁时便能诵读《诗经》，年轻时曾在长安太学学习，与刘秀交好，协助刘秀建立东汉政权。东汉明帝永平三年（60年），汉明帝刘庄在洛阳南宫云台阁命人画了二十八位大将的画像，称为云台二十八将，邓禹位列第一。

（一）心怀天下，功勋卓著

王莽篡汉后，南阳刘縯、刘秀等起兵反抗。起初，更始帝刘玄非常器重邓禹。但邓禹看到更始帝的部下诸将皆为庸人，一心向往钱财，只会逞强斗狠，并没有匡扶天下、拯救百姓的远大理想，所以不愿加入更始帝刘玄的阵营。更始元年（23 年），刘秀巡行河北，邓禹单枪匹马，去河北追随实力孤单的刘秀。向刘秀提出"延揽英雄，务悦民心，立高祖之业，救万民之命"① 的方略，被刘秀"恃之以为萧何"。邓禹协助刘秀建立东汉，"既定河北，复平关中"，功劳卓著。

邓禹不但战功卓著，而且每到一地，安抚百姓，宣扬教化，据《后汉书》记载，"禹所止，辄停车住节，以劳来之，父老童稚，垂发戴白，满其车下，莫不感悦，于是名震关西"，老人孩子都很拥戴他。光武帝刘秀对邓禹也称赞有加，曾专门派使节去前线慰劳他，并拜邓禹为大司徒。使节所读光武帝诏书，称赞他："深执忠孝，与朕谋谟帷幄，决胜千里。"② 面对传统价值观全盘崩坏的社会现实，光武帝和邓禹努力宣传儒家经典的微言大义，"敬敷五教"，"五教在宽"，就是把"五常"——父义、母慈、兄友、弟恭、子孝，以及"君臣有义""父子有亲""夫妇有别""长幼有序""朋友有信"这样的家庭伦理价值以及社会价值转化为百姓的道德操守，为东汉建立奠定一个价值基础，因此社会上出现很多重视名节的君子，这就是所谓的两汉重君子，魏晋多名士。但所谓的名士，大多是任性怪诞，喝酒服药，社

① 《后汉书·列传·邓寇列传》。
② 《后汉书·列传·邓寇列传》。

会风气也被搞得虚夸空谈，不如君子人格有担当精神。

（二）以身作则，潜修文德

建武十三年（37 年），全国统一，光武帝"欲偃干戈，修文德，不欲功臣拥众京师"，光武帝打算让有军功的大臣们回乡养老，把治理国家的重任交给懂儒学且有君子气节之人。邓禹又一次发挥了不贪恋权位的高尚精神，带头"并剽甲兵，敦儒学"，光武帝偃武兴文之国策由此得以顺利实施。

邓禹在子孙教育方面用心良苦，他以身作则，亲自训导，建立起功德与学识并重的家教观念，对于家族发展颇有作用。邓禹儿子中，少子邓鸿乐于筹划关防，汉明帝与邓鸿议论边事，认为他具将才，就拜为将兵长史。汉章帝时，邓鸿为度辽将军。汉和帝初，邓鸿随窦宪击匈奴，建立了军功，征行车骑将军。邓禹十三个子女中，六子邓训"不好文学"。此处所谓"文学"主要是指章句之学，邓训的文德修养都不错，他的子弟颇有成就。邓训对子弟的德行与学业修养，要求严格，甚至苛刻。"训闺庭甚严，诸子进见，未尝赐席，至于（和熹邓）后，事无大小，每辄咨之。"①《后汉书·邓训传》亦曰：邓训对外人宽中容众，但是在家中闺门很严，子弟很是敬惮，"诸子进见，未尝赐席接以温色"。那个后来做了皇后的邓绥，"诸兄每读经传，辄下意难问。志在典籍，不问居家之事。……父训异之，事无大小，辄与详议。"② 可以看出，邓训家中，子弟从小都要接受严格的文学教育，兄弟姊妹之间，讨论问难，切磋琢磨，学风很好。同时，邓氏家教

---

① 《后汉纪·孝和皇帝纪下卷第十四》。
② 《后汉书·本纪·皇后纪上·邓绥传》。

宽严相济，形成了良好的自律传统。邓训有五子一女：骘、京、悝、弘、阊及邓绥。邓弘少年学习《欧阳尚书》，入朝给安帝授课，当时诸读书人大多依附他。邓绥好学成习，终身不辍。《后汉书》云："太后自入宫掖，从曹大家受经书，兼天文、算数。"①邓太后以光大父祖之德、教养子孙为己任，《后汉书》本纪云："（元初）六年，太后诏征和帝弟济北、河间王子男女年五岁以上四十余人，又邓氏近亲子孙三十余人，并为开邸第，教学经书，躬自监试。尚幼者，使置师保，朝夕入宫，抚循诏导，恩爱甚渥。"邓绥还从父祖那里继承了心忧天下的精神。她对刘氏子弟与邓氏子弟的经学教育一视同仁，并推及国家文化教育和文化建设规制中。"永初三年，邓太后又诏中官近臣于东观受读经传，以教授宫人，左右习诵，朝夕济济。"东汉有学问的宦官（如郑众、蔡伦）就是从邓太后时代开始大量出现。邓太后称制期间，两度下诏刘珍等鸿儒硕学入东观校订典籍，为东汉经学发展作出了重要贡献。在邓后子侄辈中，博学能文的不在少数。《后汉书·邓禹传》载，邓太后去世，安帝听信谗言，迫害邓氏，邓骘、邓阊等被逼自杀，"阊妻耿氏有节操，痛邓氏诛废，子忠早卒，乃养河南尹豹子，嗣后阊后。耿氏教之书学，遂以通博称。"从耿氏教子看，邓氏家族，无论男女，都秉承了邓禹好学重文之家风。

邓氏家族良好的文学教育与德行教育相辅相成。邓禹教导子孙皆遵法度，子孙世传祖训。邓氏家族的文德教育总归一个"律"字——律己、律宗亲。这种高度自律的宗族精神强化了邓氏家族的凝聚力，也提升了邓氏家族的朝野名望。安、顺之际，邓氏几乎遭遇灭门之灾，以大司农朱宠为代表的公卿士大夫多为邓氏鸣不平，顺帝亦"追

---

① 《后汉书·列传·邓寇列传》。

感太后恩训"，邓氏家族方转危为安。

邓禹家族人丁众多，累世显贵，在史书中却未留下明显劣迹，这在两汉外戚史上绝无仅有。如果史书记载可信的话，我们只能推出一个结论：邓禹家族的文德教育非常成功，宗族内部形成了良好的约束机制。可以说，邓氏家族久经政治风雨而绵延不衰，其宗族自律精神、以文德传家的自强精神，都是非常重要的内生力。值得注意的是，邓氏家教不仅重视"文德"，而且不弃"武略"。邓太后特别提到祖父的教导——"先公既以武功书之竹帛，兼以文德教化子孙"。

三国时，邓禹的后代仅存邓芝。邓芝，字伯苗，新野人，邓禹之后，于汉末入蜀，曾任尚书郎等职，官至车骑将军，对吴蜀合作贡献卓著。"芝为大将军二十余年，赏罚明断，善恤卒伍。身之衣食资仰于官，不苟素俭，然终不治私产。"①

从邓芝的德行来看，其祖先邓禹的影响仍在，那就是心忧天下，尽职尽责，邓禹家族文德武略兼修之风至汉末而不坠。

邓禹以书生参与军事，协助刘秀建立东汉政权。邓禹功高却不自傲，功成身退，而且家风良好，子弟人才辈出。由于缺乏文艺作品的宣传，邓禹等人默默无闻，但今天我们确实可以从邓禹及其家族成员那里学习不少优良品德。

朱 晖

朱晖（生卒年不详），字文季，南阳宛人，家庭世代为官。朱晖幼年丧父，气质果断。王莽篡政，天下大乱。朱晖十三岁时，与家人

---

① 《三国志·蜀书十五·邓张宗杨传》。

逃难去南阳，路遇土匪抢劫，连女人的衣服也要剥夺。当时，诸兄弟及宾客惊慌失措，朱晖拔剑上前说："财物可以拿走，诸母衣服不能动，今天是我拼死的日子。"贼被其震慑，心说，这个小孩心里有把刀，只好作罢。

（一）扬善黜恶，抑强绝邪

朱晖在太学修完全部课程，性格矜严，进退举止遵循礼仪。外戚阴就（皇后阴丽华弟）仰慕朱晖之贤，亲自去家里问候，朱晖避而不见。再派家臣带着礼品求见，又吃了闭门羹。阴就只好感叹说："有志之士，不要为难他了。"朱晖为郡吏后，太守阮况欲买他家的婢女，朱晖拒绝了。等阮况去世，朱晖赠与阮况家很多财物。世人不解，朱晖说："太守有求于我时，我不答应，是怕因此玷污了他老人家的名声；现在我赠送财物，是表明我不是吝啬资财。"

朱晖做了临淮太守，崇尚志节气概。他表善黜恶，抑强绝邪。那些因为节义而触犯法律的人，他考究原委，使多数人得到宽恕；那些因私欲而作奸犯科之徒，都得到了严惩。官吏畏惧他的严厉，百姓喜欢他的仁义，当时有人歌颂道：强直自遂，南阳朱季。吏畏其威，人怀其惠。

（二）不恋权位，心怀仁善

朱晖刚强严正之节操，被上司嫉妒，屡遭弹劾。他干脆辞职，隐居山野河泽，布衣蔬食，息交绝游。建初（汉章帝年号）年间，南阳发生大饥荒，民不聊生，朱晖散尽家财周济宗族和民众，大家纷纷归附他。

张衡的祖父张堪声望颇高，朱晖属于后辈。张堪早年在太学一见朱晖就对他非常器重，以朋友之道相待，拉着朱晖的手臂，要把妻儿托付给朱晖照料。朱晖以张堪为前辈贤达，未敢答应，此后两人再没见过面。

张堪去世后，朱晖听说其妻儿贫困，前往问候，并给予丰厚的资助。朱晖之幼儿朱颉奇怪问道："父亲平时不曾和张堪交往，我们也没听说过这个人，为何如此厚遇？"朱晖说："张堪生前曾给我说过知心的话，我从心里信任他。"朱晖和同郡的陈揖友善，陈早逝，留下个遗腹子陈友，朱晖甚是哀怜他。司徒桓虞任南阳太守，召朱晖之子朱骈为吏，朱晖替儿子辞去职务，却推荐陈友担任此职。朱晖为人就是如此的光明磊落。

对朝廷于民不利的做法，朱晖常常抗颜直谏。当时谷物价格昂贵，朝廷日常用度紧张，尚书张林进言，要把钱币废除，让百姓直接缴纳丝麻、棉布，而且要把盐业收归政府专营，以获利益。这其实就是汉武帝时代的均输法。大臣们都认为这样做对朝廷有利，汉章帝也动了心。但朱晖独自上书说："王制，天子不言有无，诸侯不言多少，禄食之家不与百姓争利。今均输之法与贾贩无异，盐利归官，则下人穷怨，布帛为租，则吏多奸盗，诚非明主所当宜行。"意思就是，先王定下的制度是：天子不可讲究利益的有无，诸侯不可讲利益的多少，领受俸禄的官员不可与百姓争夺利益。如果实行均输法和做买卖没什么差别，将煮盐之利归于官府，百姓就会因贫困而产生怨恨；以丝、麻和棉布来缴纳赋税，官吏们就会中饱私囊，成为奸盗，绝对不是英明的君主应该干的事情。

汉章帝见到这样的奏章很恼火，朱晖就把自己捆绑起来走进监狱。皇帝只好诏令赦免朱晖无罪。朱晖就借口自己患病严重，不再参加尚书署的议论。朱晖对他的犯颜直谏有自己的理由，他对同僚说：

"行年八十，蒙恩得在机密，当以死报。若心知不可而顺旨雷同，负臣子之义。"可见，他所行所为完全按照一个大臣的责任，而不顾及个人的安危和私利。

杜 诗

杜诗(不详—38年)，字君公，河内郡汲县人(今河南卫辉)。《后汉书》记载，杜诗"少有才能，仕郡功曹，有公平称"。刘秀即位后，杜诗一年内连续三次升迁为侍御史。天下初定，有些将领们不知约束部下。当时有个叫萧广的将军，放纵士兵，暴横民间，百姓恐慌。杜诗屡次告诫萧广，萧广置若罔闻。于是，杜诗就把萧广处死了，然后向刘秀详细汇报了情况。光武帝还赐给他用于出行的尊贵仪仗。光武帝又派杜诗到河东郡消灭和招降叛贼杨异等人。杜诗不辱使命，全歼了贼寇。又任成皋令，任满三年，政绩优异，调任沛郡和汝南都尉，"所在称治"。

建武七年（31年），杜诗被光武帝迁升为南阳太守。《后汉书》记载，杜诗"性节俭而政治清平，以诛暴立威，善于计略，省爱民役。造作水排，铸为农器，用力少，见功多，百姓便之"。南阳是帝乡，皇亲国戚，豪门大户，大多不守规矩。杜诗自己首先做到两袖清风，然后打击那些不守本分的强暴之徒，社会就安定下来。杜诗又努力减少百姓的徭役，还发明了水排来鼓风冶铁、铸造农具，使生产力大大提高。杜诗像西汉南阳太守召信臣那样，带领百姓兴修水利，治理陂池，开垦土地。经过几年努力，南阳郡"比室殷富"。南阳百姓十分感激，敬称为"前有召父，后有杜母"。中国传统社会流传广泛的"父母官"由此而来。

（一）胸怀大局，自请降职

杜诗虽有好的政绩和名声，他却认为自己没有功劳。作为大郡的太守，感到内心不安，屡次要求朝廷降低自己的职位，不敢以功臣自居。

他给光武帝上了一道很长的奏折，要求到小地方任职。在奏折中，他首先说明，天下太平是靠光武帝和威猛将帅们同心协力作战的结果。如今，北方的匈奴依然"陵虐中国，边民虚耗，不能自守"，这个仗一时还停不下来，但有功的将帅大多没有获得高官厚禄，都希望到内郡来休养，以后即使再奉命出征，也不会心生怨恨。现在可以趁机从有军功的将帅中选拔公卿和郡守，他们自然会奋发向上。如果士兵的待遇和宫中的警卫一样，那么战士的勇气自然会百倍增长。杜诗很真诚地上疏道："陛下诚宜虚缺数郡，以俟振旅之臣，重复厚赏，加于久役之士。如此，缘边屯戍之师，竞而忘死，乘城拒塞之吏，不辞其劳，则烽火精明，守战坚固。圣王之政，必因人心。"杜诗说，自己本是一介小吏，陛下创制大业，贤俊人才都在外征战，自己才超受大恩，但奉职无效，久窃禄位，令功臣怀惭，诚惶诚恐。愿意从大郡退往小郡，接受一个小职。等到我年壮，有经营复杂大事能力的时候，假如国家还需要我，我会万死不辞。

但光武帝爱惜其才，并没有答应他的请求。光武帝不任将帅为宰辅，这些功臣也毫无怨言。对此种现象，王夫之也感叹说："呜呼！意深远矣。故三代以下，君臣交尽其美，唯东汉为盛焉。"①

---

① 《读通鉴论·光武》。

（二）夙夜在公，乐荐贤才

杜诗虽然身在郡所，却尽心朝廷，好计策，好建议，知无不言，言无不尽。他在南阳任职七年，"政化大行"。他勉力推荐贤才，清河刘统和鲁阳县令董崇都是他推荐给朝廷的。杜诗官为太守，但去世时"贫困无田宅，丧无所归"，司隶校尉鲍永具情上书朝廷，"诏使治丧郡邸，赙绢千匹"。朝廷赐绢千匹，下诏书在南阳郡所办理丧事。

南阳人民为纪念这位父母官，市内有道路名为"杜诗路"。

张　堪

张堪（生卒年不详），系张衡祖父。《后汉书·张堪传》记载："张堪，字君游，南阳宛人也，为郡族姓。堪早孤，让先父馀财数百万与兄子。年十六，受业长安，志美行厉，诸儒号曰'圣童'。"意思是说，张堪出身于南阳望族，可惜父母早亡，张堪成了孤儿，十六岁的张堪宽宏慷慨，把家中的数百万财产悉数给予侄子，自己只身一人远赴西汉都城长安求学。在长安求学时，张堪很快以志美行厉赢得了学界给予圣童的赞誉。

（一）文武兼备，廉洁奉公

刘秀在家乡没有当皇帝的时候，就经常赞扬张堪志存高远、节操超伦。东汉王朝建立之初，已经步入中年的张堪，经同乡南阳新野人中郎将来歙举荐，被光武帝刘秀诏拜为郎中，并且三次升迁为谒者（即掌管和办理引大臣见皇帝与传达皇帝旨意等事务的官员）。后张堪受命带领骑兵七千人负责后勤，随吴汉征讨割据蜀地的公孙述，途中被任命为蜀郡太守。当他听说吴汉大军由于粮食不足准备撤兵时，便速乘快马飞奔至吴汉处，陈明不能撤兵的原因并献策于吴汉，吴汉照计而行，引诱公孙述出城并将其斩首于城下。成都城破之后，张堪带兵率先进入城内，清点公孙述的财产和珍宝，面对堆积如山的珍宝，张堪秋毫无私，命令属下逐项登记造册上报朝廷，同时抚慰吏民，使蜀郡的人非常高兴。

（二）治理有方，民富境安

张堪在任蜀郡太守两年后，又被征拜骑都尉。这时的东汉刚刚统一，张堪率领骠骑将军杜茂营北征匈奴，并在高柳（今山西阳高县境内）击败匈奴兵，随后又被拜为渔阳（今北京昌平、怀柔、密云一带）太守，张堪在渔阳太守任内，捕击奸猾，吏民皆乐。同时还创造了军事史上以少胜多的范例，以一千人的少数精兵，大败进犯渔阳郡人数达到一万人的匈奴兵，使匈奴在此后的八年里不敢进犯渔阳郡。于是，张堪除了把在家乡南阳掌握的先进农业技术传授给当地农民外，还把蜀郡的水稻种植技术引入渔阳郡，在孤奴（今北京顺义境内）造稻田八千余顷，劝民耕种，以致殷富。张堪任渔阳太守八年，直到病逝。当时渔阳郡的老百姓用歌谣讴歌张堪曰："桑无附枝，麦穗两歧，张君为政，乐不可支。"从那时起，水稻这种在南方温暖地区丰产的农作物，已在相对寒冷的北京一带开始种植，并逐步扩展到最为寒冷的东北地区，张堪功不可没。

在张堪病逝多年后，光武帝刘秀召见全国各郡的计吏（类似于今天的统计局局长），考察前任太守政绩，蜀郡计吏樊显进言曰："渔阳太守张堪过去在蜀郡任太守时，以施仁政惠及天下，威能讨奸。铲除公孙述攻进成都城之后，面对如山的珍宝和其他财物，如果据为己有可以富足十世，但张堪不为所动，离职之日，只拿了一个粗布被囊，乘坐一辆断辕的破车悄然离去。"刘秀听后，叹息了很久，欲再次征召张堪，而此时才知道张堪已经病逝。于是，在下诏褒扬张堪的同时，还赐张堪的后代帛一百匹。

张衡和张堪同光同辉，张堪"为官一任，造福一方"的行为，与他的为政清廉，在他身后近两千年的今天，仍然给予我们宝贵的启示。

张　衡

张衡（78—139 年），字平子，南阳西鄂（今南阳市石桥镇）人，南阳四圣之一，与司马相如、扬雄、班固并称汉赋四大家。东汉时期伟大的思想家、天文学家、数学家、发明家、地理学家、文学家，历任郎中、太史令、侍中、河间相等职。

（一）重儒兼道，学以致用

张衡早年有志于匡扶朝政、振衰起废，晚年有隐退遁世的心情。正如《张衡评传》作者许结先生说的，"他始终处于政教与自然、礼制与个情、经世致用与远逸超迈之矛盾的人生观，以及由此凝定的儒道双修或拙朴的人生哲学"。对儒学的坚守，张衡于生命中实践着先秦儒家的"仁""义""礼""智"等理念规范，但东汉中叶的复杂政治氛围，又使他不得不在先秦道家的"道""德""玄""真"等观念里寻求平衡。东汉中叶儒学式微，虽然汉顺帝和梁太后下令大将军至六百石的官员都要遣子就学，但"章句渐疏，而多以浮华相尚，儒者之风盖衰矣"。面对此种情况，张衡既没有做一个寻章摘句的考据学者，也没有转向老庄的虚无，而是"依仁守礼，躬行实践"。他所制造的天文仪器和其他一系列创造发明，无一不是为了天下苍生。他的文学成就如《二京赋》等，在俗儒看来，没有带来功名利禄，实属无用。张衡不这样认为，他回答说："立事有三，言为下列。下列且不可庶矣，奚冀其二哉！"立言是为了规劝世人莫要骄奢淫逸，尤其是读书人"冒愧逞愿，必无仁以继之"，这是张衡所不愿做的。他有一段流传至今的名言："君子不患位之不尊，而患德之不崇；不耻禄之不夥，而耻智之不博。是故艺可学，而行可力也。天爵高悬，得之在命，或不速而自怀，或羡旃而不臻，求之无益，故智者偭而不思。"

他强调"患德不崇""耻智不博"，对于功名利禄采取顺其自然态度。这既是典型的"仁者情怀"，也是道家的旷达精神。许结把张衡这种精神定义为"玄儒"。这种境界使他不同于汉代经学家的泥古，也与魏晋玄学名士的任诞有别。具体表现在：第一，致用的社会意识和求真的人生品格；第二，博通的知识结构和质朴的人文心态；第三，朝隐的生存方式与逍遥的精神追求。

张衡一生的追求在学以致用。不管是对社会风气的匡扶，还是对自然灾害的预防研究，都尽心尽力。当现实和追求矛盾时，张衡没有采用"曲人伸天"的神学观，也没有采用"曲学阿世"的世俗观，而是以求真的态度对待之。面对"彼无合其何伤兮，患众伪之冒真"的乱世习俗，张衡自陈心迹："不抑操而苟容兮，譬临河而无航。欲巧笑以干媚兮，非余心之所尝。"以此来说明自己不会同流合污，而是坚持自己的纯真操守。但他也不是郁郁寡欢，怨天尤人，而是"修初服之娑娑兮，长余珮之参参"，表达了超迈飘逸的情怀，始终坚守"御六艺之珍驾兮，游道德之平林"，积极入世的社会实践从未缺失。

原始儒家强调"通博"的知识结构，"一物不知，儒者之耻"，提倡"依仁游艺"。汉代设五经博士，把"通经"作为晋身权贵的敲门砖。一大批致力于师法、家法、笺注和章句之学的俗儒层出不穷。所以王充在《论衡》中明确反对汉代儒学的偏狭，提倡"儒生过俗人，通人胜儒生，文人逾通人，鸿儒超文人"。因此，在此种风气影响下，张衡不但"通五经，贯六艺"，而且对天文、数学和地理也尽力推究。

许结先生认为，张衡的玄儒境界，博学而不华美，是以诚朴的人文心态对待大千世界。张衡崇礼又尚俭。崇礼是企图修补世道混乱；尚俭，是对当权者奢侈之风的警示。

东汉中叶政教松弛，社会危机四伏。在这样的大环境下，要想挽救政体颓废和世道的沦丧，必须要讲究策略。"观张衡生平，他可谓毕生孜孜于入世之途，倡扬文治教化，又始终表现出一种隐逸企向。"① 东汉中晚期不缺乏节烈之士，他们面对社会的邪恶，从不退缩，其中以"党锢名士"居多。李膺和张俭为代表的名士，因其以极端的做法反对宦官，结果引发两次"党锢之祸"，大批士人被清洗。

吕思勉先生把党锢名士的激进做法称作"矫激"，即过于刚直、倔强之意。有人把这种作风称作"侠儒"，意思是侠客那样以激烈的手段表达自己认为的正义。《资治通鉴》研究专家张国刚教授认为，党人的做法，除了沽名钓誉，抬高自己的声誉外，对于改进东汉政治，并没有多大价值。张衡采用的是大隐于朝的生存方式，既能著史立言，也不忘追求逍遥的玄儒境界。张衡在《应间》中赞道："夫玄龙，迎夏则凌云而奋鳞，乐时也；涉冬则渐泥而潜蟠，避害也。"这可以说明张衡灵活的处世原则。

---

① 许结：《张衡评传》，南京大学出版社 2001 年版，第 95 页。

（二）反对宦官，惩治奸党

东汉中叶后，宦官和外戚已成为侵蚀政权的两大毒瘤。对于一向以追求"善政"为目的的净臣来说，张衡对于宦官的飞扬跋扈也采取很多方式向皇帝进言。

东汉宦官专权其势空前，在中央，宦官占据许多重要职位，包括中枢机要、祭祀、财政、司法、军务、察举用人，甚至皇帝的废立，也有宦官参与。汉顺帝即由宦官孙程，联系19名宦官诛杀外戚阎显和江京而立。这时的宦官隔绝君臣，挟制天子，帝权旁落。有一次皇帝召见张衡，询问国家治理的方法，《后汉书·张衡列传》记载：

时政事渐损，权移于下，衡因上疏陈事……后迁侍中，帝引在帷幄，讽议左右。尝问衡天下所疾恶者。宦官惧其毁己，皆共目之，衡乃诡对而出。阉竖恐终为其患，遂共谗之。衡常思图身之事，以为吉凶倚伏，幽微难明。乃作《思玄赋》以宣寄情志。

可以看出，宦官势力庞大，张衡没法和他们正面冲突。但在著作中隐晦地、反复地表达反对宦官干政。面对宦官当道，侵损皇权的现象，他上书朝廷力陈弊端。他首先从维护皇权的权威立论，鼓励皇帝要励精图治。他说，皇帝既然"乘云高跻，磐桓天位"，意思是，既然乘势登上皇位，就应该"亲履艰难者知下情，备经险易者达物伪"，奋发有为，不可贪图逸乐。但是眼下的情况是：阴阳未和，灾眚屡见。其实暗指顺帝养母和宦官阴谋乱政，皇帝权力下移，国事无主。张衡和李固借着灾异，劝说顺帝要做个有为皇帝，并进一步警告顺帝说："福仁祸淫，景响而应，因德降休，乘失致咎。"意思是仁者受福，淫者取祸，如影随形，因其德而降吉祥，乘其失而招来惩咎。并举出东汉的郑众、蔡伦、江京、樊丰、周广和王圣这些祸乱朝纲的宦官宫奴来警示皇帝。张衡借《尚书》中的话，"臣之有作威作福玉食，其害于而家，凶于而国"。意思很明白，臣下如果拥有赏罚的权力，锦衣玉食，对大夫之家有害，对诸侯之国有害。因此，张衡反复劝告顺帝："君以静唱，臣以动和，威自上出，不趋于下，礼之政也。窃惧圣思厌倦，制不专己，恩不忍割，与众共威。威不可分，德不可共。"①主要意思是，权威出自皇上，不能转移给臣下，这才是符合礼法的政治。担心顺帝神思怠倦，与宦官分享权威，感情用事。权威不可与下臣分享，君主圣德不可与下臣共有。出于策略，张衡说前年京城地震，土地崩裂，崩裂是因为权威被分散，地震是有人祸乱朝纲。

张衡冒着得罪如日中天的庞大宦官势力的危险，煞费苦心地劝导皇帝不要重用宦官，但顺帝十分昏庸，对张衡的建议置之不理。这使张衡处于宦官的排挤和打击之中，心情十分怨愤和孤独。

（三）弘经明史，抵制迷信

东汉时期，谶纬流行。"谶"，是预卜吉凶的隐语，既有文字又有图，故又称"图谶"。"纬"，是对儒家经书的神学化解释。光武帝起兵时就迷信谶纬之说，做了皇帝更是布图谶于天下，宣布图谶为官方规定的必读书。还把图谶作为国典，举凡行军大事、祭天盛典、建设灵台，都要从谶纬中寻找依据。因此，谶纬之学成了儒生们做官晋升的敲门砖，东汉读书人不但"博贯五经"，还要"兼明图谶"。谶纬之学简直是东汉政权存在的合法性的理论基础。

但事实上，谶纬之学的虚假荒谬性不断暴露出来。有些人在现实的惨痛教育下，开始对图谶表示怀疑。《后汉书·祭遵列传》记载一事：

---

① 《后汉书·张衡列传》。

新城蛮中山贼张满，屯结险隘为人害，诏（祭）遵攻之……

明年春，张满饥困，城拔，生获之。初，满祭祀天地，自云当王，既执，叹曰："谶文误我！"乃斩之，夷其妻子。

张满临刑前的"谶文误我"的悔叹，无疑会给不少人带来震撼。实际上，即使在光武帝统治时期，也有不少人表示不信谶纬之学。比如史书记载的桓谭、郑兴、尹敏等人。在他们看来，谶纬之言是世俗之言，不能和经书并列。反对谶纬是要付出代价的。桓谭被流放，死在途中，郑兴和尹敏仕途停滞。相反，极力穿凿附会谶纬之学的人，可以名利双收。贾逵是著名学者，引《左传》证明汉为帝尧之后，光武帝对他青眼有加。对此，《后汉书》作者范晔谈道："桓谭以不善谶流亡，郑兴以逊辞仅免，贾逵能附会文致，最差贵显。世主以此论学，悲矣哉。"

东汉中叶，谶纬之学渗透到社会的方方面面，甚至太学的考试也以此为主。《七经纬》被称为内学，原有的《五经》被称为外学，显然谶纬已高于儒家经典了。张衡上《论贡举疏》，指出以谶纬为考试内容的弊端：考生为了博取利禄，写文章"或窃成文"，虚冒姓名，更有甚者，"连偶俗语，有类俳优"。因此，他坚决反对把谶纬书籍作为考试和学习内容。

为了从理论上揭穿谶纬之学的荒谬性，张衡运用他所掌握的丰厚的经史知识，从源头理清谶纬的虚假。阳嘉元年（132年），张衡上《请禁绝图谶疏》，打算从根本上清算谶纬之学。张衡对皇帝说："臣闻圣人明审律历，以定吉凶，重之以卜筮，杂之以九宫，经天验道，本尽于此。"意思是，古代圣人细心地考察乐律和历法，来定吉凶，再加上用龟卜和蓍筮，掺杂九宫推算，以天为法则，以道为依据。他们预测吉凶的方法很复杂，不仅仅依靠一种。如果"立言于先，有证于后"，这会被有心人记载下来，谓之谶书。这就在源头上打破了谶纬的神秘性。所谓谶书不过是一些成功案例的记载，并不具有预测未来的神秘性，因而也没有普遍性。汉朝代秦，军队奋力征战，功成业就，如此重大的事情，那个时候，没有人依靠谶语来预言吉凶。当时有名的术士，如夏侯胜、睦孟，凭借道术建立名声，而其著作无一句是谶语。刘向、刘歆父子负责校勘秘府藏书，审定九流著作，也没有谶语的记载。张衡考证出，汉成帝、汉哀帝之后才有谶书，但所记之事与经书所载，矛盾百出。比如，大禹治水的史事出自《尚书》：尧使鲧理洪水，九载绩用不成，鲧则殛死，禹乃嗣兴，但是《春秋谶》却说"共工理水"，意思是共工治水，这简直是天下奇闻。《春秋纬》中有鲁班和墨子的事迹，但二人都为战国时人，怎会记录在春秋时呢？其中又说到"益州"，"益州"在汉代建立，谶图里画到汉成帝。张衡认为，"一卷之书，互异数事"，这绝非圣人所言，是那些虚伪之徒为了邀取名利而编造出来的。至于王莽篡汉这样的汉世大祸，《河洛》《六艺》这些号称成书于春秋战国的谶书大典，为何没有留下一句告诫的话？汉和帝永元年间，图谶专家宋景说自己能预知大水，老百姓吓得弃家舍业，遁入山林，结果却没有水灾。这些都说明，谶纬之学都是欺世盗名之徒编造出来的。这些人没有能力，或者不愿认真研究天人之际，好像拙劣的画工害怕画真实的犬马，却乐意画鬼怪。因为鬼怪没人见过，可以随意涂抹，而犬马为人之常见，画得不像就会被别人指出。因此，张衡建议："宜收藏图谶，一禁绝之。"这样，正义和邪恶的标准就不会混乱，经典也不会蒙受玷污了。

张衡以极大的勇气和认真的科学态度反对谶纬迷信的行为，给后人以极大的鼓舞。宋代金石学家赵明诚赞誉说："谶纬之说，兴于西汉之末，而滥于东汉之世，独平子奋然辟之甚力。"

张衡担任尚书不到一年，由于积劳成疾，于 139 年在洛阳去世，享年六十二岁。人们尊重他的遗愿，归葬于南阳郡西鄂县城（今南阳石桥镇）。他的生前好友文学家崔瑗给他写的墓志铭，可以说是对张衡一生最好的评价。其铭曰："天资睿哲，敏而好学，如川之逝，不舍昼夜。是以道德漫流，文章云浮，数术穷天地，制作侔造化；瑰辞丽说，奇技伟艺，磊落焕炳，与神合契。"张衡一生追求天人之际，一物不知，实以为耻，闻一善言，不胜其喜。这种德行和科学追求古今罕见。时至今日，这些优秀的品德和精神，值得我们继承和弘扬。

羊 续

羊续（142—189 年），字兴祖，兖州泰山平阳（今山东新泰市）人。东汉大臣，司隶校尉羊侵之孙，中国历史上著名的廉吏。

（一）兴利除害，清正廉洁

羊续年轻时，以忠臣子孙的缘故官拜郎中。建宁元年（168 年），羊续被大将军窦武征辟为府掾，同年，窦武因为政变失败而被害，羊续被免职；次年（169 年），第二次党锢之祸爆发，羊续又被牵连，被禁锢十余年。中平元年（184 年），党锢解除，羊续被太尉杨赐征辟为府掾，此后四次升迁为扬州庐江郡太守。中平二年（185 年），扬州出现黄巾军，攻打舒县，焚烧城郭。羊续征募舒县中二十岁以上的男子入伍，皆发放兵器上阵，羸弱的人就负责背水灭火。等到汇集了数万人，羊续率军大破黄巾军，庐江郡的黄巾军被平定。之后，安凤县出现以戴风为首的叛军，羊续又率军击溃敌军，斩首三千余级，生擒渠帅，其余叛军均免罪为平民，并发放农具，让他们参与农作。中平三年（186 年），荆州江夏郡的赵慈发动叛乱，斩杀南阳太守秦颉，攻陷六座县城。朝廷拜羊续为南阳郡太守，负责平定赵慈叛乱。

羊续快到南阳郡的边界时，换成便装秘密进入南阳郡，只带随从一人，到各个县城询问当地的情况，然后才到南阳郡府上任。羊续对各地县令是贪污还是廉洁等等情况，均了如指掌，下属们莫不惊讶、震慑。羊续再发兵与荆州刺史王敏一同攻打赵慈叛军，斩杀赵慈，斩首五千余级，其他的叛军都向羊续投降。羊续为此上书朝廷，希望宽恕这些投降的叛军。叛军被消灭干净后，羊续再宣布政令，为百姓排忧解难，百姓欢欣鼓舞。

南阳郡是大郡，当时很多权贵之家好奢侈，羊续非常反感，便以身作则，穿着破旧的衣服，吃着粗劣的食物，使用破旧的马车和瘦弱的马匹。府丞曾向羊续进献一条活鱼，羊续接受后将鱼挂在厅堂之上。等府丞再次送鱼，羊续就指着之前所悬挂的鱼给他看，以示拒绝。因此，世人称羊续为"悬鱼太守"。

（二）严于律己，家风纯正

羊续的妻子带着儿子羊秘，从泰山郡前往南阳郡官舍去看望羊续，羊续闭门不让妻子进入，仅让儿子羊秘进屋，向儿子展示自己所有的资产：只有布被、短衣、盐和麦数斛而已。羊续回头对羊秘说："我自己就这些东西，我拿什么给你母亲呢？"然后让羊秘和母亲返回泰山郡。

中平六年（189 年），汉灵帝刘宏任命幽州牧刘虞为太尉，刘虞推辞，向刘宏推荐羊续等人，刘宏便下诏书任命羊续为太尉。当时官拜三公的人，都要往东园（汉代官署，掌管陵园的器物制造和供给）缴纳一千万的礼钱，由宦官担任使者负责收取，名为"左骁"。左骁前来宣布诏令，很多官员都会毕恭毕敬，甚至向其行贿。而羊续则让左骀坐在一张席子之上，并拿出一件破旧的棉袄给左骀看，说："臣能资助的，就这件棉袄而已。"左骀返回朝廷后，向刘宏汇报，刘宏不高兴，于是作罢。之后刘宏仍然拜刘虞为太尉，刘虞也一贯有清廉的名声，加上平定张纯叛乱有功，刘宏特意免去刘虞的礼钱。

刘宏又改任命羊续为太常，也可免去礼钱。羊续还没来得及往洛阳赴任，就得病而卒，时年四十八岁。羊续临终时留下遗言，要求薄葬，不接受礼钱。按照朝廷规定，二千石的官员逝世，朝廷拨款一百万用于葬礼，府丞焦俭遵照羊续的遗愿，拒绝了这笔费用以及其他人的捐赠。汉灵帝刘宏得知，下诏书称赞羊续的品德，并让泰山郡太守从当地政府拨款赏赐给羊续的家人。

东汉末年，世风败坏。羊续清廉如此，实属难得。与邓禹和朱晖一样，羊续后代人才辈出。羊续的孙子羊祜，外祖父是文学家蔡邕，姨母是古代著名的文学家蔡文姬，身为世家子弟却为人清廉谦恭，毫不奢侈骄横。晋武帝咸宁三年（277年），羊祜被皇帝封为南城（今属江西省）侯。

羊祜历仕二朝，大权在握，许多政治上的大事，皇帝都要同他商讨定夺。而羊祜功高不盖主，权重不妄为。他筹划的谋略大计和议事的手稿，过后都被焚毁。凡是他举荐晋升的人，他从不张扬，被推荐者并不知道是由他举荐。羊祜的女婿曾劝他添置私产，但他告诫子女："官吏怀有私心就会背弃公家利益，这是极其糊涂的人。你们应该懂我的心意。"

张仲景

张仲景（150—219 年），名机，东汉南阳郡涅阳县（今河南邓州市和镇平县一带）人，东汉伟大的医学家、世界医史伟人。他出生在一个没落的官僚家庭，其父张宗汉曾在朝为官。由于家庭条件特殊，他从小就接触了许多典籍。他从史书上看到了扁鹊望诊齐桓公的故事后，对扁鹊产生了敬佩之情，也为他后来成为一代名医奠定了基础。汉灵帝时，张仲景被举孝廉，官至长沙太守。他一生勤求古训，博采众方，集前人之大成，揽四代之精华，写出了不朽的医学名著《伤寒杂病论》。这部医书熔理、法、方、药于一炉，开辨证论治之先河，形成了独特的中国医学思想体系，对于推动后世医学的发展起了巨大的作用。

（一）心怀仁义，医民疾苦

南阳仲景祠有一副对联这样写道："阴阳有三辨病还须辨证；医相无二活国在于活人。"上联的意思是，中医将人体的阴阳分为三种，即表里、寒热、虚实，诊断一定要把握清楚病因、病机、病证三者关系，然后才能对症下药；下联的意思是，名医和名相没有什么区别，名相要治国，名医要治病，治国和治病都是为了一个目的，就是"活人"，让人身体健康，让国家强大。古时医术高深者，大多德行高尚，因为只有内外兼修，心怀慈悲，方成良医。但医术好的人往往大多又没有走上仕途的机会。所以在古代，那些有济世报国的知识分子们，就把"不为良相，当为良医"作为人生的追求。

古代要求医者要有高尚的品德修养，以"见彼苦恼，若己有之"感同身受的心，策发"大慈恻隐之心"，进而发愿立誓，"普救含灵之苦"。张仲景说："我为过去宗族的衰落和人口的丧失而感慨，为早死和枉死的人不能被疗救而悲伤。"张仲景"上以疗君亲之疾，下以救贫贱之厄"为志向。对于病人，他不分身份贵贱，不论老少年幼，不讲丑美残疾，都做到一视同仁。他曾给汉桓帝看过病，在长沙任太守时也打开大堂给穷苦百姓治病，"坐堂行医"成为千古美谈。

在科技尚欠发达、生产力低下的时代，他以济世活人之心，救民于水火之中，研究出十几种无痛苦治疗方法，以最简便最省钱的办法解除了众多百姓的疾苦。据说张仲景在长沙做官回到南阳，看到很多无家可归的人因天气寒冷，把耳朵都冻烂了，心里十分难受。他就研制了一个可以御寒的食疗方子，叫"祛寒娇耳汤"。就是把羊肉和一些祛寒的药物放在一起煮，熟了以后捞出来切碎，用面皮包成耳朵的样子再下锅，用原汤再将包好的娇耳煮熟，因为功效是防止冻伤耳朵，所以取名叫"娇耳"。他让徒弟们在南阳东关的空地上搭上棚子，支上大锅，为穷人舍药治病。人们吃了"娇耳"，喝了汤，浑身发暖，两耳生热，彻底根除了耳朵冻伤的痛苦。

据说张仲景是在冬至这天为穷人舍"祛寒娇耳汤"的，也是在冬至这一天去世的。为了纪念他，于是每年冬至来临，人们都要包顿饺子吃，这已经成北方人的生活习惯。在《伤寒杂病论》这部经典著作中，共三百七十多个方子，其中有三分之一是食疗方，这主要是考虑到穷人吃不起药。"药食同源"也是张仲景对人类的一大贡献。

（二）嫉恶如仇，公平正直

东汉末年，当时朝政腐败，军阀混战，灾害频生。张仲景痛恨那些"孜孜汲汲，惟名利是务"的势利之徒、不法之徒。在《伤寒杂病论》自序中，张仲景颂扬古代名医的精湛技艺，无情地鞭挞建安以来，出现的"举世昏迷""蒙蒙昧昧",痛斥那些不务正业、浅尝医理的"趋势之士",尤其对以医谋财的歪风深恶痛绝,鄙视那些胸无点墨、不学无术的"凡医"。还一针见血指出,这种"凡医""进不能爱人知人,退不能爱身知己",其处境"危若冰谷",只不过是医门败类而已。

张仲景不仅痛恨医门败类,他对下属官员腐败整治也毫不手软。一天,张仲景在大堂办公,有人击鼓告状。诉状上写着同城知县李来财借长沙瘟疫大流行,巧立名目、盘剥乡民、贪赃枉法、无恶不作。接到诉状第二天,张仲景化装成游方郎中,手持摇铃,身背药箱,走村串户,借为百姓看病机会,调查核实了李来财的恶迹。回府后即刻整理材料上报朝廷。不久,李来财被撤职查办。

张仲景在长沙太守任上一干就是十三年。在他辞职离开时,长沙百姓攀辕卧辙,泪湿衣襟,号泣跟送这位勤政爱民、博施济众的大官员、大恩人,逾境不绝。

(三)精勤不倦,求真务实

《大医精诚》中强调,医道是"致精致微之事",习医之人必须"博极医源,精勤不倦",才能"一方济之,德逾于此"。

张仲景在《伤寒杂病论》自序中说:孔子讲,生下来就懂得事理的人是上等的,通过学习懂得事理的人是二等的,多方面聆听求教,广泛地汲取事理的人,又次一等。我自己算是后二等的人,请允许我奉行学而知之和多闻博识吧。

从自序来看,他读完了东汉之前所有的医学名著。为了学得阳励公的医术,曾更名易服,到阳医生药铺里当一名制药佣工,每天起早贪黑,辛勤劳作,半年之后阳医生才知道他是闻名已久的张仲景,感动之余将自己的伤寒秘方全部传授给他。他听说襄阳同济堂名医"王神仙"有治疗"瘩背疮"的经验，立即带着行李跋涉几百里拜"王神仙"为师。他虚心求教，刻苦钻研，治法用药铭记在心。

他被举孝廉之后，曾多次游历京师洛阳。当时京师太学聚集大批有学问的"五经博士"，他拜谒各家经师，虚心请教。他研习医学时，遇有丝毫疑问即"考校以求验"，绝不放过。

张仲景的《伤寒杂病论》，积其十年的辛勤汗水而成。他辞官回南阳后，在伏牛山一座庙里安居下来，白天有时为百姓治病，有时带着两个徒弟上山采药、下山制药，不时还要到民间收集药方。只有晚上，才能坐下来博览群书，撰写著作。

《伤寒杂病论》中每一方剂都是经他反复试验，临床验证，而且每剂药都是四至六味，很少超过八味药，被后世称为"经方"。喻嘉言称仲景方"为众方之宗，群方之祖"；李杲说："后世医者，宗《内经》法，学仲景心，可以为师矣。"《中国医籍考》说《伤寒杂病论》"如日月之光华，旦而复旦，万古常明"。

张仲景是一位具有朴素唯物主义思想和无神论思想的医学家。在东汉时期，统治者鼓励和提倡谶纬迷信，对医学冲击很大，他挺身而出反对迷信，揭露巫祝。他继承了王充的"人死血脉竭，竭而精气灭，灭而形体朽，朽而成灰土"的无神论观点，提出了"厥神已毙，神明消灭"的无神论思想。他认为"人命至重，有贵千金"，反对官方把建安年间十年内五次大瘟疫，造成"白骨露于野，千里无鸡鸣""家家有僵尸之痛，室室有号泣之哀"，归咎于天命和神意，而无所作为，呼吁社会关心医学，战胜迷信。

无论是为良相兼济天下，还是为良医悬壶济世，都是以拯救天下苍生为己任，都是把他人福泽放在心间。张仲景"医相无二"的思想境界主要体现在三点：将百姓需要放在心头，让善恶尺度常悬高处，把精勤务实养成习惯。只有把百姓需要放在心头，以仁爱之心来为官、做事，才能明白为谁做，做什么。只有让善恶尺度常悬高处，以规矩法度来约束、衡量，才能清楚什么该做，什么不该做。只有把精勤务实养成习惯，以敬业求真的态度来深思、精研，才能知道要怎么做，如何做好。所以，"德"不是什么高高在上的圣人专利，更不是遥不可及的远大目标，而是需要我们实实在在去践行的立身行事的标准。

诸葛亮

诸葛亮（181—234 年），字孔明，号卧龙，琅琊阳都（今山东临沂南）人。八岁始父亲去世，随叔父诸葛玄到荆州，十七岁时叔父去世，带着弟弟妹妹在南阳躬耕陇亩十年。二十七岁时，刘备三顾茅庐，诸葛亮随后出山，开始了"匡扶汉室"伟大事业，五十四岁于北伐途中卒于五丈原，成为"鞠躬尽瘁，死而后已"的忠臣楷模。诸葛亮去世后的一千七百年来，对其评价总体上是正面的，从"明大德、守公德、严私德"这一逻辑顺序分析，诸葛亮留给后人嘉言懿行是多方面的。

清人毛宗岗认为，诸葛亮是三国时代的"智绝"，与关羽的"义绝"、曹操的"奸绝"并称三绝。在中国传统文化中，"仁智勇"为三达德，"仁义礼智信"为"五常"，都把智列为优秀品德之一。而在实践中，这些品行是统一的。古往今来，中华民族的优秀历史人物莫不具有高尚品德和功业。司马光说："才者，德之资；德者，才之帅。"[1]

---

[1]　司马光：《资治通鉴》第一卷，岳麓书社 1989 年版，第 4 页。

德才兼备为圣人，德胜于才是君子，才胜于德是小人，德才皆无是庸才。无疑，诸葛亮是少数德才兼备的圣人级别的人物。

（一）躬耕南阳，志存高远

诸葛亮幼年丧父，不及弱冠，唯一可以依靠的叔叔又撒手人寰。在风雨如晦、鸡鸣不已的东汉末年，外戚、宦官互相倾轧，汉王朝名存实亡，各路军阀率兽食人，有节气的知识分子遭遇两次党锢之祸，人才凋零。诸葛亮在南阳躬耕苦读，布衣蔬食，但决不是要做个田舍翁。以南阳为中心，与荆襄、颍川、汝南诸郡县当时有名望人才倾心交往，砥砺学习。《梁甫吟》是诸葛亮老家的挽歌，内容是齐景公的三个权臣被相国晏子用计处死的故事。青年诸葛亮自比管仲、乐毅，又好为《梁甫吟》，其内心的宏大愿望不言自明。陈寿《三国志·蜀书·诸葛亮传》记载：诸葛亮与博陵崔州平，颍川徐庶交好，他们对诸葛亮说的话很信服。一次与朋友交流时，孔明说，你们做官可以做到州郡。大家问那你孔明呢？诸葛亮含笑不语。结合他的《诫子书》，我们可以认为，诸葛亮在南阳躬耕苦读期间，已经志存高远，仰观俯察，究天人之际，探讨社会奥秘，待时以动，立志要做一个匡扶天下的有用人才。

虽然在《出师表》中，诸葛亮说自己是"苟全性命于乱世，不求闻达于诸侯"，那只能说明，诸葛亮看不上当时各路军阀，尤其对曹操相当鄙视。曹操的"唯才是举"政策可以笼络不少人才，但没有道德的约束，面对利益诱惑，这些人可以无所不为，曹魏后来就是被自己权臣司马氏所灭。反观诸葛亮，在刘备去世后，大将一一去世，他自己忠于汉室，多次北伐，打得曹魏惊慌失措，直到卒于北伐途中。没有一颗初心，根本无法做到"鞠躬尽瘁，死而后已"。

《诫子书》开篇说，君子之行，静以修身，俭以养德。是说君子行于世间，先要有"明德亲民，止于至善"的追求，然后要排除干扰，静心学习各种知识。同时，也只有"俭"可以是自己耐得住清贫和寂寞。"俭"既是儒家美德，也是道家提倡的处事法宝。老子说的三宝，一曰慈，二曰俭，三曰不为天下先。修炼才干，要有一个为天地立心、为生民立命的高远目标，而不是换取利禄，这样才能学到经世济民的真才实学。诸葛亮是这样做的，所以谆谆告诫儿子："夫学须静也，才须学也，非学无以广才，非志无以成学。"年轻时代要有远大的志向，这个志向就内圣外王，以君子人格修养自己，以苍生为念，以拯救天下为己任。

（二）廉洁持家，秉公治国

诸葛亮自比管仲、乐毅。管仲的名言"礼义廉耻，国之四维"，他是熟悉的，并一生将廉洁作为持家治国原则。

东汉文学家王逸将"廉洁"解释为：不受曰廉，不污曰洁。那么，这个词语的对立面就是"贪污"。诸葛亮早年布衣蔬食，习惯了勤俭节约，为蜀国丞相依然如此。在《后出师表》中，诸葛亮对后主刘禅说："成都有桑八百株，薄田十五顷，子弟衣食，自有余饶。至于臣在外任，无别调度，随身衣食，悉仰于官，不别治生，以长尺寸。若臣死之日，不使内有余帛，外有赢财，以负陛下。"[①] 他在《又与李严书》中说："吾受赐八十万斛，今蓄财无余，妾无副服。"说明自己受赐虽多，但没有作为私蓄；家人生活俭朴，妾没有副服。在汉末豪强地主世界末日来临般的穷奢极欲大环境中，诸葛亮如此持家实在可

---

① 《三国志·蜀书五·诸葛亮传》。

贵。他不仅懂得"金玉满堂，莫之能守""君子之泽，五世而斩""富贵传家，不过三代"等人生智慧，更多是淡泊明志的操守使然。

在教育子女方面，严格要求，不使子女享受特权。诸葛亮早年无子，其兄诸葛瑾过继给他一个儿子，即诸葛乔。诸葛乔是驸马，本可享受荣华富贵，但诸葛亮没有溺爱他，而是让他和士兵一起转战山中，带领"五六百兵，与诸子弟传于谷中"。① 结果积劳成疾，不到三十岁就去世了。诸葛亮的亲生儿子诸葛瞻，聪慧可爱，八岁时诸葛亮卒于前线。但诸葛瞻在父亲的影响下，与诸将子弟同甘共苦，魏兵攻打蜀国时，诸葛瞻拒绝邓艾的高官厚禄，最后战死疆场。诸葛亮不仅生前廉洁，对后世的安排也是节俭的。在他临终前，立下遗嘱：葬汉中定军山，因山为坟，冢足容棺，敛以时服，不须器物。② 一代开国贤相，生前死后如此廉洁，确为史上少有。

在治国方面，诸葛亮无私奉公，淡泊名利，一心恢复汉室，结束战乱。诸葛亮说："普天之下，莫非汉民，国家威力未举，使百姓困于豺狼之吻，一夫有死，皆亮之罪也。"③ 为此大业，诸葛亮抛弃了个人的荣华富贵和各种享受。赤壁之战，诸葛亮才华显露，其兄诸葛瑾、张昭都替孙权劝说让他为东吴效力，不必和刘备颠沛流离，诸葛亮毫不动心。刘备去世，诸葛亮苦心经营，经济、内政、军事，事无巨细，事必躬亲，功劳巨大。李严劝他效法曹操，晋爵称王，被诸葛亮严词拒绝。他说："吾本东方下士，误用于先帝。位极人臣，禄赐百亿。"④ 现在还没有讨贼成功，先帝的知遇之恩尚未报答，就来享受，是不义的。

---

① 诸葛亮：《与兄瑾言子乔书》。
② 《三国志·蜀书五·诸葛亮传》。
③ 《三国志·蜀书五·诸葛亮传》。
④ 《三国志·蜀书十·李严传》。

在人才使用上，突破封建社会的任人唯亲的陋俗，礼贤下士。也许因他本人出身布衣，受到三顾茅庐的待遇，他把这一传统也很好地发挥出来。他要求官员以忠为美德，但也量才而用。蒋琬、杜徽、费祎都受到了诸葛亮的欣赏，得到了合理的任用，为蜀汉的发展起了关键的作用。

诸葛亮赏罚分明，公正廉明。明代无极知县郭允礼有句名言流传后世，即：明生公，公生廉，廉生威。诸葛亮一生做到了。刘璋留下的益州纲纪废弛，刘璋旧部还希望诸葛亮效法高祖实行简单法度，诸葛亮明确宣布：吾今威之以法，法行则知恩；限之以爵，爵加则知荣。强调荣恩并用，上下有节。由此，不避权贵，一切依法行事。马谡和他有交情，但因失街亭，按军法处理，又自降三级。

（三）志虑忠纯，勇于担当

中国优秀的传统文化十分强调义理和事功的结合。董仲舒所谓的"正其义不谋其利，明其道不计其功"，理论上是完美的，但在实践中往往会造成义理和事功的脱节。不少人平时袖手谈心性，临难却束手无策。诸葛亮十分讨厌寻章摘句的腐儒，《三国演义》虽为小说，但诸葛亮舌战江东群儒的一番话，却较真实地反映他对读书和做事关系的认识。江东群儒质问诸葛亮研究哪本经典时，诸葛亮回答："寻章摘句，世之腐儒也，何能兴邦立事？且古耕莘伊尹，钓渭子牙，张良、陈平之流，邓禹、耿弇之辈，皆有匡扶宇宙之才，未审其生平治何经典！岂亦效书生，区区于笔砚之间，数黑论黄，舞文弄墨而已乎？"又说："儒有小人君子之别。君子之儒，忠君爱国，守正恶邪，务使泽及当时，名留后世。若夫小人之儒，惟务雕虫，专工翰墨，青春作赋，皓首穷经；笔下虽有千言，胸中实无一策。且如扬雄以文章名世，而屈身事莽，不免投阁而死，此所谓小人之儒也；虽日赋万言，亦何取哉！"伊尹、姜子牙是先秦名相，张良、陈平为西汉名臣，邓禹、耿弇乃东汉开国功臣，这些人是义理和事功结合得很好的典范。如无义理作保障，读书写文章再好，也会助纣为虐，比如扬雄，就投靠了王莽，结果落个坠楼而死的下场。诸葛亮如此尊重这些先贤，而他自己也是"志虑忠纯，勇于担当"的楷模。在面对艰难困苦的局面时，不考虑自己的个人得失，而是排除一切私心杂念，勇于担当重任，虽死无憾。

诸葛亮辅佐实力最弱的刘备，自然遇到诸多困难，但诸葛亮没有打过退堂鼓，总是发挥一切能动性，化不利为有利。建安十三年（208年），曹操趁荆州牧刘表去世，率领几十万大军，企图侵占荆州，再灭孙权。刘备从新野一路败到夏口，妻离子散，溃不成军，形势十分危急。诸葛亮只身过江，舌战群儒，说服孙权，联合刘备共同抗曹，取得赤壁之战的胜利，帮助刘备取得荆州四郡。紧接着，在诸葛亮的运筹之下，刘备又取得益州和汉中，完成了《草庐对》中"跨有荆、益"设想。刘备称帝后，封诸葛亮为汉丞相。他尽职尽责，整顿吏治，法律严明，悉心培育人才。同时重视水利，派出军队驻守都江堰，发展农桑。这些措施使蜀汉从战乱中恢复元气，经济繁荣，百姓安居乐业。

建安二十五年（220年），关羽被孙权谋害，刘备举全国之力为其报仇，结果在夷陵大败，刘备病重，临终托孤。刘备说，如果刘禅无能力作君，诸葛亮可以代替他。孔明叩头出血，表示要"鞠躬尽瘁，死而后已"。

随后，诸葛亮统揽军政，日夜操劳，"尽忠益时者虽仇必赏，犯法怠慢者虽亲必罚，服罪输情者虽重必释，游辞巧饰者虽轻必戮"①，

---

① 《三国志·蜀书五·诸葛亮传》。

如此一来，蜀汉出现了向善弃恶、崇尚实干、鄙视虚伪的社会风气，国力大增，终于可以和曹魏抗衡。

在《出师表》中诸葛亮自陈心迹："……受命以来，夙夜忧叹，恐付托不效，以伤先帝之明，故五月渡泸，深入不毛。今南方已定，甲兵已足，当奖率三军，北定中原，庶竭驽钝，攘除奸凶，兴复汉室，还于旧都。此臣所以报先帝，而忠陛下之职分也。"①诸葛亮临危受命，克服种种困难，平定西南的少数民族叛乱，紧接着又北伐曹魏，这是一个在别人看来根本无法完成的艰难任务。所以，宋代陆游在《书愤》诗中感叹道："出师一表真名世，千载谁堪伯仲间。"从建兴五年到十二年（227—234 年），八年间诸葛亮五次北伐。第一次出祁山，夺得天水、南安、安定，虽然失了街亭，但魏国仓皇失措。后来几次，都有胜利，设计谋杀了魏国大将王双、张郃，魏军畏蜀如虎，司马懿屡被羞辱，不敢出战。在北伐中，除了提高蜀军的军事素质，还让军队和百姓一起兴修水利，发展农业，提高当地的居民生活。诸葛亮死后葬于定军山，以余威守护蜀汉北大门，鼓励后来人继续北伐。

蜀汉在夹缝中存在，得力于诸葛亮的公正廉明，勇于担当，才使举国一心，以最弱的国力，令魏和吴不敢小觑，保一方平安。诸葛亮主动五出祁山，北伐曹魏，虽然最后没有统一天下，但赢得后世英雄的敬仰，其人格魅力历久弥新。

---

① （清）张澍：《诸葛亮集》，三秦出版社 1990 年版，第 2 页。

二、唐宋时期：深化和提升

岑文本

岑文本（595—645 年），南阳郡棘阳县（今河南新野县）人，字景仁。唐初贞观朝的宰相之一，封爵江陵县子，也是隋唐时代重要的文学家。岑文本聪慧敏捷，博通经史。

（一）文才瞩目，爱民心切

岑文本的祖父叫岑善方，在梁宣帝萧詧处做官，官至吏部尚书。他的父亲叫岑之象，隋末为邯郸令，曾被人诬陷入狱，而不能得到申冤。这一年，岑文本只有十四岁，他只身去衙门申冤。因为诉状写得入情入理、情真意切，听者无不感动，甚至当场泪下。又现场受命写《莲花赋》，他才思敏捷，下笔立成，文采斐然。官员们被打动，纷纷施以援手，父亲冤屈得以昭雪，他也由此扬名于世。

大业十四年（618 年），萧铣在荆州称帝，聘任岑文本为中书侍郎，负责起草文告。武德四年（621 年），唐军围困荆州。在战和降的问题上，岑文本分析天下形势，摆明利害关系，力劝萧铣弃战投降，促成议和。河间王李孝恭平定荆州后，军中将士都想大肆抢掠，搜刮荆州百姓财物。紧要关头，岑文本不顾个人安危，冒险规劝李孝恭。他说："自从隋朝无道失国以来，四方百姓无不盼望明主救民于水火，扫平战乱，实现天下大治，过上安稳日子。现在萧氏君臣、江陵父老，决计投降，就是真心希望熄灭战火，去危就安，避免生灵涂炭。如果王爷您一定要纵兵抢掠，诚非荆州从苦难中获得重生之意，也怕长江、岭南的人，心生戒惧，不敢效法荆州，这就可能导致归降之心受阻。"李孝恭认为他说得很对，立即下令禁止抢掠。老百姓避免了一场灾难。于是江陵城中井然有序，秋毫无犯。南方各州县闻讯，都望风归顺。

贞观元年（627 年），岑文本被任命为秘书郎。先后上《藉田颂》《三元颂》，文辞甚美，才名大振。后由李靖推荐，被提拔为中书舍人。其实，在唐高祖李渊时，撰写诏诰及军国大事的文稿，都是中书侍郎颜师古所为。而现在岑文本后来居上，才思敏捷超过颜师古。颜师古被免职后，岑文本被任命为中书侍郎，专门掌管机密文件。贞观十年（636 年），他参与撰写的《周书》完成，被封为江陵县子。该书的史论多出自岑文本之手。

（二）勇于建言，恤民抑奢

当时，魏王李泰在诸王中最为受宠，比较骄横，讲究排场，大修宅第，铺张浪费，生活奢华。岑文本认为，创业难守业更难，要想国泰民安，就必须体恤民力，勤奋节俭，严防奢侈之风蔓延。因此，在贞观十一年（637 年），岑文本看在眼里，急在心中，认为此风不能不改，于是他不怕触怒皇室，向唐太宗李世民上疏劝说。

在奏疏中，岑文本首先指出，人们都知道创业艰难，因为创业需要拨乱反正，在生死征战中拼杀，随时面临危险；英雄豪杰纷纷登场，要在群雄逐鹿中胜出，非常艰难。但是，许多人并不清楚，天下已定，实际上并非万事大吉，要想守住江山，实现长治久安，这更是一条荆棘丛生之途。只有居安思危，才能使社会得到安定；坚持有始有终，才能根基稳固。他进一步分析，现在虽然战乱已除，四方安宁，百姓安居乐业，但是战争的创伤尚未完全抚平，刚刚恢复的经济生产还十分脆弱，经不起消耗和折腾。他的结论是，现在应该爱惜民力，杜绝浪费，减少游猎，抑制奢侈，减轻劳役。他恳请皇帝从古今兴衰、安危变化中洞悉治国之道，心念社稷，关心百姓，"明选举，慎赏罚，进贤才，退不肖。闻过即改，从谏如流"。如此，将是百姓之福、社稷之福，必能开创出国泰民安、兴旺发达的盛世王朝。

岑文本的奏疏，论说了爱民节俭的重要意义，提出对魏王李泰的奢侈挥霍要有所抑制，受到太宗的称赞，获赐帛三百段。贞观十七年（643 年），岑文本加银青光禄大夫衔。

（三）谦谨孝悌，知惧守戒

岑文本虽然官高禄厚，但他却认为自己仍是一介书生，侍奉老母以孝闻名，抚育弟侄恩义甚诚。唐太宗称赞他"弘厚忠谨，吾亲之信之"。当时，晋王李治新立为皇太子，许多名士兼任东宫官职，唐太宗也想让岑文本兼任东宫一个官职。皇帝的意思是：太子是未来的皇帝，让岑先生在太子身边兼个职，以便留个好印象。这本是美意，对岑文本的前程大有好处。岑文本心中明白，却不愿意，自认能力有限，不敢有太多奢望，认为自己当中书侍郎已很勉强，没有能力再干兼职。他一再拜谢说："臣以平庸之才得到今天的重用，早已超过了本分，能够把现在的工作做好，自己就担心不能胜任，哪还敢再增加东宫的官职？臣请一心侍奉陛下，不愿再希图得到东宫的恩惠。"李世民只好作罢，对他的忠心也很感动，对岑文本增加了更多的亲近和信任。但要他每隔五日去东宫一次，皇太子以宾友之礼待他。

贞观十八年（644 年），岑文本被任命为中书令。一般人升官则喜，他却面带忧色。他的母亲感到奇怪，问他为什么，他回答说："我并没有做出什么大的功劳，也不是皇帝的亲近故旧，现在却有这么大的宠幸荣耀。要知道位高则责重，所以心生忧惧。"亲朋好友听说他升了官，都前来庆贺，他却对来人说，这对我来说，不是什么好事，反而让我压力更大、忧虑更深，所以"今天只接受大家的慰问，不接受祝贺"。有人劝他多置些田产，他叹息说："我本来只是南方一介平民，徒步进入关中，心中的最大希望，不过是能够做一个秘书郎，或者是一个县令罢了。回顾自己一生，既没有在战场上厮杀，也没有在治国安邦上出谋划策，没有为国家立下汗马功劳，只是因舞文弄墨尚能符合皇帝心意，因此官至中书令的高位，这对我而言已经达到极点了。权位之高，俸禄之重，已远远超出所想，这些已经让我恐惧忧虑很多了，怎么还能再谈置买田产呢？"

岑文本在中央重要岗位上任职，担负重任，赏赐丰饶，凡有财物出入，都让他的弟弟岑文昭管理，他一无所问。文昭当时任校书郎，多交结轻薄之徒，唐太宗听说了很不高兴，曾对岑文本说："你弟弟喜好与人交结，交往过滥，恐怕难免交结非人，最终累及到你。为此，我打算派他到外地做官，对他有所抑制。你看可好？"岑文本回答说："臣弟幼年丧父，老母特别挂念，不想让他在外连宿两夜离开其左右。如果把他派到外地，母亲必定忧愁憔悴，倘若没有这个弟弟，也就没有老母了。我今后注意严加管束，让他不敢逾规越矩。恳望陛下能够体谅！"他一边说一边流泪抽泣。太宗同情他的爱母之心，便没有把他的弟弟调出京都。唐太宗后来单独召见岑文昭，严加训诫约束，最终使岑文昭注意收敛，行为检点，避免了可能的过失。

张建封

张建封（735—800 年），字本立，南阳邓州人，寓居兖州。唐代中期著名大将，在家族子弟中排行十三。年轻时喜欢读书写文，慷慨尚武，能文能武，常以武功自许。

（一）胸怀大志，勇于任事

张建封的父亲就是勇杀叛将李廷伟的张玠。张建封自幼受父亲影响，胸怀大志，关心时事，又喜欢读书，写得一手好文章。

张建封在年轻时候到了南方。二十七岁时，遇到常州乱民聚众闹事的大事件。以往处理此类事件，官府常常作为造反对待，不问青红皂白，也不愿做深入细致的调查和调解工作，常规的办法就是派兵进行武力解决。而张建封与他人不同之处，在于他对问题想得深想得透，同情百姓遭遇，期望找到一种合适的解决方式，使问题真正得到根本性解决，而不是仅仅暂时把事件压下去。他知道，自古以来，所谓乱民其实是为生计所迫的饥民，不是无法生存下去，是不会冒着生命乃至灭族危险，去对抗官府的，他们与那些烧杀抢掠、无恶不作的暴徒是根本不同的。于是，张建封冒着生命危险，深入乱民中间，详细了解情况，与他们推心置腹交谈，想方设法化解矛盾，劝他们重回乡田，最终避免了一场大规模的流血事件。

从此他的名声渐渐传开。有些官员，如令狐彰、刘晏、马燧等，或延揽他为幕宾，或授他以官职。后由马燧向朝廷举荐，张建封被任命为寿州刺史。

（二）忠贞爱民，威望崇高

建中四年（783 年），淮西节度使李希烈叛乱。

李希烈自称楚帝，他勾结驻江都的淮南节度使陈少游，计划先攻下寿州，再占领江都，然后揭起反唐大旗。李希烈派部将杨丰，携带着伪敕书去游说张建封，说只要他归附李希烈，献出寿州，将封以高官。

这时恰巧有唐朝廷的使者也到了寿州。张建封当着使者的面公布了李希烈的伪敕书，还揭露了陈少游的叛逆行为，斩杀了杨丰。朝廷看他忠心耿耿，授他任濠寿庐三州都团练观察使。张建封亲率将士修城浚池，安抚百姓，制造修理武器，加强练兵，积极备战。李希烈几次派悍将劲卒攻打寿州，均被击退。

后来，朝廷又任张建封为徐州刺史，又升为滁泗濠节度使。徐州是江淮漕运枢纽，军事要地，位置重要。张建封治理徐州十年，兢兢业业，勤政爱民，把政务处理得井然有序，全军都治理得很好。他执法严明，不徇私枉法，即使最狡猾的人也绝不枉法宽免他。他又待人宽厚，善于容忍他人过失，为人们做事创造宽松自由的空间。他重视思想教化，言辞忠义激奋，用传统思想观念影响感召人，因此部下都心悦诚服。他生性喜爱贤士，无论地位高低、才能大小，只要到他那里，他都同样以礼相待，因此来到他这里的人就如同到了自己家一样。许孟容、韩愈等人，都是他从幕府中上奏给朝廷受到重用的。张建封守徐州十余年，纪律严明，治理得当，威望甚高，使徐州成为当时名镇翘楚。

贞元七年（791 年），朝廷晋升他为御史大夫、检校礼部尚书、检校左仆射，被称为功勋卓著的中兴名将。

贞元十三年（797 年），张建封进京觐见皇帝。唐德宗赐诗给他，还将自己使用多年的马鞭赐给他，充满感情说"你忠贞节义，岁寒不移。这支马鞭伴随我很久很久，现在赐给你，是我的一片心意，也是对你忠贞的一份表彰"。古时，送人心爱之物，表示一种特殊的感情；皇帝把自己用过的东西赏赐给臣子，表示一种格外的厚爱。唐德宗把使用多年的马鞭赏赐给张建封，的确非同一般，充分表明了皇帝对他的信任和倚重。

有一次，张建封在京城遇到一件令他震惊的事情。一个贫苦农民以驴驮柴进城出售，皇宫中的宦官以八尺绢的价钱买下了柴；转而又向卖柴者索要"门户钱"，卖柴者只得把绢又给了宦官。但宦官又令卖柴者用驴把柴送进皇宫。卖柴的农民知道，一旦进宫，宫中一定会扣留他的驴，便大哭说："我的父母还在等我卖柴买米下锅，现在柴已白送，如果驴再失去，我只有死路一条了！"

张建封知道，这就是有名的"宫市"，是京城久禁不绝的一大祸患。当时，宦官主持宫市，没有诏文验证，只要说是宫市就没有人敢盘问，大致给的钱不抵原价的十分之一。又要索取宫门进俸和脚力钱，甚至有满载货物来到市集，结果空手而归的。张建封认为，这一累民苦民的宫市，坚决不能再存在，必须禁绝。因此，对于无人敢触碰的敏感问题，他却无所顾忌，不怕会给自己带来什么灾难。于是，他在朝见皇帝时郑重地提出要求取消宫市。他的意见当然未必能有效。但从这件事，我们可以看出他是一个同情贫苦百姓，不计个人安危，勇于仗义执言，为民请命的人。

张建封在六十六岁时，卒于徐州任上，获赠司徒（一作司空）。当时的徐州通判郑通，怕兵士们乘机作乱，打算引别的军队入城为援。不料消息泄露，五六千士兵大怒，包围了衙署，杀了郑通，要求朝廷委任张建封的儿子张愔为留后。朝廷起初不同意，派军队到徐州镇压，一战而官兵大败。朝廷只好授张愔为徐州刺史、节度使。张愔在徐州任职七年，政声很好。最后自己上表要求解职，朝廷乃拜他为兵部尚书，在他离开徐州到京上任时，途中得病而卒。①

范仲淹

范仲淹（989—1052 年），字希文，苏州吴县人，北宋杰出的思想家、政治家、文学家，曾在南阳邓州为官。

范仲淹政绩卓著，文学成就突出。他倡导的"先天下之忧而忧，后天下之乐而乐"思想和仁人志士节操，是迄今中国人最为崇尚的一种精神——"忧乐"精神，对后世影响深远。这一传世久远、家喻户晓的名言，出自范仲淹在南阳邓州为官时撰写的《岳阳楼记》。

（一）勤奋苦读，志存高远

范仲淹四岁时随继父迁至长山，立志苦读于醴泉寺。因家境贫寒，便用两升小米煮粥，隔夜粥凝固后，用刀切为四块，早晚各食两块，再切一些腌菜佐食。

二十多岁时，范仲淹得知家世实情，伤感不已，毅然辞别母亲，前往南都应天府（今河南商丘）求学，投师戚同文门下。应天书院居全国四大书院之首，与江西庐山的白鹿洞书院、湖南长沙的岳麓书院、河南嵩山的嵩阳书院，并称为四大书院。在应天书院，范仲淹刻苦攻读，冬天读书疲倦发困时，就用冷水洗脸，没有东西

---

① 《新唐书·列传第八十三·张建封传》。

吃时，就喝稀粥度日。一般人不能忍受的困苦生活，范仲淹却从不叫苦。

范仲淹身在睢阳学舍，神驰于名人名典，越发刻苦用功、自励有为，他在诗中表露出"但使斯文天未丧，涧松何必怨山苗"的自信、自许与自期。

在范仲淹读书期间，有两件事足以显露他的不凡心胸。

第一件是不吃留守饭。南京留守的儿子将范仲淹吃粥苦读的事，回家告知了父亲。这位留守还是爱才惜才的，就让儿子带上自家府里厨师做的饭菜送给范仲淹。过了几天，留守的儿子发现他送的饭菜，范仲淹居然一点都没动，饭菜都放坏了，便不高兴地问为何不吃，范仲淹诚恳地答谢："我并非不感激令尊的厚意，只因我平时吃稀饭已成习惯，并不觉得苦。现在如果贪图这些佳肴，过后怎么办呢？还能忍受天天吃白粥的日子吗？"留守的儿子听罢，感佩不已。

第二件是独不见皇帝。范仲淹就读应天书院的第四个年头，宋真宗将到应天府拜谒赵家祖庙——圣祖殿，并再搞降天书活动。天书降处，瑞霭绕庙，彩云腾空，还有黄云覆辇，紫气护幄，百官朝贺，万民山呼。一时间，应天府城内，万人空巷，都来一睹皇上风采。皇上一高兴，下诏说：应天府升格为南京，实行特赦，广大臣民可在"重熙颁庆楼"大吃宴席三天，无分男女老幼，贫富贵贱，能吃的都来吃吧，吃的是"太平盛世"！应天书院也沸腾了，老师与学子们倾校而出，以能看到皇上为奇遇，这可是千载难逢的好机会啊！此时此刻，有一个人例外，对这桩天大好事犹如不闻，不惊不乍，静若处子，独守书斋，潜心读书。此人就是范仲淹。据说那位南京留守的儿子，深为不解：能亲眼见到当今皇上，这机会多难得！你就觉得不如读书重要？范仲淹是怎么回答的呢？他说："书念不好，看到皇帝也没用；书念好了，将来再见也不迟。"①

数年寒窗生涯后，范仲淹已博通儒家经典的要义，有慷慨兼济天下的抱负。欧阳修称赞他："公少有大节，其于富贵、贫贱、毁誉、欢戚，不一动其心，而慨然有志于天下。"

（二）为官一任，造福一方

范仲淹多次到地方任职，每到一处，都认真做事，关心百姓疾苦，尽心竭力为百姓办实事、谋利益，造福当时，泽被后世。

天禧五年（1021年），范仲淹调任泰州西溪盐仓监，负责监督淮盐贮运及转销。西溪濒临黄海之滨，唐时李承修筑的旧海堤因年久失修，多处溃决，海潮倒灌、卤水充斥，淹没良田、毁坏盐灶，人民苦难深重。于是范仲淹上书江淮漕运张纶，痛陈海堤利害，建议沿海筑堤，重修捍海堰。

天圣三年（1025年），张纶奏明朝廷，仁宗调范仲淹为兴化县令，全面负责修堰工程。摆在范仲淹面前的有"三难"：启动难、定线难、家母病。可以说，困难重重，但他都一一努力克服。天圣四年（1026年），母亲谢氏病逝，遵循礼制，范仲淹辞官守丧，工程由张纶主持。新堤横跨通、泰、楚三州，全长约二百里，不仅当时人民的生活、耕种和产盐均有了保障，还在后世"捍患御灾"中发挥了重要作用，当地人民将所修之堤命名为"范公堤"，遗址迄今犹存。

景祐元年（1034年），苏州久雨霖潦，江湖泛滥，积水不能退，造成良田委弃，农耕失收，黎民饥馑困苦，范仲淹出知苏州后，根据水性与地理环境，提出开浚昆山、常熟间的"五河"，将积水导流太

---

① 周宗奇：《忧乐天下：范仲淹传》，作家出版社2015年版，第23—25页。

湖，注入于海的治水计划。范仲淹以"修围、浚河、置闸"为主的治水经画，不但获得当时舆论的赞扬，还泽被后世，自南宋一直至元、明的两浙职守，都依照这个模式去整治水患。

（三）屡遭贬谪，初心依旧

庆历五年（1045 年），五十七岁的范仲淹被罢免参知政事，正月，落职邠州（今陕西彬县），十一月迁邓州，踏上了他政治生涯中的第四次迁贬远途。

次年九月，谪守岳州的同年挚友滕子京，请范仲淹为刚刚落成的岳阳楼写一篇记，并随札附呈《洞庭晚秋图》，以及唐宋名人吟咏岳阳楼的诗词歌赋等。① 此时的滕子京，因遭遇政治打击正处于仕途低谷时期，很大程度上是范仲淹政治对手借以打击他的替罪羊。②

范仲淹写《岳阳楼记》，融入了自己坎坷的政治生涯感怀和对为官为人应有的崇高境界的期许。

在邓州漫长的日日夜夜，范仲淹认真思索了自己的从政经历，特别是认真梳理了庆历新政的前前后后，失望、怀疑、矛盾、悲愤……此起彼伏，互相交织，不能自已。因为改革的道路布满荆棘和坎坷，才会有《岳阳楼记》中的"阴风怒号，浊浪排空"，才会有"薄暮冥冥，虎啸猿啼"；因为小人得志、忠良见弃，才会有"忧谗畏讥，满目萧然，感极而悲"。邦国兴衰、黎民冷暖如影相随，使他心灵深处的忧虑就像海底的暗流，时时涌动，使他"居庙堂之高，则忧其民；处江湖之远，则忧其君"。③

---

① 晏建怀：《〈岳阳楼记〉——范仲淹不得不说的话》，《书屋》2008 年第 1 期。
② 吴铮强：《范仲淹的忧虑》（下），《国学》2009 年第 10 期。
③ 晏建怀：《〈岳阳楼记〉——范仲淹不得不说的话》，《书屋》2008 年第 1 期。

人人都有"忧"与"乐"，而范仲淹所说的"忧乐"是特指为官者的"忧"与"乐"，指为官者的一种品质和精神，也可以说是为官者的官德。范仲淹所主张的"先忧后乐"观，其实就是为官者的立己之本的官德。

范仲淹强调为官者的"忧"，首先是"忧"国君。担忧国君不能选贤任能，相反常常会近小人、亲佞臣、用庸才，致使"官乱于上""风坏于下"。这便是真正称职的大臣、为官者所担忧的。但是，光是担忧不能解决问题，还应当积极地出谋划策，辅佐君王，选贤举能。范仲淹就曾屡屡上书，向皇帝献言献策。

其次是"忧"国民。明道年间，江淮、京东发生蝗灾，时任右司谏的范仲淹就请求朝廷派人赈济，仁宗不理，他愤然质问："宫掖中半日不食，当何如？"仁宗深感有理，这才命他安抚江淮。他开仓赈灾，蠲免茶盐税，禁民淫祀，并将百姓所吃的乌昧草带回京师，请仁宗传示六宫，以戒奢靡之心。

再次是"忧"自己。官场上明争暗斗，官员并不能把握自己的命运，有时小人的"谗""讥"之言就会断送你的前程。所以官员们常常是忧心忡忡。优秀的官员不局限于担忧自己的遭遇，而是担忧无法为"君"、为"民"做事，担忧坏人当道祸国殃民。范仲淹所倡导的忧己之"忧"就是这种忧，本质上是忘己之"忧"，其忧己实乃是忧国、忧民。

在范仲淹看来，为官者的"乐"特指"后天下之乐而乐"。他的"乐"是建立在"民之乐"和"君之乐"的基础之上的。他曾经在《依韵答提刑张太博尝新醞》中说："但愿天下乐，一若樽前身。长戴尧舜主，尽作羲皇民。耕田与凿井，熙熙千万春。"这就是说：天下有道，天下有序，天下太平，天下和谐，为官者当乐；黎民百姓吃得好、穿得

暖、住得舒、行得通，安居乐业，为官者当乐；为官者忠贞报国，心
系百姓，遵纪守法，清正廉洁，鞠躬尽瘁，为官者当乐……总之，为
官者的"乐"就是"乐君""乐人""乐四海"。

因此，苏轼赞美他"出为名相，处为名贤；乐在人后，忧在人
先"。诚然，作为封建时代的政治家、思想家，范仲淹也不可避免地
受时代的局限。但是，他毕竟是一位具有改革意识的进步政治家、思
想家，因而享有很高的声望。他的"先天下之忧而忧，后天下之乐而
乐"的思想，作为中华民族传统文化中的精华，对后世可以说是一笔
丰厚的精神财富。①

（四）执教兴学，淳风化俗

范仲淹继承和发展了儒家正统的教育思想，把兴学当作是培养人
才、救世济民的根本手段。

天圣五年（1027年），范仲淹为母守丧，居南京应天府。时晏殊
为南京留守、知应天府，闻范仲淹有才名，就邀请他到府学任职，执
掌应天书院教席。范仲淹主持教务期间，勤勉督学，创导时事政论，
每当谈论天下大事，辄奋不顾身，慷慨陈词。当时士大夫矫正世风、
严以律己、崇尚品德的节操，即由范仲淹倡导开始，书院学风亦为之
焕然一新，范仲淹声誉日隆。

天圣六年（1028年），范仲淹向朝廷上疏万言的《上执政书》，
明确提出"重名器"（慎选举、敦教育），把当时科举以考试取人而不
在考试之先育人，比之为"不务耕而求获"，主张"劝学育才"，恢复
制举并使之与教育相衔接。庆历年间主政时，范仲淹再次提出"复古

---

① 高秀昌：《范仲淹的"忧乐"精神》，《学习时报》2012年2月20日。

兴学校，取士本行实"，着力改革科举考试制度、完善教育系统、加强学堂管理，各地亦奉诏建学，地方学堂如雨后春笋般涌现，时谓"盛美之事"。

在师资选才上，范仲淹提倡明师执教、经实并重。范仲淹注重对教师的培养和选拔，把"师道"确立为教育的重心，他推荐的名师胡瑗、李觏等，皆为北宋著名的教育家。在教学内容上，范仲淹提倡"宗经"，以儒家经典培养能通达"六经"、悉经邦治国之术的人才；同时注意兼授诸算学、医药、军事等基本技能，培养具有专门知识、技能的实用人才。

范仲淹身体力行，无论"居庙堂之高"，还是"处江湖之远"，除掌学应天书院一年多的呕心沥血外，此后到广德军、泰州、睦州、苏州、饶州、润州、越州、延州、汾州、杭州，足迹所涉，无不兴办学堂，教泽广被，实现自己欲强国富民，"必先崇学校，立师资，聚群才，陈正道"的耿耿初衷。即使在庆历新政失败后，范仲淹个人处境备极艰难，引疾知汾州、邓州，也照样兴办花洲书院，并亲自在春风堂讲学。皇祐元年（1049 年），范仲淹知杭州，此时已是年逾花甲的老人了，且疾病缠身，仍没有放松教育事业，给朝廷上书，强调学校教育的重要性，要求扩建杭州州学。[①] 晚年又设义田，建义学，对族中子弟实行免费教育，激劝"读书之美"。范氏义学在教化族众、安定社会、优化风尚和普及基础教育上，取得了巨大成功，开启了中国古代基础教育阶段免费教育的新风尚。范氏义庄是中国历史上创办最早、持续时间最长、规模最大、最为著名的义庄。体现了范仲淹一贯的人文情怀，充分反映出他对家族、社会的责任感、爱心奉献及对社会财

---

① 周宗奇：《忧乐天下：范仲淹传》，作家出版社 2015 年版，第 95—96 页。

富分配的一种健康心态。范仲淹的高瞻远瞩，实开宋代赈济、福利事业的先河，促进了始于北宋末的官办慈善机构的诞生，成为近代各种官方民办扶贫事业的滥觞。范氏义庄的成功实践及其遗韵流泽，对于当今社会保障福利机制的形成及扶贫事业，也有一定的启迪作用。① 罗璧认为："范文正公所至为政，敦礼教、厚风俗，皆识其大者也。"

（五）秉公直言，伸张大义

天圣七年（1029 年），仁宗十九岁，章献太后（宋真宗章献皇后）依然主持朝政。冬至，仁宗准备率领百官在会庆殿为太后祝寿。范仲淹认为这一做法混淆了家礼与国礼，就上疏仁宗说："皇帝有事奉亲长之道，但没有为臣之礼；如果要尽孝心，于内宫行家人礼仪即可，若与百官朝拜太后，有损皇上威严"谏言仁宗放弃朝拜事宜。上疏奏报内廷，没有获得答复。范仲淹又上疏太后，请求还政仁宗。奏书入宫，再次石沉大海。

晏殊得知范仲淹上疏，大惊失色，批评他过于轻率，不仅有碍自己的仕途，还会连累举荐之人。范仲淹据理力争，并回写一封长信，详述自己做法的缘由，申明自己的政治立场："侍奉皇上当危言危行，绝不逊言逊行、阿谀奉承，有益于朝廷社稷之事，必定秉公直言，虽有杀身之祸也在所不惜。"

天圣八年（1030 年），范仲淹请求离京为官，被任为河中府通判；次年，调任陈州通判。范仲淹虽"处江湖之远"，不改忧国忧民本色，在此期间，他也多次上疏议政。朝廷欲兴建太一宫和洪福院，范仲淹认为"大兴土木，劳民伤财"，建议停工；在吏治方面，范仲淹主张

---

① 周宗奇：《忧乐天下：范仲淹传》，作家出版社 2015 年版，第 65 页。

削减郡县，精简官吏，并多次上疏陈述中央直接降敕授官的危害，认为"不是太平治世的政策"；又建议朝廷不可罢免职田，认为"官吏衣食不足，廉者复浊，何以致化"。范仲淹的这些上疏虽未被朝廷采纳，但其一片忠心打动了仁宗。

明道二年（1033年），太后驾崩，仁宗亲政，召范仲淹入京，拜为右司谏。当时，群臣多议太后垂帘时为政之失，范仲淹却认为太后虽秉政多年，但亦有养护仁宗之功，建议朝廷掩饰太后过失，成全其美德。仁宗采纳，诏令朝廷内外不得擅自议论太后之事。仁宗因刘太后新亡，欲立杨太妃（宋真宗章惠皇后）为皇太后，参与军国大事。范仲淹认为频立太后，有皇帝不能亲政之嫌。仁宗采纳，罢黜太后册名，但称谓不改。

七月，天下大旱，蝗灾蔓延，江淮和京东一带灾情尤为严重。为了安定民心，范仲淹奏请朝廷派人视察灾情，仁宗不予理会。范仲淹便质问仁宗："如果宫中停食半日，陛下该当如何？"仁宗幡然醒悟，派范仲淹安抚灾民。范仲淹应诏赈灾，开仓济民，并将灾民充饥的野草带回朝廷，以警示六宫贵戚，戒除骄奢之风。

明道二年（1033年）冬，郭皇后误伤仁宗，宰相吕夷简因与皇后有隙，遂协同内侍阎文应、范讽等人，力主废后。消息传出，群臣议论纷纷，都认为废后不合适，范仲淹也向皇帝进言。因吕夷简事先令有司不得接受台谏章疏，疏入内廷，不得奏。范仲淹遂率中丞孔道辅、侍御史蒋堂、段少连等十余人跪伏垂拱殿外，请求召见，仁宗不见，派吕夷简出来解释。范仲淹等与之当庭辩论，吕夷简理屈词穷，无以为对。

第二天，范仲淹与众人商议，打算早朝之后，将百官留下，再次与宰相谏争。一行人刚走到待漏院，朝廷诏书下达，外放范仲淹为睦州知州，孔道辅等人也或贬或罚，无一幸免。河阳签判富弼上疏仁宗，建议诏还范仲淹入京，以开言路，未得批复。

范仲淹"文武兼备""智谋过人"，无论在朝主政、出帅戍边，均系国之安危、时之重望于一身。他对某些军事制度和战略措施的改善，使西线边防稳固了相当长时期；他领导的庆历革新运动，虽只推行一年，却开北宋改革风气之先，成为王安石"熙宁变法"的前奏；即使在担任地方官时，他也殚精竭虑，鞠躬尽瘁。

总之，范仲淹不仅是北宋著名的政治家和军事家，还是一位卓越的文学家和教育家。作为宋学开山、士林领袖，他开风气之先，文章论议，必本儒宗仁义；并以其人格魅力言传身教，一生孜孜于传道授业，悉心培养和荐拔人才；乃至晚年"田园未立"，居无定所，临终《遗表》一言不及私事。

他倡导的"先忧后乐"思想和仁人志士节操，为儒家思想中的进取精神树立了一个新的标杆，是中华文明史上闪灼异彩的精神财富。迄今，各地有关范仲淹的遗迹依然受到人们的保护和纪念。

贾 黯

贾黯（1022—1065 年），字直孺，北宋邓州穰县（今河南邓州）人。以直言敢谏闻名，推崇韩琦、富弼、范仲淹之才，认为此三人可大用。宋仁宗庆历六年（1046 年）丙戌科状元。迁为著作佐郎，直集贤院，历官左正言、开封知府、中书舍人、给事中、御史中丞等职。后卷入"濮议之争"，临死前留遗书，请宋英宗称其亲生父亲濮王为伯父。欧阳修曾说："黯为人刚直，但思虑或有不至耳。"[1]

---

① 《宋史·列传》第六十一。

（一）为官不欺，无私无畏

宋庆历六年（1046年），贾黯中状元，当时范仲淹在邓州为官。九月，贾黯回到家乡邓州，在花洲书院拜见范公。贾黯说："晚辈偶然科举考中，但是缺乏阅历，对事理见识浅薄，恳请老前辈能指导晚辈为人、为官之道。"范仲淹略微沉思后，说道："你文才突出，现在已经名闻天下，所以不必担心将来前途，必定会前程似锦。如果要我给你提点建议的话，我认为唯有'不欺'二字，愿你能够终生信守。"贾黯牢记于心，一生秉持，努力去做。①

能够做到"不欺"，尤其是终生坚守，实在不易，必须有高尚的人格作为底色，正像贾黯所言，"无私始能不欺"。不欺，就是刚正不阿、光明磊落。不欺，就是不瞒、不骗、不负。真正的不欺，即不欺君心、不欺民心、不欺自己的良心。范仲淹崇高的风范和精神境界，深深地影响了贾黯。贾黯具备高尚的情操，他为官二十一年，处处以范仲淹为榜样，从未做过上欺君下欺民之事，坚定的"不欺思想"，始终照耀着他无私的灵魂。他在"不欺"的实践中常常感慨道："我得范公'不欺'二字，实在终生受用不尽。"

贾黯为人很谦虚，总贬抑自己，唯恐骄傲自满，故自名黯，以不发奋，前途就昏黑警策自己。又恐有虚假，就以"直孺"为字，使自己像小孩子那样真诚无邪。

贾黯中进士后，初授将作监丞，通判襄州（治所在今湖北襄阳市）。不久，召还为京师著作佐郎（正八品）、直集贤院。嘉祐五年（1060年）二月，以兵部员外郎、知制诰拜翰林学士，九月改翰林侍

---

① 杨德堂主编：《历史文化名城邓州·书香文化》，作家出版社2007年版，第45页。

读学士出知邓州，十一月仍拜翰林学士。①

贾黯在仁宗、英宗时为官。在朝，廉洁自守，遇事有主见，人称介直。他"任佐正言时，果（果敢，果断敢行）于言事"，是最早上书称韩琦、富弼、范仲淹均有宏韬谋略、可以重用的人。三位后来均为名臣，为社稷作出了巨大贡献，在史书记载中有光辉的篇章。②

尚书郎杜枢复察张彦方下狱案，将予驳正，因不合宰相心意，宰相以别的罪名贬杜枢官职。贾黯勇敢地伸张正义，直言进谏道："杜枢无罪，因为张彦方下狱宣旨是从宫中发出的，不能把这事归咎于某个臣子。如果因为某个官员提些意见，就把责任推到他的身上，那么就会伤害正直善良之人，许多人因此会患得患失，最终也会不利于朝廷广开言路。"他建议仁宗要像唐太宗任用魏徵那样理政。他不顾个人利害，敢于在皇帝面前据理力争，实在难能可贵。但是，他对不称职者敢于提出反对意见。直龙图阁钱延年升任天章阁待制时，贾黯起草诏书，批评钱延年没有才能，不宜玷污侍从之职，密封任命草稿退还中书，任命状于是取消。

宋英宗即位，提升贾黯为中书舍人（正四品），奉命撰修《仁宗实录》。治平二年（1065 年）二月，以给事中（正四品，位次在中书舍人前）权（代理）御史中丞（从三品）。那时宋英宗刚即皇位，执政时似乎心中没"底"，所以乐于召见原来跟随自己的旧臣。许多官员虽然不满，但敢于上奏反对的不多。贾黯无所顾忌地站出来，大胆地上奏："皇上，您面对满朝才华出众的大臣，却不召见一个，只是亲近一二个旧臣，这不是当天子的正确做法，也显得皇帝您胸怀不宽

① 周腊生：《宋代状元奇谈·宋代状元谱》，紫禁城出版社 1999 年版，第 261 页。

② 杨德堂主编：《百名廉吏集》，中国文联出版社 2008 年版，第 132 页。

广。所以，恳请您按照太宗惯例，召侍从馆阁之臣，以备顾问。"宋英宗觉得贾黯说的是肺腑之言，就推心置腹地对贾黯说："朕很想选用人才，不是只亲近过去的旧臣，但我看来看去，发现没有多少能任事的呀。"贾黯回答道："天下从来不缺人才，问题在于能不能发现人才、能不能使用人才。不是没有人才，而是不知如何选用，因此导致很多人才被埋没和浪费。"贾黯提了五条建议：一、知人之明；二、逐步培养；三、不求全能，用其所长；四、分类举荐；五、有所选择地加以任用。贾黯这些建议，就是今天看来，依然很有价值。

贾黯的敢于言事，是不欺君的最好体现。昏君不利国，明君兴天下。他希望皇帝做的大事小事，都要对社稷有益。为了社稷，他才抛弃个人得失，畅言自己的见地。

贾黯一贯清正廉洁，恪守职责，不能容忍渎职和草菅人命的现象。在其任开封知府时，了解到囚犯因受刑冻饿、疫病而死者甚多，原因是管理人员不尽职责。他请求朝廷每年统计犯人死亡人数，对管理人员进行奖罚。府吏二百人因此以渎职罪被免职。贾黯从中并没得到什么好处，而且御史中丞王畴与陈经、吕诲、傅尧喻及谏官司马光、龚鼎臣等人，认为贾黯治理狱案"刚愎自用"，故而免去贾黯原职，降为同提举在京诸司库务。贾黯毫无怨言，依然认真负责地干好自己分内事务。所以，英宗赵曙即位（1064 年），诏其为中书舍人（提为正四品），参与以宰相韩琦为首的班子撰修《仁宗实录》二百卷。

一次，会灵观火灾，皇上打算重建，而且要问罪管理人员。贾黯立即上奏说："这是上天想废除此观，应停止营造，赦免守卫的罪过，以示畏惧反省的意思。"这样就保护了守卫者，也减少了不必要的国库开支。

贾黯为公，从不计较私仇。在他升任给事中、权御史中丞后，朝廷任命吕诲为知杂事。吕诲曾经弹劾（检举罪状、打小报告等）过贾黯，怕贾黯报复、给小鞋穿，非常担忧，不愿担任此职。贾黯为打消吕诲的顾虑，就上了《乞趣令吕诲就御史职奏》的奏章，他说："我之所以推荐吕诲当御史，是因为深知吕诲为人正派，办事公道，工作严肃认真，待人真诚厚道。吕诲的确曾经弹劾过我，但那是出于公心，并非为了一己私仇，我真心愿意与他共事。"从而使吕诲打消了顾虑，与贾黯齐心协力工作。由此可见贾黯任人唯贤、绝不因私废公的宽广胸怀。

（二）廉洁奉公，耿介忠孝

贾黯勤恳奉公，从不徇私。在任襄州通判时，迎接父亲到官府。他父亲有个故旧在其属下，因此其父亲私自派一个士兵前去问候。贾黯得知后，命令责罚士兵。

贾黯的父亲知道后异常恼怒，气愤地返回乡里，不久病重，转而病情危急。贾黯听说，心中不安，就上奏章，请调任州官或辞官侍养父亲。在没有得到答复时，贾黯情急之下弃官离职。御史吴中復等弹劾贾黯此举败坏朝廷法令，把贾黯降为郢州知州。贾黯还没来得及赴任，他父亲就已经病逝了。服丧期满后，贾黯任勾当三班院，为翰林学士。

此事于私情言，让贾黯内疚、悲痛，但于公事言，贾黯秉性刚正依旧。唐介等人，因论陈升之不应当独揽权柄、滥用权势而获罪，被调离京城等候补职。贾黯上奏朝廷，说唐介等敢于大胆直言，难能可贵，请求予以宽大处理。

贾黯小的时候，生母陈氏被其父所逐，归宗回娘家，母子在恸哭声中别离。登第后，他把生母接回家中。继母史氏在家主事，自然会产生许多矛盾。贾黯总能设法化解陈氏、史氏间的矛盾。对两位老人一视同仁，非常孝敬，受到人们广泛称道。

沈括说："贾黯自为奏论时政得失，而卒不及私。他终生从不为私利谋划。"这是最恰当的赞扬。贾黯对后代严格要求，坚持正面教育，加之自己的模范行事，潜移默化地滋养着后代的精神成长。贾黯英年早逝，皇上念其不凡的功绩和清贫一生，赐他家很多黄金，并赐礼部侍郎。《宋人传记资料索引》中记载，贾黯的儿子叫贾士彦，字升之，贾士彦姿态很高，都没有世袭爵位，主动将其让给了叔叔。在贾士彦以后的成长中，主要依靠自身的能力实现抱负，曾补秘书省正字，三迁为大理评事，官至司农寺主簿，熙宁八年（1075 年）去世。

三、元明清时期：承继和拓展

元好问

元好问（1190—1257 年），字裕之，号遗山，世称遗山先生，山西忻州人，出身官宦家庭，祖系出自北魏拓跋氏，唐朝时期诗人元结的后裔。因其父隐居不仕，他自出生便过继给叔父元格，五岁时便随继父出入官府。元好问的一生除了做官，还是我国金末至大蒙古国时期著名文学家、历史学家。"问世间情为何物，直教生死相许"，千百年来一首赞美大雁为爱情殉身的名句，就是元好问所写。①

元好问小时候是一个天资十分聪明的孩子，七岁就能做诗，有神童之美誉，但他的从政之路可没有那么一帆风顺，年轻时候曾多次参加过科举考试，均名落孙山。直到金宣宗兴定五年（1221 年），时年三十二岁的他才得以考中进士及第。三年后，已是三十五岁的元好问，终于得到了时任礼部尚书赵秉文等人的贡举，以优异的成绩考得

---

① 刘鹏九编著：《内乡县衙与衙门文化》，中州古籍出版社 2015 年增订版，第 31 页。

功名。宏词科①登第后，他被任命为国史院编修，在京城汴京安顿了下来。任职的第二年，三十七岁的元好问由于不太喜欢冷官的生活，于是请了长假回到了登封。正大三年（1226 年），元好问又受朝廷召唤，走马上任，做了河南镇平县的县令官。次年，又奉旨到内乡，当了内乡县县令（当时县治地点设在西峡口）。后来由于母亲张氏的去世，元好问只好居家守孝，回到内乡白鹿原，并在内乡菊潭搭建了房屋安住下来。其间接受了邓州节度使移剌瑗的邀请，做了移剌瑗的幕僚。不久，蒙古军进攻中原，陕西的凤翔县被攻破，移剌瑗投降，元好问便借机辞去了这份差事。三年服满之后，正大八年（1231 年），元好问再次奉旨出任南阳县县令一职。不久，元好问就被调往京城（汴梁），被朝廷任命为尚书省令史，后又先后升任左司都事、尚书省左司员外郎等官职，官至翰林知制诰②，自此全家移居汴京。元灭金后，元朝囚禁了元好问数十年。晚年元好问重新回到老家忻州，自此便隐居乡里，不再为官，寓居家乡潜心著述。元宪宗七年（1257 年），元好问走完了自己的一生，终年六十八岁。

元好问擅长文学，是宋金对峙时期北方文学的主要代表、文坛盟主。金元之际又是中国文学领域承前启后的桥梁，后人常称颂他为

---

① 宏词科：博学宏词科的简称，也称宏词或宏博。科举考试制科之一种。唐开元年间始设，以考拔能文之士。宋神宗后，因考试重经义、策论，考生语文水平降低，朝廷甚感起草诏、诰、章、表等应用文书乏人。遂于宋高宗绍兴三年（1133 年）置此科。清代康熙与乾隆时曾两次举试，因乾隆名弘历，"鸿"本作"宏"，故改为博学鸿词。宏词科是在科举制度之外，笼络知识分子的一种手段。所试为诗、赋、论、经、史、制、策等，不限制秀才举人资格，不论已仕未仕，凡是督抚推荐的，都可以到北京考试。考试后便可以任官。得人颇多，甚有影响。

② 知制诰：官名。唐翰林学士加知制诰者起草诏令，余仅备顾问。宋除翰林学士，他官加知制诰者亦起草诏令，称为外制，翰林学士虽皆起草诏令而亦带知制诰衔，称为内制。

"北方文雄""一代文宗"。他擅长诗歌、写作、词曲，其中诗歌的成就最高。诗作之中，"丧乱诗"又最为有名。他所作的词为金代最好的，其水平不亚于两宋名家。他的散曲传世的不多，不过在当时的影响力很大，为推进后来元曲的发展作出了巨大贡献。

（一）著书倡廉，弘扬正气

元好问所生存年代，是中国历史上一个较为特殊的时期，金弱元强。金朝后期，在强大的蒙古王朝的冲击下，偏安一隅的金王朝奄奄待毙，贪廉混杂，鱼目混珠。元好问目睹并亲身经历了金朝政界的这些变化，但他自己并没有因为官场腐败而随波逐流；相反，对于廉与贪，他用诗作的方式亮明了自己的态度，对于廉官他给予大力地褒扬，对待贪吏则给予猛烈地抨击。同时，还能针对廉与贪的相关问题提出自己独到的见解，这在当时来说是十分难能可贵的。

元好问关于廉政与廉吏的见解主要有三点。首先，他认为为政必须清廉，这是因为国家治理是靠行政机关中的官员完成的，没有清廉的官员就没有清廉的政治。对此，他指出形成廉官的清正之气很不容易，是世代能人志士呕心沥血、千辛万苦追求的结果。因此，后人做官应该倍加珍惜。如他在《自题中州集后五首》的第三首中写道："万古骚人呕肺肝，乾坤清气得来难"，该诗句明确点明了天地间清正之气来得艰辛，劝告后人应倍加珍惜。其次，他认为做一个能吏容易，而要做一个公正的廉吏那会十分艰难。对此，他对那个时代那些为政清廉的官员十分崇敬。比如，他在给一位清廉无私、执政为民的薛明府所写的诗（《薛明府去思口号》七首）中就从不同方面反复对这位薛知府进行了讴歌颂扬。第一首"能吏寻常见，公廉第一难。只从明府到，人信有清官"。该诗指出能吏随处可见，但能够做到像薛明府这样的清廉知府很难，表明了做一个廉吏的不易。第三首"麋鹿山中尽，公厨破几钱？只从明府到，猎户得安眠"。该诗则赞颂了薛知府怜悯猎户百姓，从不搜刮民财的廉政行为。第四首"木案人何罪？累累满狱中。只从明府到，牢户二年空"。这首诗又通过监狱犯人人数多寡的对比，正面赞扬薛知府廉明清正，治理有方，百姓安分守己的景象。第三，他指出了廉吏的标准。他认为一个廉吏仅靠廉洁还不够，还应该具备勇于担当的品质。比如在他给好友、廉吏李钦叔所写的《四哀诗》中说："赤县神州坐陆沉，金汤非粟祸侵寻。为官避事平生耻，视死如归社稷心。"意思就是说，当国家面临危难、"神州陆沉"之际，一个正直有为官员，应该面对危难，敢于担当，视死如归，力挽狂澜，奉献黎民。据统计①，元好问晚年所写的九十六篇碑铭表中，有六十四篇是为廉吏能臣立传，约占全部碑铭表的三分之二。内容主要是列举廉吏人物，记述廉吏成长经历及主要政绩，阐述廉吏能臣对官场的影响力。元好问就是这样通过艰辛努力，真实描绘了金元廉吏能臣的形象，保存了金元历史，实现了他以文存史的目的，也为后世学习廉吏、追寻廉吏提供了榜样。

对待贪吏，元好问则毫不客气。一方面，他用激烈的言辞对其严厉谴责；另一方面，他还分析了贪吏的心理以及腐败之风形成的根源。对那些为官不为、庸庸碌碌却用权力盘剥老百姓来养肥自己的贪吏们，元好问深恶痛绝道："古人以为吏犹贾然。贾有贤有愚。贤贾之取廉，日计不足，月计有余。愚贾之求无纪极，举身以徇货，反为所累者多矣。"随后，他又在《南阳县令题名记》一文中写道："若夫碌碌自保，寂寥而无所闻，去之日，使人问姓名而不能知，虽居是

---

① 张斯直：《从元好问的碑铭表看其廉政情节》，《忻州日报》2018 年 7 月 29 日。

邦，谓之未尝居是邦，可也！"这里他剖析了那些贪得无厌官员的心理状况，认为"愚贾"之所以贪，是因为这些贪官从政的目的从来就不是为了黎民百姓的福祉，也不是为了身后留名，而是"举身以徇货"，一切为了贪财。同时，对于整个社会"廉耻之节废，苟且之心生，顽钝之习成"的原因，元好问认为这主要是由权力和人造成的。对于腐败工具的权力，他分析道："予行天下多矣，吏奸而渔，吏酷而屠，假尺寸之权，朘民膏血以自腴者多矣！"对于那些贪吏的品行，他说："夫以天下铨综之系，与夫公卿达官之所出，乃今以徒隶自居，身辱而不辞，名败而不悔，甚矣，之不自重也！"这两句元好问明确指出权力是贪吏用以搜刮民脂民膏的工具，而掌握权力的官员之所以贪腐是因为这些官员品行较差，不懂修行而导致的。

（二）清廉自持，勤政爱民

元好问一生不知疲倦地通过自己的文笔倡廉敬廉，是一个廉政积极倡导者，与此同时，他还是一个始终把国家社稷安危和百姓疾苦放在心头，积极行廉的实践者。其诗句"为官避事平生耻，视死如归社稷心"就是他为官从政、经世济民理想的真实写照。

元好问青少年时就有经世报国之大志，济天下苍生之抱负，自负"动可以周万物而济天下，静可以崇高节而抗浮云"。据《南冠录引》元好问自述："十八先府君教之民政，从仕十年，出死以为民，自少日有志于世，雅以气节自许，不甘落人后。"[1] 这里可以知道元好问从青年时代起就有入世济民的思想与抱负。

---

① （金）元好问：《遗山先生文集》卷 37《南冠录引》，四部丛刊本。

从正大元年（1224 年）授权国史馆编修职务到正大八年（1231年）赴京任职直至金朝灭亡被囚，元好问先后从政为官十年。从政期间，元好问做了三次县令，而且为官地点都在南阳境内，其中任职内乡县令的时间最长，长达五年。相比多数从政人员的为官时间，元好问一生从政时间比较短，但在做官的十年里，他始终牢记并遵循"公生明，廉生威""为官之道在于安民"等古训，为此他三任县令期间，所到之处，能够切实履行廉洁从政、体恤百姓，关心国家兴亡和民生疾苦，又能够亲自带领百姓去做农桑之事，故而百姓对他十分爱戴。做内乡县令期间，他能够勤于政事、整顿社会风气、约束下属，"劳抚流亡，边境宁谧"。故当他因母去世而在家守孝期间，官员和百姓对他都给予了很高的评价："元好问劳抚流亡，循吏也，不当徒以诗人目之"。① 当他离任内乡县令时，内乡百姓攀辕卧辙、挽留不舍。河南《内乡县志》这样记载："元好问在内乡任县令期间，为官清正，勤于政务，催民农桑，安抚流亡，不负皇命，乐于助民，调任内乡时，百姓攀辕卧辙，挽留不舍。"任镇平县令期间，他同样能够兢兢业业，勤政务实，《镇平县志》记载："任镇平时，以德化民，政声翕然。"② 在南阳做县令时，他根据当地的实情为百姓争取了三年赋税减免的政策，使百姓有机会休养生息，恢复农业生产，河南志书称他"知南阳县，善政尤著"。③《新修南阳县志》则记载："南阳大县，兵民十余万，（元好问）帅府令镇抚，甚存威惠。"

拿元好问征粮纳税一事来说（征租催课在中国古代是县令的主要

---

① （清）王检心修：《内乡通考》卷 5《职官考》，转引自郝树侯、杨国勇：《元好问传》，山西人民出版社 1990 年版，第 66 页。
② （清）吴联远：《镇平县志》卷 4《职官》，清光绪二年（1876）刻本。
③ 《河南通志》卷 56《名宦》（下）《南阳府》，文渊阁四库全书本。

工作），据史料记载，元好问在南阳三地（镇平、内乡和南阳）当县令期间，正是金国周边烽烟四起、国家危难的时期，加上当时的内乡正值大旱，"夏五月，赤旱近百日。凡县境之名湫，无虑数十所，奔走祷祠卒无感通。道路嗷嗷，无望来秋"①。面对艰难的征粮纳税工作，作为内乡父母官的元好问一时难以抉择，如何既可以保证朝廷的赋税如数上缴，同时还能减轻当地百姓的负担，让他们能够维持生计呢？经过深思熟虑的权衡之后，他采用了一个两全其美的办法，即一方面命令吏卒们不许深更半夜到百姓家叩门要钱，一方面真诚地告诉百姓，赋税是必须要按期缴纳的，这是维持国计和战争所需。针对有些百姓缴纳赋税之后日子难过的情景，他首先是命令下属官吏及时打开粮仓，尽全力救济难民，自己则亲率百姓抗旱排涝，恢复农业生产。其次是他在内乡县内划界立碑，专门把个别地主豪绅抢占的土地分配给难民耕作，帮助百姓们新建家园。最后，他还拿出自己仅有的一丁点儿俸禄，捐助给那些特别贫困者。元好问的上述做法，使官民矛盾大大缓解，不仅完成了国家收缴赋税的任务，而且基本解决了当地百姓的生活问题，也保证了内乡的社会秩序得以相对稳定。也正是他的这些做法，使当时内乡的田野呈现出了少有的葱绿的喜人景象。

后来，他还专门写了《内乡县斋书事》和《偶记内乡》两首诗，来表达他收缴赋税时的复杂与忧虑百姓之心情。在《内乡县斋书事》中，他写道："吏散公庭夜已分，寸心牢落百忧熏。催科无政堪书考，出粟何人与佐军？饥鼠绕床如欲语，惊乌啼月不堪闻。扁舟未得沧浪去，惭愧春陵老使君。"②《偶记内乡》中写道："桑条沾润麦沟青，轧

---

① （金）元好问：《遗山先生文集》卷8《岐阳三首》第三首，四部丛刊本。
② 狄宝心：《元好问诗词选》，中华书局2005年版，第29页。

轧耕牛闹晓晴。老眼不随花柳转，一犁春事最关情。"元好问廉政爱民事迹虽说史书留下的不多，但从收租的这件事，我们可以看到一个能够深入群众，体察民情，关注民意，关怀民生，积极帮助困难百姓渡过难关，同时能够采取措施防止豪绅及污吏盘剥百姓，按时完成国家的收税任务，使百姓免遭国家的追讨和惩罚，先百姓之忧而忧的勤政怜民的基层官员形象。

（三）爱国忧民，修史传世

作为一名官员，元好问不仅是那个时代少有的廉吏，同时他还是金元时期一位内心充满家国情怀的社会活动家、大文学家和现实主义诗人，他用其诗歌和实际行动把他的爱民爱家爱国情怀表现得淋漓尽致。

金哀宗天兴元年（1232 年）的正月和十二月，金国都城遭受蒙古军的两次进攻，金国的形势岌岌可危。面对来势汹汹的蒙古军发出的"不降即要屠城"的威胁，金哀宗手下的大臣们一个个没有了主意，软弱自私的大臣们，有的提出一些于国于民实际无补的建议，有的闭口无言，有的则吓得浑身发抖，而时任金国左司都事（正七品）的元好问，虽然位卑职低，但他却担着被众多大臣反对及随时可能被杀的危险，以"安社稷、救生灵"为己任，在万分紧急的情况下，斗胆向皇帝提出了以城池保全百姓的意见，城中百姓的性命才得以幸免。尽管这种"以降求存"的办法，在当时看来有些有违忠君之道，但他提出以"汴京百万民众生命安危为重"的建议，足可看出元好问具有深厚的爱民思想，值得后人称赞。

元好问是一位具有远见卓识的社会活动家。金国灭亡后，中原文明一度遭到极大破坏，在这种情况下，元好问主动承担起了保护中原文化传承的重任。对此，他以文坛领袖的地位，广泛结交社会各界人士，为振兴中原文化传承事业到处奔走，褒扬仁政，倡导文教，并亲自作为老师培养后生。同时，这期间还冒死保护了多位中原才子。金哀宗天兴二年（1233 年）四月，金朝都城汴京被蒙古军攻陷，一批中原人才恐遭迫害，在这危难关头，元好问从国家大局和社会需要出发，舍命撰写了《寄中书耶律公书》，三次大胆上书元朝宰相耶律楚材，两次觐见接管汉地事务的忽必烈，恳请新兴的蒙古国能够保护和任用金国五十四位中原秀士王若虚、王鹗、杨奂、张德辉、高鸣、李治、刘祁、杜仁杰、张仲经、商挺等人，最终，他不顾性命的恳求改变了忽必烈和耶律楚材对待中原知识分子的态度，使得元代初期优待知识分子的政策得以延续，为促进元初政权汉化进程起到了积极而又重要的作用。

元好问有极强烈的爱国情结，对家乡也是热爱有加。元好问对家乡始终充满着热爱之情、留恋之意。他所写的忻州家乡诗，大多是他在中年回归忻州后完成的。忻州文化久远、景观众多，为元好问的家乡诗写作提供了客观条件；元好问自己更是布衣芒鞋，踏遍了忻州山山水水，借此尽情抒发了他热爱忻州、怀念故土和人民的浓郁情感。元好问一生写有一千三百余首诗歌，其中直接咏叹家乡忻州的诗歌就有三十余首，这些诗歌直抒胸臆，雄伟瑰丽，表达了强烈的爱家情怀。

元好问是一位伟大的现实主义爱国诗人，其爱国情怀在他的诗歌中，尤其是那些丧乱诗中，表现得淋漓尽致。这些丧乱诗主要有《壬辰十二月车驾东狩后即事》《眼中》《俳体雪香亭杂咏》《癸巳四月二十九日出京》《癸巳五月三日北渡》等。"惨澹龙蛇日斗争，干戈直欲尽生灵。高原出水山河改，战地风来草木腥。""眼中时事亦纷然，拥被寒窗夜不眠。骨肉他乡各异县，衣冠今日是何年。""白骨纵横似乱麻，几年桑梓变龙沙。只知河朔生灵尽，破屋疏烟却数家。"这些诗句，无不描写了作者对战乱后的悲惨景象及对底层人民生活的同情，其爱民爱家爱国情怀可见一斑。正如清代学者赵翼在《题遗山诗》中所写，元好问一生"身阅兴亡浩劫空，两朝文献一衰翁。无官未害餐周粟，有史深愁失楚弓。行殿幽兰悲夜火，故都乔木泣秋风。国家不幸诗家幸，赋到沧桑句便工"。该诗让我们读到了元好问在国家危难之际所表现出来的自觉的责任、高远的志向。① 由于元好问的这些诗歌直抵现实，充满了浓厚的爱国悯民之情，所以后人称他是继唐代大诗人杜甫之后的又一位现实主义爱国诗人。他的学生郝经在他的墓志铭中这样写道："先生出焉。当德陵之末，独以诗鸣，上薄风雅，中规李杜，猝然一出于正。"元好问受此称誉实至名归。

元好问的爱国情怀，不仅体现在他的一些诗歌当中，还体现在他倾尽全力筑亭修史的事务中。金哀宗天兴二年（1233 年）春，金国西面元帅崔立带兵投降了蒙古国，随后的四月，元好问随同金朝官员被俘至山东聊城。天兴三年（1234 年）金朝被蒙古军所灭，作为金国旧臣的元好问，深知自己不能够继续在元朝做官。在这种思想指导下，他审时度势，以"国亡史不可亡"为己任，继续担当起了编撰金朝历史的重任。蒙古太宗十年（1238 年）八月，他从山东冠氏启程，历时近一年，独自一身回到了故乡忻州，从此过上了隐居的生活。在忻州老家，他在其同乡和女儿元严的帮协下，开始构筑野史亭，广泛采集野史，从事著述。据史料记载，元好问修史不同于官方修史，有现成资料，有固定收入，相反他是在相当艰苦的条件下进行的：第一，他身无官职，地位低下，没有俸禄。元好问修史的时候，已是前

① 王爱军：《元好问：金末元初当过"县长"的大诗人》，《文史天地》2015 年第 5 期。

朝遗民，和普通百姓一样，生计很难保证。第二，所需修史的资料十分奇缺。众所周知，修史是需要大量资料的，因此如何搜集到足够的史料，就成为元好问必须面对的一个难题。为了搜集到修史所需的资料，他不得不四处奔走，采访搜集，寻访遗逸，杂录记载。第三，修撰金史面临的风险巨大。作为史料，客观公正是评判史料有无价值的一个重要衡量标准。对历史上存在一百余年的金朝而言，有鼎盛的时期，也有衰败的时期，有奋发有为的时期，也有平淡无奇的时期，要如实客观记述当时的历史，元朝是否允许他这样做？做过金朝官员的元好问又如何能担得起如此重任？然而，一心修史的元好问，并没有被摆在面前的困难所吓倒。相反，他整日不辞辛苦地奔波在晋冀鲁豫等地，为完成修史任务全力以赴。功夫不负有心人，经过了几年时间，元好问终于完成了《中州集》《壬辰杂编》《金源君臣言行录》《南冠录》等书，共计百万字，为元朝官修金史作出了很大贡献。

元好问的一生，无论为官与否，始终心系国家、爱国忧民、不惧困难、敢于担当。对照元好问县令，对于党员干部队伍中那些碌碌自保，离去后百姓不知其姓名，不知作何为的官员，读到此处，不知道是否感到汗颜？元好问做官恪守官德修养被人广为称颂，是现代官员学习的好榜样，同时元好问也堪称一代文宗，是备受当时及后人极其尊崇的金元之际的文化巨星和代表人物。他一生踏遍齐鲁晋豫陇蒙陕等多个地方，学问涉及儒、道、佛、医等众多门类，尤其是诗歌和史料撰述，享誉金元，影响巨大，为后世留下了十分宝贵的精神财富。

李 贤

李贤（1408—1467年），字原德，河南邓州市人。一生从政为官多达三十余年，官高至少保、吏部尚书、大学士。在他从政的三十余年里，始终坚守清正廉洁的官德操守，刚正不阿，办事公正，一心为国家社稷着想，政绩卓著，为一代治世良臣。明成化三年（1467 年）冬天，李贤去世，终年五十九岁。他去世后，宪宗皇帝惊愕悲悼，念其政绩，赠太师，谥文达。

（一）忠贞辅君，选贤任能

景泰年间，当时的官场官风相当不正、官员玩世不恭等现象十分突出，针对上述情况，景泰二年（1451 年）二月，作为吏部的一名普通官员，李贤并没有像其他官员一样，过着事不关己高高挂起的日子，而是从国家命运出发，做出了其他官员不敢想不敢做的事。他从国家大局出发，不顾个人身家性命安危，斗胆向代宗皇帝提出了自己认为可行的十条改革弊政整饬官场衙门作风的具体措施，简称正本十策，即勤于圣人之学，听从规劝，戒除声色等嗜好，断绝玩好，举动谨慎，崇尚节俭，敬畏天命，勉励近臣，振作士风，团结民心。代宗看完后对李贤提出的建议很是赞赏，立即命令翰林抄写好一份放置于身边，以备随时阅览。同时，在吏部任职期间，为了方便皇上选贤任能，李贤还专门从历代君王中选取了二十二位明君，并把这些明君可以效仿的行事作风，编成了《鉴古录》，呈递给皇上效仿。此事不久，李贤又向皇帝陈述车战和火器的利害，皇帝看后十分欢喜，随即就采纳了李贤的建议，命令兵部打造战车和制造火药火器，以备战事所需。那年的冬天，因向皇帝建言有功，李贤被升任为兵部右侍郎，随后转调到户部。在兵部任职期间，他还多次直谏皇帝，陈述国家送马匹金帛给夷敌的危害，认为这种做法是自毙之策，送给夷敌的战马与金帛只会让敌人强大起来，而不会换得国家的边防长治久安。此外，针对边防守备松弛的问题，李贤还向皇帝提出激励边疆将士的各种措施，以此激发将士们保家卫国的信心和斗志。《明史·列传》记载："景泰二年二月上正本十策，曰勤圣学，顾箴警，戒嗜欲，绝玩好，慎举措，崇节俭，畏天变，勉贵近，振士风，结民心。帝善之，命翰林写置左右，备省览。寻又陈车战火器之利，帝颇采纳。是冬，擢兵部右侍郎，转户部。也先数贡马，贤谓辇金帛以强寇自弊，非策。因陈边备废弛状，于谦请下其章厉诸将。转吏部，采古二十二君行事可法者。曰《鉴古录》，上之。"①

李贤敢于向皇帝直谏陈述官场弊政，倡导官员廉洁从政，这在当时无人可比，同时，对那些勤廉的人才，他也十分地珍惜和爱护。英宗时，御史刘濬弹劾柳溥败军之罪，触怒了皇上，皇上对刘濬很不满意。时任内阁大臣的李贤不怕得罪皇帝，直接对英宗说，御史是国家耳目之官，不要随便谴责。不料李贤的这个建议，却遭到了当时靠发动政变扶英宗上位而被加封为太子太师的石亨的诬陷，石亨对皇帝说李贤偏袒刘浚，于是皇帝对李贤就有些疏远。不过，皇帝很快又醒悟，明白李贤所说是对的，对待李贤的态度又如往常。由于英宗对李贤十分信赖，有什么事，一定先召见李贤征求处理问题的方案或办法是否可行，或者派宦官去询问李贤。李贤因此也就成为皇帝的座上宾，常常可以单独与皇帝谈话。李贤辅佐皇帝期间，向皇帝推荐了多个贤臣，比如他所推荐的年富、耿九畴、李秉、程信、姚夔、崔恭、李绍等人，都是名臣。李贤深知与皇帝走得太近，朝中定会有大臣认为他独断专权，于是他便向皇帝推荐了吏部王翱和兵部马昂两人。李贤劝告皇帝要广开言路，遇到国家大事时应先与吏部和兵部商议后再

---

① 《明史·列传第六十四·李贤传》。

定，有关文臣情况，皇帝可以问吏部的王翱，询问武臣情况，可以征求兵部的马昂的意见。由于有王翱和马昂两人在皇帝身边辅佐，因此李贤的建议也常常被皇帝采纳，而朝中其他大臣也不担忧李贤专权。

尽管如此，由于李贤平日里处事刚正不阿，故而也常会遭到一些小人的诬陷。天顺五年（1461 年）七月庚子日，太监曹吉祥伙同自己的嗣子、时任都督同知的曹钦，准备造反，曹钦在东朝房抓住李贤，不仅殴打李贤，还扬言要杀了李贤，逼李贤起草奏章陈述自己的罪行。好在当时有吏部尚书王翱的援救，李贤才得以逃离虎口。脱离虎口的李贤随即秘密上书，请求皇上擒拿贼党。而皇上当时正纷扰不安，不知道李贤在哪里。当皇上见到李贤的奏疏后非常高兴，便立即召见李贤，李贤裹伤入宫面见皇上，皇上为了慰劳他，特加封李贤为太子太保。李贤于是向皇帝建议说，贼人既然已经抓住处死，应当尽快下诏天下，停止不急之务，广求直言以疏通被困塞的政事，皇上听了李贤的建议，逐渐恢复了国政。

（二）勇斗权奸，捍卫国基

李贤基于国家利益倡廉爱才，在事关国计民生的大是大非面前，对待同僚，无论官职高低，无论关系好坏，他都敢于仗义执言，充分展示了他清廉公正、无视权奸的高尚品德。

英宗复位后，皇上任命李贤兼翰林学士，入文渊阁当值，与时任武功伯兼华盖殿大学士的徐有贞一起参预机务。后又因其气度端正凝重，和英宗对话时都能够切中要害，他被皇上任命为吏部尚书。李贤和徐有贞都是贤臣，按理说，二人在一些问题的看法上应该相互包容，相互支持。然而，李贤并没有因徐有贞是贤臣，就处处包容与谦让。相反，在一些事关重大问题的看法上，他常常能够站在国家与人民利益的基础上，陈说自己的看法，从不考虑对方是谁，对方有何感受。据史料记载，天顺年间，山东大旱，粮食颗粒无收，百姓因饥饿而流离失所很多，而在当时，国家财力又比较匮乏，赈济财物严重不足，皇上就召见了李贤和徐有贞两个人询问对策。徐有贞考虑到救济财物会被一些官员私自占有，故而不建议赈灾。李贤则反驳说："虑中饱而不贷，坐视民死，是因噎废食也。"①皇上于是听从了李贤的建议，命令增拨银两救济百姓。

英宗时期，朝中官员为了权力和利益，经常发生诸多明争暗斗的事情。那时，宦官曹吉祥、石亨和徐有贞之间有矛盾，可是由于李贤和徐有贞共同辅佐皇帝，李贤自然也被卷入他们之间的矛盾。英宗统治期间，李贤一度遭受石、曹两人诬陷，同徐有贞一起被关进大牢。碰巧的是，正好京城有风雷之变，二人才得以获释，李贤随后被贬为福建参政。在他还没有离开京城前，吏部王翱知道李贤是被冤枉的，就上奏皇帝说情，陈说李贤能力超群，于是皇帝就留下了李贤并任命为吏部左侍郎。过了一个月，恢复他为尚书。那个曾经陷害李贤的石亨看到皇上如此偏爱李贤，虽有些不满，但又无办法，只好表面和李贤交好。李贤也深知个中缘由，皇上不宣诏便不入宫，他的这个做法反而让皇上更加重用李贤，几乎每天都召李贤进宫，向他询问国家大事。

蒙古太师孛来靠近边塞来打猎，时任太子太师的石亨向皇上说传国玉玺在他那里，建议趁机掩杀而夺回来，皇上听后有些动心，李贤知道后，赶紧劝说皇上，陈说玉玺不足为宝，不可因为一件玉玺随意开启战事，皇上接受了李贤的建议，夺玉玺的事也就不了了之。不

---

① 《明史·列传第六十四·李贤传》。

过，这事却让官居要职的石亨更加嫉恨李贤，好在当时皇上对石亨、曹吉祥等人的骄横也十分不满，其他奸佞之人企图通过诬告的方式压制李贤的企图也就没有得逞。相反，皇上还亲自询问李贤关于如何应对石亨等人蛮横专权的对策，李贤则直言不讳地向皇帝提出遏制权奸的建议。

据史料记载，皇上在会见石亨等人之后，屏退身边的仆从，宣召李贤进宫面见皇帝。李贤到了皇宫，皇帝当面问李贤说："此辈干政，四方奏事者先至其门，为之奈何？"李贤回答皇上说："陛下惟独断，则趋附自息。"皇帝又问："向尝不用其言，乃怫然见辞色。"李贤回答说："愿制之以渐。"①此段对话意思，大概是讲皇帝询问李贤如何对付石亨等奸佞之流的办法，李贤认为皇上只要独自决断政事，则趋炎附势的人自会消失。同时，还向皇帝提出对付这帮奸佞的办法就是逐渐控制他们。当时石亨、曹吉祥弄权，李贤因为顾及皇帝颜面而没有把话说尽，但他常常能够以国家大局为要给皇上提供了一些很好的对策和建议，因此对石亨之流也起了很大的抑制作用。

英宗病危时，卧榻于文华殿。其间，有人趁机面告皇上，离间东宫太子，皇上听后，也就有些动心，待到李贤面见皇上时，皇上就把此事告诉了李贤。李贤随即叩头伏地恳切说道："此大事，愿陛下三思。"皇上说："然则必传位太子乎？"李贤又叩头说："宗社幸甚。"②皇上起身，立即下诏太子觐见，李贤则扶着太子让他向皇上表示感谢。太子致谢，抱着皇上的脚哭了起来，皇上也哭了，谗言因此没有得逞。

---

① 《明史·列传第六十四·李贤传》。
② 《明史·列传第六十四·李贤传》。

（三）规劝君王，恤民稳政

舍身为民、怜爱百姓是官员应有的品德。作为皇帝身边的高官，李贤本可以过着奢华的日子，无关百姓生死，然而，他却从未忘记生活在底层的百姓，他关爱百姓有时候胜过爱自己。

天顺年间，由于国力虚弱，国库吃紧，皇上担忧国库每年的收入不能够为军官们开支过高的俸禄。于是，李贤向英宗建言，建议皇上把那些老弱的军官裁减出去，这样就可以省下很多费用，减少百姓负担，皇上采纳了李贤意见。此外，当时每年都有边防战事，加上有一年发生洪涝灾害，长江南北尤其严重，百姓的日子更加难过。"时岁有边警，天下大水，江南北尤甚。"①面对内外交困的艰难情况，李贤及时向皇上提出了自己的建议，对外重新筹划边防策略，对内加大力度宽恤百姓，废除国家的一切征敛。皇上采用他的建议，四方从而得以安宁，民力得到复苏。就这样，皇上采取裁汰的办法和减免百姓额外征敛的办法，不仅减轻了百姓的赋税负担，也保证了军官们的俸禄支出，确保了国家社稷稳定。

天顺七年（1463 年）二月，空中忽然雷声震天，皇上打算通过祈祷的方式消除灾难，就命令李贤撰写青词。李贤冒着抗旨的风险，不仅没有遵照皇上的指令去做，反而陈说天空出现响声的原因和解决之策。他向皇上说空中有鼓妖作祟，根本原因在于国君不体恤百姓，导致天下怨叛。当前要消除灾难，皇上唯一要做的是要对百姓实行宽恤之政，因而建议皇上停罢江南织造，清理锦衣卫监狱，停止边臣所上的贡献，停止内外采买之举。皇上听到李贤的建议后感觉很为难，

---

① 《明史·列传第六十四·李贤传》。

但李贤依然坚持他的意见，连续四次向皇上申述其主张，李贤的同事都很害怕。李贤退下后，对身边同事说："大臣当知无不言，可卷舌偷位耶？"①也正是李贤的舍身为民，不计个人安危的仗义执言，英宗时期，李贤一直任首辅之职，尽管皇帝身边也有吕原、彭时等能臣，但李贤最受皇上重用。

在古代，谶纬文化盛行，每逢天气异象，常会有不同的解说，一般来说，坏天气常被解说成不祥之兆，预言朝代更迭。作为解说天象的大臣，遇到这种情况，解释得好，龙颜大喜，解释的不好，就有杀头的危险。宪宗时期，晋升为少保、华盖殿大学士的李贤，负责为皇帝讲经筵事务。天顺八年（1464 年）春，正当他讲经筵的时候，刚好遇到太阳暗黑无光，当着皇帝和众官员的面，如何解释天象就成了一个难题。当众人都等着李贤解释天象的答案时，爱民如子的李贤并没有给出其他官员想要的答案，相反，他趁机把出现天气异象的原因归结为皇上德政不举，并规劝皇上应该以德修身，多做利民之事，天变自然消弭，和气自然来临。当第二天天气依然如故时，李贤继续说，天气没有变，是因为阴气太盛。而阴气太盛的原因则是从宣德到天顺年间，皇帝选进的宫人太多，这些妇女们愁怨日深，只要把这些妇女放回家就好了。皇上听后，便下旨，让宫中一部分宫人返乡，宫廷内外于是皆大欢喜。史料记载："是年春，日黯无光，贤偕同官上言：'日，君象。君德明，则日光盛。惟陛下敬以修身，正以御下，刚以断事，明以察微，持之不怠，则天变自弭，和气自至。'翌日又言：'天时未和，由阴气太盛。自宣德至天顺间，选宫人太多，浣衣局没官妇女愁怨尤甚，宜放还其家。'

---

① 《明史·列传第六十四·李贤传》。

帝从之，中外欣悦。"① 五月，天降大冰雹，大风刮走瓦片，吹倒皇宫附近很多的树木。李贤再次借机陈说皇帝应该远离奸臣，重用忠良臣子。李贤说："天威可畏，陛下应当凛然加省，无狎左右近幸。崇信老成，共图国是。"② 此外，李贤听说有官员向皇上建言，请造皇帝仪仗法驾，李贤知道这样做会劳民伤财，于是他便劝皇帝节财俭用。他对皇帝说："内库尚有未经御者，今恩诏甫颁，方节财用，奈何复为此。"③ 皇上当下便压下了这一建议。

总之，面对内外交困，国家实力不强的明朝后期，灾变总是会被一些官员拿出来做文章，而作为皇帝身边的重臣，李贤总是把民生福祉和社会安稳放在心上，每逢遇到灾变，李贤一定会站出来向皇上以及同僚极力陈言，毫不隐瞒。

李贤从政三十余年，三朝元老，身处社会动荡频繁的明朝后期，但作为辅佐皇帝的中央大官，没有因为局势复杂而置身事外，也没有因为官居要职而拉帮结派、玩弄权术。他的一生无论官职高低，无论辅佐哪位皇帝，都是兢兢业业，尽心尽责。向皇帝上书，常以社稷民生为本，从不考虑个人得失，在大是大非问题上，总是能以大局为重、国家为重，体现了一代官员的优秀品德。

铁 铉

铁铉（1366—1402 年），字鼎石，河南邓州人，元代色目人后裔。铁铉性情刚决，聪明敏捷，太学读书时，熟通经史，成绩卓著，因而

---

① 《明史·列传第六十四·李贤传》。
② 《明史·列传第六十四·李贤传》。
③ 《明史·列传第六十四·李贤传》。

被国子生选中。明朝洪武年间，由国子生直接授予礼科给事中官职，后又担任山东布政使、兵部尚书等官职。因善于断案，喜得明太祖朱元璋的赏识与器重，太祖赐给他"鼎石"的字。靖难之变中，因不肯投降造反夺位的燕王朱棣，并召集溃败的士兵坚守济南，击退燕王朱棣，在朱棣夺位后被施以磔刑，时年三十七岁。后人尊敬其忠义不屈，在各地建立铁公祠庙来纪念他。济南人民更视其为乡土神或城隍爷。明神宗初年下诏"祀建文朝尽节诸臣于乡"，修铁铉等七位建文忠臣之庙。南明弘光帝时，追赠铁铉为太保，谥忠襄。清高宗追谥曰"忠定"。①

（一）智勇善战，攻防得宜

建文元年（1399 年），建文帝的叔叔燕王朱棣，在北平起兵造反，发动兵变。建文帝朱允炆便命令大将军李景隆率兵讨伐燕王，时任山东参政的铁铉则负责运送粮草的任务。那时候朱棣兵强，李景隆战不过，河北及山东北部各城守将士兵看到大将军战败，皆弃城而逃。第二年四月，燕王朱棣和李景隆又在济南城外交战，结果李景隆再次战败，朱棣便率兵把济南包围起来。此时的济南城内将少兵少，仅有都指挥盛庸所部。万分危难之际，正在外地负责督运粮草的铁铉得知济南城被围困的消息，立即带领部下赶到济南城，与盛庸会合，二人立下誓言，决定死守城池。

建文二年（1400 年）六月八日，燕王再次率领叛军围攻济南城。为了说服城内官兵投降，朱棣命令士兵把劝降书绑在箭上，让弓箭手射进城内，铁铉见到信后便随即用同样的方法回了信。朱棣打开一

---

① 《明史·列传第三十·铁铉传》。

看，信上写的内容是《周公辅成王论》一文。原来，铁铉的意思是想借用此文劝说燕王朱棣能够学习周公辅佐侄子治理天下的做法，一心一意辅佐侄子朱允炆。燕王朱棣看到劝降的办法不能奏效，便命令士兵攻打城池。由于铁铉亲自督战，誓言矢志固守，宁死不降，所以朱棣最终没有能够攻下城池，只好将济南合围起来。

朱棣围攻济南三个月后，仍然没能攻下济南，于是阴谋掘开黄河大堤，欲引黄河水灌城。在这关系济南百姓安危的紧要关头，铁铉决定采用诈降之计，诱杀燕王朱棣。铁铉率领众将士诈降，他一方面安排强壮的士兵悄悄地在城门上安置千斤闸，一方面安排守城的士卒大哭哀号"济南城快被淹了，我们就要死了"。随后，他指令手下把楼橹防具全部撤掉，然后派城中百姓长者代替守城士兵做使者，到燕王大营前跪伏请降："朝中有奸臣进谗，才使得大王您冒危险出生入死奋战。您是高皇帝亲儿子，我辈皆是高皇帝臣民，一直想向大王您投降。但我们济南人不习兵革，见大军压境，生怕被军士杀害。敬请大王退师十里，单骑入城，我们恭迎大驾！"①燕王朱棣不知是计，听到使者所说后非常高兴。再说燕王朱棣率兵出征已有些日子，燕王的将士们相当疲惫，如今如果济南城的将士们愿意投降，那么燕军就可以以济南为界割断南北，占领整个中原地区。因此，朱棣赶忙下令将士们把营寨后撤十里，自己则高骑骏马，大张黄罗伞盖，随身只带了几位骑兵护卫，大摇大摆地跨过护城河桥，径自从济南城西门（泺源门）入城受降。此时城西门大开，守城的明军围集在城墙上向下观望，等到燕王朱棣一行人马进入城门，城上的士兵便齐声高呼"千岁到"，随后预先置于门拱上的铁闸突然轰然而落，旋即砸烂了朱棣的马头，

---

① 《明史·列传第三十·铁铉传》。

知是中计的朱棣赶紧调转马头急返，所幸逃过一劫。

受到诈降欺骗的朱棣大怒，回到营寨后下令重兵围城，铁铉则伏在城头，大骂朱棣反贼。朱棣大怒，并用数门大炮轰击城内，在城墙即将攻破的关键时刻，铁铉急令将士们把朱元璋的画像悬挂在城头上方，又亲自书写大批朱元璋神主灵牌，分别放置在垛口，燕军一看朱元璋的画像不便开炮，济南城因而得以保全。相持之间，铁铉又募集一队壮士，出奇兵，不断骚扰袭击燕兵，最后大破燕军。"燕王愤甚，计无所出"。燕王身边谋臣姚广孝向朱棣进言，建议燕军先回北平再图后举。于是，九月四日燕军拔营离去，之后的南伐再也不敢取道济南。

燕王带兵撤退后，铁铉又与大将军盛庸合兵，乘胜追击，收复了德州诸郡县，兵威大振。济南解围之后，铁铉在大明湖天心水面亭大摆宴席，犒赏守城将士。朱允炆则对有功之臣进行封官赐金以慰劳济南守军，铁铉因为守城有功则被提任为山东布政使，没有多久，又赐官兵部尚书，掌管军事助力大将军盛庸北伐燕军。由于铁铉守城有法，百姓们幸免于战火侵扰，泉城百姓便称铁铉为"城神"。

（二）忠心报国，宁死不屈

建文四年（1402 年），燕军绕过守卫严密的济南，进攻山东，在先后攻破东阿、汶上、邹县，直至沛县、徐州等地后，向南进军，在灵璧一战中，燕军战胜明军，紧接着燕军又向南突破淮河防线，攻占了京师。明惠帝不知去处，朱棣便宣告为帝，改年号永乐。当上皇帝后的朱棣，为血洗前耻，亲自挥师北上再次围攻济南，途经河北一带时，对手无寸铁的百姓大肆屠杀。燕王的军队到达济南后，铁铉命令士兵坚守城池，宁死不肯投降，但最终因为力量弱小，又无援军和粮草补给，城池被攻陷。铁铉被迫弃城出走，朱棣又设伏兵用计谋擒拿铁铉，铁铉最后在淮南被俘，被押送到京师，后被处死。铁铉被杀死后，其父母被发配到海南，他的大儿子充了军，二儿子做了官奴。三十五岁的妻子杨氏和年仅四岁的女儿被削籍为奴，沦为乐户发配到当时的官营妓院做妓女。①

　　古代战场上，有战败而降的，有战死沙场的，还有战败不降的，铁铉则属于后一种，不仅不降，反而还敢大骂燕王朱棣，可见其是一位难得的忠义之士。据轶事典故记载：铁铉见朱棣时，骂不绝口，立而不跪。朱棣使其面北一顾，终不可得。愤怒的朱棣令人割下铁铉的耳朵、鼻子，煮熟后塞入他口中，问他滋味如何？铁铉厉声说忠臣孝子的肉有什么不好吃？铁铉宁死不服，盛怒的朱棣遂命令士兵将他凌迟处决。就这样，一个铁骨铮铮的汉子离开了人世，留下了忠义双全的美名，值得后人尊敬。

　　铁铉临死不惧，大义凛然，忠义双全，古时少有。其死后，他的忠义常被人称颂与敬仰。当了皇帝的朱棣，他虽然内心十分痛恨铁铉，但每每赏识他的忠义，不时当着群臣的面称赞铁铉。明神宗初年，皇帝下诏"祀建文朝尽节诸臣于乡"，修铁铉等七位建文忠臣之庙。南明弘光帝时，铁铉被追赠为太保，谥忠襄。乾隆皇帝，对铁铉也甚是赞叹。乾隆曾赞曰：其他若景清、铁铉等，或慷慨捐躯、或从容就义；虽致命不同而志节凛然，皆可谓克明大义。② 明末学者、抗清名臣黄道周曾撰文颂其英烈，给予极高评价："铁公名铉，忠瘁英英。督饷不乏，收饬溃兵。婴城自矢，礮烁倾横。幅布外张，缮筑完

---

① 《明史·列传第三十·铁铉传》。
② （清）舒赫等：《钦定胜朝殉节诸臣录》，清乾隆四十一年刻本。

城。密诱入彀，将次功成。误中马首，脱易跃行。进攻益急，牌悬息
征。休养待劳，东昌捷赢。天心何有，势失孤鸣。割燕问甘，忠何惧
烹。芳名千古，虽死亦生。"①清代官员严正烺十分钦佩其忠义英烈，
特在济南铁公祠门前抱柱写下楹联一副，以示敬仰："湖尚称明，问
燕子龙孙，不堪回首；公真是铁，惟景忠方烈，差许同心。"

铁铉的一生虽然短暂，但作为兵部尚书，能够在国家危难之际，
坚守忠义，敢于与强大的叛军作战，虽死无憾，表现出他大无畏的英
雄主义和牺牲精神。今天，我们学习他，就要学习他身上体现出来的
忠义以及勇敢的斗争精神。

段　坚

段坚（1419—1484年），字可久，号柏轩，又号容思，明代兰州
段家滩人。段坚在南阳为官长达九年，南阳人都十分敬重他。晚年因
为身体有病辞职归家，在家乡期间，坚守"奉先、事兄、教子、睦族、
善俗"的宗旨，"授徒讲业"，并经常关心国家兴衰。段坚一生为官务
实清廉，执法公正严明，深受百姓敬仰。

（一）勤学上进，实心为民

少年的段坚，不仅天资聪慧，而且懂得如何关爱百姓。段坚读书
很早，那时候就有很强烈的志向。段坚从小就拜师于当时赫赫有名
的肃王府教授周麟，也正是这位德高望重的老师，影响了段坚的一
生。由于段坚勤奋好学，积极上进，后来他被推荐到国子监学习。还

---

① （明）黄道周：《广名将传》，书目文献出版社1986年版，第115—118页。

在年少的他，就开始运用圣贤之道对朝政和社会进行思考。景泰元年（1450 年），身为举人的段坚就向皇帝上书，痛陈宦官监军的种种弊端，请悉征还四方监军，罢天下道佛之铜像以补军器，并把天下少壮的僧道充实军伍。

另据黄宗羲的《明儒学案》记载，段坚还受教于明代河东学派的开创者薛瑄。薛瑄当时的名声很大，可以和以王守仁为代表的姚江学派并驾齐驱，有"南王北薛"之称。薛瑄通过自己长期从政讲学的实践，形成了一套以"教本于道，道本于性"的"复性说"为中心内容，以"求实理""务实用"的"实学"思想和学风为本质特色的教育思想体系。段坚在学习中颇得薛瑄真传，吸收了薛瑄务实求学的思想，并在为官实践中积极践行。年轻的段坚每到一地都十分务实，能够一心一意为老百姓办实事。《明史》记载："坚之学，私淑河东薛瑄，务致知而践其实，不以谀闻取誉，故能以儒术饰吏治。"①

（二）建院兴教，德化百姓

在古代官员中，重视通过教育的方式教化人心，德化百姓，段坚算是有名的一位。段坚一生信奉儒家的"爱民""仁政""洁身"等正统思想，能够运用儒学思想去治理和整顿地方官员的作风和治绩。据史料记载，段坚每到一地任职，第一件事就是创办书院、建立学堂，并捐赠自己的俸金购买书籍，劝导百姓学习文字，教化人心。景泰五年（1454 年），段坚开始从政为官，被朝廷任命为福山知县。在知县的位置上，这位热心教育的理学家，从发展当地教育入手，就任后就开始建立学堂，刊印各种书籍，为老百姓讲诵，教以小学、四书等内

---

① 《明史·列传第一百六十九·循吏》。

容，一时间，福山县"政教大行""吏不敢欺""士民仰戴"。此外，在他主政福山知县期间还废除了当地的一些陋俗，一时间使福山县内的风气大变，村村都有了读书声。后来段坚又转任莱州知府，以同样的手段推行教育，大大改善了整个莱州的社风民情。《明史·循吏传》记载："五年成进士，授福山知县。刊布小学，俾士民讲诵。俗素陋，至是一变，村落皆有弦诵声。成化初，赐敕旌异，超擢莱州知府。期年，化大行。"①

在担任南阳知府九年期间，段坚为政勤劳，刚明果断，推崇正气，打击邪恶，尤其注意发展教育事业，致力于人才培养，为改善社会风气作出了突出贡献。据史籍记载，段坚初到南阳任职时，第一件事就是召集州县学官，对他们讲述古人为学的宗旨，让他们劝导百姓读书；第二件事则是创办志学书院，召集"府学"及属诸生，亲自讲解"五经"要义。成化八年（1472年），他命人重建卧龙岗武侯祠，恢复诸葛书院旧观，用以教养士子。同年，他还把豫山（独山）之麓的僧寺改建为豫山书院，置学田二十顷，使其成为南阳知名书院之一。成化十年（1474年），他又废掉尼姑庵，创建了占地十六亩、房屋百余间的志学书院，聚集优秀之士，讲解"五经"要义以及宋儒周敦颐和程颢等人的著作学说，并作《志学书院记》一篇和《志学书院》诗一首，以明其志。他还举荐内乡柴升等有名的儒士五人为师，民风因此更加淳朴。此外，为教化百姓尊礼守道，段坚还亲自作表率。据说段坚南阳任职期间，有两位女子自缢殉夫，段坚亲自前往祭祀，成为当地美谈，人们对此津津乐道。成化九年（1473年），他又在城西隙地建节义祠，将汉代刘向《列女传》中人物，如周文王之母太任、

---

① 《明史·列传第一百六十九·循吏》。

孟轲之母仉氏，以及历代凡有节义者或塑其像，或绘其画，并于岁节之时让府中士女前往游观，以励风俗。段坚在南阳期间还对南阳府文庙进行大修，并将坐落在独山山顶祭祀汉代南阳太守召信臣、杜诗及晋代征南将军杜预的"三贤祠"移建于城东的八蜡庙旁。南阳在段坚运用儒家理学思想的治理下，民风有了很大改观，诉讼越来越少，赋役基本均平，百姓安居乐业，他也因之深受百姓尊敬爱戴。正如他所说："天下无不可化之人，无不可变之俗"，对于南阳民风之改观，他为此还题诗："天下有材皆可用，世间无草不从风。"①

成化十一年（1475 年），段坚为选拔人才举办了由四十多人参赛的"才子宴"，当时年仅十六岁的王鸿儒考取第一名，段坚非常欣赏王鸿儒的才学，便将他送到豫山（独山）书院深造，免缴学费并拿出自己的俸禄给予资助。王鸿儒学业完成后，应段坚邀请到府衙当书佐，辅佐段坚处理日常事务。初出茅庐的王鸿儒勤奋努力，处理事务机敏周密，取得了优异的政绩，受到段坚的青睐。后来段坚还提拔王鸿儒做了提学副使，协助负责管理南阳教育文化事业的工作。在这个位置上，王鸿儒依然勤勤恳恳，切实推行着段坚的各种教育主张，取得了很大的成就，得到当地人民的肯定。

（三）秉公执法，勤政爱民

俗话说："一字入公门，九牛拖不出。衙门八字开，有理无钱莫进来。"②这段话形象地反映出古时候老百姓对打官司的恐惧，以及对司法黑暗、腐败的严重不满。那么在那样污浊的环境下，是不是所有

---

① 李陈广、张晓刚、刘绍明等编著：《南阳历代郡守知府》，三秦出版社 2006 年版，第 89—90 页。

② 张齐明译注：《增广贤文》，中华书局 2017 年版，第 38 页。

的官司都难以打赢呢？答案是：否。段坚审理案件不同一般县官，他断案从来不看涉案人身份，自始至终能够依法秉公办案。段坚的老师薛瑄有两句为官箴言，即："心如水之源，源清则流清，心正则事正"和"为政以法律为师，亦名言也，既知律己，又可治人！"[1] 第一句是说为官要心正，第二句是说为官要依法执政。段坚在当官期间，借鉴和吸收了这一思想，因而他在断案方面，时刻遵从其导师教诲，始终坚持公正廉洁，秉公执法的原则，从未贪赃枉法，从未做过有损国家声誉和有伤百姓的事情。对官吏中的不法分子，能够做到"案问不贷"。做官期间，他还兴办药室，宣传医术来救死扶伤，坚决打击骗财害人的巫术。在南阳任职的九年时间里，他组织清理冤狱，表彰忠孝节义，轻徭薄赋，境内大治，很快就安定了人心，但后来由于身体有病不得不辞职回乡。

段坚不仅办案公正，而且他还是一位勤政爱民的父母官。为官期间，他始终信守减轻百姓负担，休养生息的管理理念，并把其落到实处。据《甘肃文史》记载：成化十一年（1475 年），段坚被当时驻藩南阳的唐王约见，唐王向段坚谈论了关中逸事，提到秦阿房宫、汉未央宫只剩基址，有意增修宫殿，段坚一听，随即想到这势必会增加百姓负担，于是他就赋诗劝谏："客来向我说关中，秦汉于今事不同。基址尽埋深草里，阿房宫与未央宫。"唐王听后，接受了段坚的建议，随即放下了增修宫殿的想法。另据《段容思先生年谱纪略》记载："治理南阳八年期间，段坚始终抓住大事不放，注重移风易俗，推行教化，不急功近利，不拘泥于官署文书，不以人们的毁誉、自己的得失而动摇自己的施政方略。所属官吏凡有违法乱纪的，他都严惩不贷。

---

[1]　（明）薛瑄：《读书录·体验》。

对于百姓，则根据他们不同情况予以训导，尽量减轻百姓负担，使之休养生息。南阳大治。"① 因此，《关学编·段容思先生》称："在南阳八年，郡人戴之如父母，其敬畏之至，若家有一段太守者。"②

段坚做官时极其清廉，离任时行李极少，仅书卷、祭器若干。当地百姓得知他离开的消息时，都来相送，边哭泣边跟送的人，逾境不绝。

明宪宗成化二十年（1484 年），中原理学第一人段坚走完了他人生的历程。当段坚的死讯传到南阳，南阳百姓痛哭一片，"士民'敬做木主'，建立段氏专祠，'塑像为祖'，春秋祀之"③，专门来纪念这位一生清廉，为民服务的好官吏。段坚去世六十年后，嘉靖年间南阳府唐县人朱徽巡按兰州，专门瞻拜了段坚的遗像，并且在兰州东稍门外，立牌坊，前额书"段容思先生德教坊"，背书"理学名臣"，以表彰段坚在南阳的德政。④

清代史学家在《明史·循吏传》中对段坚是这样评价的："段坚是河东薛瑄私淑弟子，注意探求道理，身体力行，他不愿借别人对他阿谀奉承来取得自己的声誉，故能以儒家学说来整顿吏治。"⑤ 段坚一生以"奉先、事兄、教子、睦族、善俗"为旨，读书讲学，注重探求道理，身体力行，比较重视民心的作用，表现出一个封建时代知识分子应有的社会良心。即使晚年辞官归家，仍然关心着民生和国家的兴亡，实现着一个理学士人的人生主张和理想。

---

① （明）彭泽编：《段容思先生年谱纪略》，清道光三年刻本。
② （明）冯从吾：《关学编》。
③ 《明史·列传第一百六十九·循吏》。
④ 范文：《甘肃历史名人》，兰州大学出版社 2012 年版，第 139 页。
⑤ （清）冯汝轼：《明史循吏传》清抄本。

孙　哲

孙哲（生卒年不详），字用惠，号吉泉，明代山西离石人，嘉靖十一年（1532 年）中进士，嘉靖十八年至二十年（1539—1541 年）出任南阳知府。孙哲在南阳知府任上，虽说任职时间不长，但在短短的三年时间里，他却为南阳百姓做了不少好事，被后人称为南阳府六贤之一。穆宗隆庆元年（1567 年），南阳府通判范爱众将臣祭汉太守召信臣、杜诗和晋征南将军杜预的三贤祠增祀明代知府段坚及孙哲，并称其为五太守祠。后来，道光年间进士出身的前江南江宁县知县任辉第又把南阳府的顾嘉蘅加入进来，并称南阳府六贤太守。任辉第撰《湘坡顾太守去思碑记》记载："稽古南阳之贤太守，汉有召公翁卿，杜公君翁，晋杜公京兆，明段公可久，孙公吉泉。此五人者，循良媲美，时称五太守焉。继以湘坡顾公则为六太守矣。"①

（一）责任担当，体恤民生

嘉靖年间，孙哲出任南阳太守时，由于南阳很长一段时间没有下雨，所以天气大旱，谷物不生，百姓缺吃少喝，导致当时南阳民间流行的疫病十分严重，许多百姓因此无医可治而死亡。孙哲到任后，第一件事就是体察民情，他首先来到民间询问百姓疾苦，然后针对实际情况，采取了一系列的举措，安抚无助的广大百姓。那年冬天他把南阳受灾情况如实上奏朝廷，恳请朝廷帮扶，于是朝廷就给南阳府县救济了不少内帑廪粟。同时，他又命令下属官员腾出多余的官舍，开辟

---

① 李陈广、张晓刚、刘绍明编著：《南阳历代郡守知府》，三秦出版社 2006 年版，第246—247 页。

临时粥厂，用以周济流亡逃难的老百姓，这几项举措让数以万计的百姓活了下来，因为南阳救灾有功，朝廷还特意下诏褒奖他。

任上第二年春天，麦子即将成熟的时候，没想到天公不作美，又是很长时间没有下雨。这个时候，作为太守的孙哲很是着急，但是他并没有推卸责任或放任百姓不管，反而表现出了作为一名地方最高长官该有的责任与担当。他对百姓说，天旱是因为政府没有做好，是知府的责任，政府对不起百姓。随后，他带领下属到处祈雨祀祭，并说要自焚谢罪，真是心诚则灵，他的行为感动了天地，结果奇迹发生了，南阳府县连下了三天的大雨，那一年麦子收成极好。正是他的这种敢于在灾难面前所展示出的责任与担当，南阳百姓才幸免于难，有了个好收成。事后，南阳本地的秀才们为了称赞孙哲太守，编了些歌谣，说这是天人感应。

还有一件事是，那时南阳府中有件冤案，因为这件冤案，被冤枉的人坐了十余年的牢，孙哲知道后，认真审理了案件，了解了冤情，并亲自为这位受冤的人申明昭雪，蒙冤人才得以重见天日。

（二）除恶扬善，兴文教民

孙哲还是一个重视文化教育，懂得以德教化百姓的好官员。有书记载，孙哲十分景仰卧龙岗诸葛武侯，在他任职期间，曾率府衙官员到卧龙岗致祭，并作有《致告蜀汉忠武侯诸葛孔明之神》祭文。同时，他还对从散地中得到的元至正四年（1344年）河北河南道廉访副使为卧龙岗的题诗刻石，悉心加以保护，以免受到破坏。

孙哲仁心忠厚，注重以德治府。任职期间，他大力兴办学校，教百姓识字，以此教化百姓，同时，为了弘扬正义，除恶扬善，他给予那些民间节义典型以表彰，立碑树传，对于奸佞小人，他则给予严厉惩处，他的这一做法，让南阳府县民风渐好，社会秩序井然有序，百姓安康。

孙哲在南阳的事迹，史书记述不多。他为官从政的主要表现，记录在《南阳守孙公德政记》中，这是曾任河南承宣布政使司、南阳县（今南阳市）人、王鸿儒之弟王鸿渐所作。由于孙哲在南阳期间，时刻不忘关怀民生福祉，他离开南阳的时候，当地民绅为他刻树功德碑，以表达对他的感恩之情。后来人们就把他和召父杜母等优秀官员，并称南阳六大太守。

吴阿衡

吴阿衡（1588—1638年），字隆徽，南阳方城县人。吴阿衡"少有异才，过目成诵"。年轻时代，受吴氏先祖南宋抗金大将吴璘的影响，并在其父严格督教下，明万历年间考取己未科进士，初任山东省淄川令，后任山东历城令。任历城令期间，因镇压白莲教起义"有功"，被明熹宗朱由校钦赐盔甲，并赐御制"忠"字。后因功绩和才华升任湖广道御史、浙江巡按、山西蒲州副使、兵部侍郎等官职。崇祯十一年（1638年）在抵抗清军的战役中，孤军拒敌，被俘不屈，惨遭杀害，终年五十岁。弘光时期追谥忠毅。吴阿衡死后数年，其灵柩在挚友河南孟津人王铎等人的资助下运回方城，埋葬在方城城南朱床西北隅。

（一）仗义执言，不惧强权

在等级森严、官高一级压死人的封建旧社会，权力和金钱往往成为恶人横行霸道的工具，若不顺从，轻者丢官发配边疆，重者杀头坐牢满门抄斩，故而多数人为了生存下来常常会选择明哲保身，多一事不如少一事，事不关己高高挂起的态度，这种现象往往在朝代更迭的时期尤为严重。当然，这些受压迫剥削的群体当中也有选择抵抗的人，他们为了正义，为了民族，为了国家，常常喜爱打抱不平，无畏强权，敢于在邪恶面前仗义直言，扬善除恶。明代末期南阳方城县人吴阿衡就属于这一类人。他不仅敢于和当朝权奸做斗争，还敢于和地方黑恶势力做斗争。关于他和强权做斗争的事，下面有两个典型事例可以说明。

第一件事是他与当朝的大奸臣魏忠贤做斗争的事情。据史料记载，吴阿衡因抗击白莲教农民起义"有功"，被升任湖广道御史。任职湖广道御史期间，正是当朝太监，人称"九千九百岁"的魏忠贤专断国政的时期。由于当朝皇帝不愿理政，以至于魏忠贤越发猖獗，当时的人们"只知有忠贤，而不知有皇上"。于是朝中乃至地方官中有为了升官发财，不惜委曲求全跟随魏忠贤，甘愿做魏忠贤的死党的，也有为了自身安全，明哲保身的，也有反对的，但那些反对者基本都被魏忠贤的死党陷害，有被罢免的，有被杀砍头的，还有被株连九族的，等等。① 但吴阿衡则不同，他一到湖广道御史任上，就罗列了魏忠贤种种恶迹，第一个向皇帝直接检举揭发魏忠贤，魏忠贤及魏的死党也因此对吴阿衡恨之入骨，欲杀之而解恨。巧合的是吴阿衡那段时间刚好家中至亲去世，就回家奔丧了，才逃过一劫。

第二件事是他在担任山西蒲州副使期间，与蒲州当地的宗室做斗争的事迹。吴阿衡因举报魏忠贤有功（朱由检继位后，打击惩治阉党，治魏忠贤十大罪，命逮捕法办，魏自缢而亡，其余党亦被肃清），

---

① 《明史·列传第一百九十三》。

魏忠贤之流被肃清之后，崇祯皇帝对吴阿衡很是赏识，后吴阿衡被调任浙江巡按，在任浙江巡按期间，他明察公断，当地那些贪官污吏十分害怕，于是都有所收敛。后来他又升任山西蒲州副使，也就是在蒲州，再一次展示出了他那刚正不阿，敢于和贪官污吏及地方黑恶势力做斗争的英勇气概。据史料记载，当时在蒲州的宗室，他们依仗着官府的庇护，在地方上罗织众多打手，到处无恶不作，恃强凌弱，横行乡里，他们抢占农田，霸占良家子女，当地百姓苦不堪言，无处诉说。吴阿衡到任后，了知此事，他二话不说，就命令手下把这伙恶人首领捉拿归案，然后把其处死，以平民愤，蒲州百姓无不拍手称快。自此之后，蒲州在吴阿衡治下，社会秩序逐渐恢复，百姓安居乐业。

（二）忠君爱民，忠勇刚毅

吴阿衡敢于和权贵做斗争，同时他还是一位忠君爱民、忠勇刚毅的将领。据史料记载，吴阿衡在家守孝期间，农民起义军占据了方城山，准备攻打州城。吴阿衡得知消息后，没有因为守孝静待在家，而是在关键时刻，为了维护城内百姓生命安全，他迅速命令方城城内官府士兵及百姓，修建城楼、赶制大炮、深挖城壕，并组织城内人们捐款捐粮，安排士兵们和城内百姓登上城楼，日夜严加防守，城外的农民起义军看到州城防守如此严密，就放弃了攻打方城的计划，随即离去。也正是吴阿衡临危不惧，指挥有方，方城百姓免遭了一场战争。

崇祯十一年（1638 年）秋，清军由多尔衮和岳托率领，分左右两路大军南下侵犯大明领土。由于当时的清军势力很强，他们很快就到达墙子岭和青口山一带，也正是在墙子岭，时任兵部侍郎，总督蓟辽、保定军务，节制宁远、山海、顺天三地巡抚的吴阿衡和清军展开了会战。那天清兵由墙子岭、青山口分道而入。吴部总兵吴国俊，因为在战前曾前去参加监军邓希诏生辰的寿宴，在那里，总兵吴国俊喝得烂醉如泥，醉酒中听手下来报，说清军已经奔墙子岭而来，谁知吴国俊是个贪生怕死的家伙，带着手下官兵不战而逃，只留下了吴阿衡一队人马与清军奋战。面对强敌和援军还没有赶到的情况，吴阿衡跃马挥刀，英勇刚毅，毫无惧色地和清军连续激战了五天五夜，尸堆如山，血流成河，遗憾的是明朝的援兵始终没有赶来，最后由于兵尽粮绝，力竭被俘。清军抓住他后，念其英勇，打算逼他投降，谁知吴阿衡在强敌面前宁死不屈，正气浩然，慷慨陈词："我生为大明将领，死为天国英灵，决不屈膝"。清军最后恼羞成怒，残忍地把吴阿衡的双膝砍断，牙齿击落，舌头拔掉，杀死荒野，一代俊杰吴阿衡就这样英勇殉国，时间是一六三八年九月二十一日。他战时的情景和被杀时的具体情况，史料记述比较少，据明末赵万域的《墙子路吊吴总制鲁参将》记载："墙子孤城当要路，官军免送书杨树。峰台日夜传炮旗，经略吴公总军务……日惨惨兮月不明，与土存亡敢受生。关已毁兮军无援，剖肝露胆赤心见。国破身死死如归，不肯求活存真面……几姓封王几姓侯，慨叹成仁万古休。"[1]另据明末清初名士彭而述撰写的《吴阿衡墓志铭》写道，吴阿衡带着这数百人，固守墙子岭山堡七日。"矢尽援绝，为敌所执。"[2]彭而述《明吴忠毅公簉室张夫人传》所言，当战后吴阿衡的亲人找到其尸首时，发现其"膝盖骨刮去，齿击碎，摇落强半，舌不存矣"。再如《明史·庄烈帝（崇祯皇帝）本纪》说："辛巳，大清兵入墙子岭，总督蓟辽兵部侍郎吴阿衡死之。"[3]《明史·卢象升传》则说："九月，大清兵入墙子岭、青口山，杀总督

---

[1]　雍正《密云县志》。
[2]　（清初）彭而述：《吴阿衡墓志铭》。
[3]　《明史·本纪第二十四》。

吴阿衡，毁正关，至营城石匣，驻于牛兰。"①

吴阿衡在死亡面前，本可以投降求生，但作为一代英豪，他没有选择"好死不如赖活"的人生信条，而是选择了"宁为玉碎，不为瓦全"的原则。正是他坚持了宁可牺牲自己也要恪守仁德道义的原则，他死后受到后人们崇高的敬仰。明弘光时期追封他"忠毅"谥号，以示褒扬，清政府也将他的事迹收入《钦定胜朝殉节诸臣录》，明末清初官员、学者彭而述曾为其亲撰墓志铭，彭借明末清初书画家王铎之口称赞吴阿衡为关羽、岳飞一流人物，浩然天地，正气长存，把他看作"表率一代"的楷模。墓志铭开篇这样记述："天地有正气，钟于人曰浩然，与日星河岳并垂不朽。所以维持世道，表率一代者，端籍是矣。"②吴阿衡文人出身，因军事才能优秀，被选任抗清大将，是历史上少有的书生将帅，文官武用的典型。吴阿衡生负奇气，性格刚毅，人品正直，倜傥磊落，为官时敢于直言，无畏强权，为国尽忠，为民除害，是后世官员学习的楷模。正如南阳方城籍作家熊君祥在《忠毅公吴阿衡》中所描述的那样："吴阿衡幼时刻苦攻读的勤学精神，与权阉魏忠贤斗争的刚正不阿，血战密云墙子岭的英勇顽强，宁死不降、为国捐躯的精忠报国精神，身为御史、率兵杀敌的担当精神，以及不忘家乡、造福桑梓的反哺情怀，是当之无愧的英雄。"

曹文衡

曹文衡（1585—1637 年），字镜玉，号薇垣，今河南唐河县龙潭

---

① 《明史·列传第一百四十九》。

② （清初）彭而述：《吴阿衡墓志铭》。

镇曹庄村人。明朝万历四十三年（1615 年）考中乙卯科举人，万历四十四年（1616 年）考中丙辰科进士。历任大理寺评事、东昌知府、兖州知府、东充兵备副使、山东按察使、江西布政使、江南巡抚、兵部右侍郎、蓟辽总督等官职。当曹看到李自成、张献忠领导的起义军席卷全国，明王朝即将崩塌，曹文衡不愿做俘虏，于崇祯十年（1637年）四月拔剑自刎，终年五十二岁。清代纂修明史时，在天启和崇祯年间的《名臣录》中，南阳郡中只有曹文衡一人。曹文衡为官清廉，刚正不阿，爱国爱民，从不为我，堪称近古时期名副其实的官吏楷模。①

（一）奋不顾身，劝降义军

明末，因朝政腐败，民不聊生，时有百姓揭竿而起，对抗官府。乱世年代，防范和镇压农民起义就成为各州府知县的主要任务，时任知府的曹文衡自然也不例外。不过，与采取武力镇压义军的办法不同，曹文衡采取的则是和平安抚的方法，成效显著。有时候遇到难以对付的义军，他还能不顾身家性命，亲自深入义军营中，说服义军投降。崇祯三年（1630 年）曹文衡任职东昌知府时，正值孔友德领导白莲教农民起义，东昌很多官员主张用兵剿杀造反者，曹文衡则不认为百姓是造反者，在他看来这些百姓造反不过是因为饥寒交迫，无法生存而被迫起义。于是，针对义军，他提出了以安抚为主的解决思路。当收效进展缓慢时，曹文衡只得派助手左良玉将义军头目孔友德擒杀，然后他仅带一名老吏，冒着生命危险，赤手到义军驻地，讲明自己的指导思想，劝大家解散回家，并发誓不予追究。曹文衡一番真

---

① 方城县地方志编纂委员会编：《方城县志》，中州古籍出版社 1992 年版，第 621 页。

诚的话语打动了诸多义军，许多人热泪盈眶地跪倒在曹文衡面前，同意放下手中武器，答应不再与官府作对。自此，东昌再无战事。曹文衡的这一做法，深受朝中官员认可，于是曹文衡还被一些大臣联名举荐去平息兖州的叛乱，皇上同意并派遣曹文衡去治理兖州。到了兖州，曹文衡继续采取安抚的办法，很快就平息了兖州的叛乱。朝廷在考核地方官员政绩时，曹文衡名列全国第一，曹文衡于是被升任为东兖兵备副使。随后，曹文衡便针对东兖百姓生活生存的实际情况，大胆向皇帝上书奏章，建议皇上划拨十万两国库白银，救济那些因饥饿而无家可归的百姓。按照大明吏律规定：道级以下的地方官员是没有资格直接上奏章的。可是，由于曹文衡政绩卓著，所以他的奏章被皇帝破例批准，这在明代历史中十分罕见。①

（二）严惩奸商，赈灾安民

曹文衡爱民如子，时刻把百姓疾苦放在心上，凡是与农民有关的事，他都能尽心帮扶，亲力亲为。据《方城县志》记载：曹文衡任江南巡抚的第二年（1629 年），江南有些府、县连续发生严重的水、旱灾荒。为了保证百姓免遭灾难，曹文衡一方面组织力量加强社会治安、打击不法奸商、严惩鱼肉百姓的官吏和竭尽全力救灾；另一方面向皇上呈递了一道三千多字的奏章《条请蠲灾疏》，奏章上这样写道："……目击灾伤，心切痛裂……今灾伤处所，田庐荡扫，妻子仳离，已尽之肉之堪重剜，无髓之骨何能再敲？！缓一时之追逼，即缓一时之死亡。予一分之宽仁，即予一分之生路……"奏章的大意就是，恳请皇上能够减、缓或免灾区百姓的赋税；永久取消每年额外加派在江

---

① 唐河县地方史志编纂委员会：《唐河县志》，中州古籍出版社 1995 年版，第 723 页。

南百姓身上的四十余万两饷银；能够开国库粮仓救济困难百姓等。皇帝阅其奏章言辞之中情义恳切，感人肺腑，同意所奏，江南灾区百姓也因而能在大灾之年得以休养生息。

（三）有勇有谋，战胜倭寇

在我国历史上，十四至十六世纪是倭寇侵扰掠夺我们沿海地区最为猖獗的时期。大明政权刚建立时，倭寇就开始危害我国东南沿海地区。嘉靖中期时，倭寇越发猖獗，沿海人民的生命财产遭受了极为惨重的损失。嘉靖四十年（1561 年），抗倭名将戚继光、俞大猷等率领训练有素的戚家军和俞家军，经过三年的浴血奋战，将绝大多数的倭寇予以歼灭，但逃亡到远海岛屿上的余孽，继续危害沿海部分地区达 60 年之久。曹文衡任职江南巡抚期间，审时度势，针对倭寇余孽和陆地匪患两害并存的混乱局面，先给皇帝上了一道长达数万言的名叫《扶吴疏草》的奏章后，然后坐镇句容（今江苏省句容县城），派军队把数县中的土匪清剿干净，为当地百姓解除了后顾之忧；崇祯三年（1630 年）冬，又亲自率领军队，不畏惊涛骇浪，冒着霜雪，远渡重洋，直捣倭寇巢穴，将寇首天皇（倭寇头目的绰号）、大王等，一一戮杀，使持续了二百多年的倭寇之患得以彻底铲除。据《内乡县志》记载，为了激励将士们能够团结一心，奋勇杀敌，取得抗倭胜利，曹文衡对手下将士们非常关爱。在剿倭战役中，由于战船上装载的给养不是很足，于是，曹文衡下令官兵同吃同住，任何人不准搞侈奢浪费，违者即刻严惩。曹文衡自己更是以身作则，每顿饭只许有一个好菜，如果有两个好菜，便拒绝用餐。如果有将士生病了，曹文衡就像待自己的亲人一样细心照料。由于曹文衡抗倭功劳卓著，当曹文衡带兵凯旋时，崇明百姓们欢呼雀跃，夹道迎接。他们从未见过这样大的官亲自领兵剿倭，一致赞叹说："二百年来仅见此牙纛。按部之迹，公真可谓知兵矣哉。"将士们则给曹文衡修建祠堂，竖立《大中丞曹公生祠碑》，请著名的大书法家、大画家、曾任南京礼部尚书的董其昌，撰文画像，将曹文衡敬之为神。董其昌在碑文中高度赞扬曹文衡，认为其能力可以与诸葛亮相提并论，碑文写道："……公所居唐、邓间，即忠武侯把膝南阳故处……公之治吴，与武侯治蜀，恩威无异。此方将士尸而祝之，社而稷之者，又宁有异也?! ……"[①]后有人撰写《少司曹公墓志铭》为证："公江南巡抚，时黄山剧贼与崇明寇相继为乱。公曰：一负山，一据海，攻之不可，从之不可。爰择乡道而入之，精骑走谷中，而山贼授首，轻舟浮海上，而水寇归诚。苏松一带获有宁，宇谁之力也。"[②]

（四）公正无私，治军严明

在明朝立国后的二百六十余年中，文官能建武功者，曹文衡也是第一人。崇祯四年（1631 年），因曹文衡率军剿倭有功，深得皇帝赏识，提升曹文衡为兵部右侍郎。任命下达后不久，皇上就派太监特召曹文衡速入京都，在金殿平台赐座，皇帝询问对付关外清军的办法，曹文衡当着皇帝的面提出了十条策略，皇上听后十分满意，当场就赐给曹文衡二十两白银及马匹、绸缎等物。

时值清军围困遵化，战事吃紧，而蓟辽总督一职又空缺，吏部推荐数个人选，皇上都没有批准。随后，皇上特命太监于崇祯四年七月二十二日晚上二更天，将手敕送到曹文衡家中，任命曹文衡为蓟辽总

---

① （明）董其昌篆刻碑文：《大中丞曹公生祠碑》。
② （清）曲耀辰：《少司曹公墓志铭》。

督，并授尚方宝剑，行京外天子之权。当时曹文衡已经休息，起床接
受皇上诏书后，即刻星夜离京赴任。曹文衡出发当天，皇帝还采用任
命宰相那样的庄严仪式对曹文衡委以重任，亲自下令，鸣炮为其送
行，这在明史中也实属少见。《少司曹公墓志铭》记载："事上天子，
召封平台，赐坐赐鞍马银币，有差加升兵部侍郎。己而东事孔棘（意
指东方高丽附近防务紧迫），上谕中外臣谁堪胜任者，惶恐不知所对，
上曰：朕知非曹文衡不可，遂手敕吏部，赐珠赏便宜行事，故事惟置
相用手敕，盖异数也。"①

　　曹文衡到任后，便与将士们饮血誓师，用酒肉犒赏将士，对那些
违犯军法者，无论何人，一律严惩。据清乾隆《唐县志》记载，有
一道级运粮官，自恃官场有人庇护，多次运粮误期，曹文衡便下令
将其处斩。行刑时，运粮官大声呼喊："我有书"，拿出了相国某②和
举人某③的求情书，曹文衡看后把书信扔到地上说："我以国家安危
为重，决不能徇私情。"遂将其斩首。这一做法，激起了全体将士英
勇杀敌的斗志。两军作战时，曹文衡更是不顾个人安危，冒着被清军
弓箭雷石击中的危险，冲锋在前，亲自为将士们击鼓助威，指挥作
战。抗击清军作战期间，曹文衡命令士兵们白天拼死防守，夜晚进行
偷袭，与清军在遵化城血战了几进几出，终获全胜。在整个战役过程
中，凡险要之处，曹文衡必身到、足到、口到，一丝不苟检查督导。
此外，为了边境安稳，曹文衡还把敌方军事动向的判断，密报皇上，
让其他城防明军及早防御。由于清军无隙可乘，最后只得罢兵而退，

---

① （清）曲耀辰：《少司曹公墓志铭》。

② 相国某：此处相国不是宰相官职，而是明末高级官员的别称。洪武年间，皇帝因担心
　宰相干政，废除了宰相一职，自此之后明朝再没有设置宰相一职。

③ 举人某：与曹文衡同榜的举人。

东北边境才得以稍安。

（五）刚正不阿，不畏权贵

曹文衡秉性刚直，嫉恶如仇，对待权奸从不畏惧，是明朝时期少有的忠良之臣。天启年间，太监魏忠贤独揽朝中大权，独断专行，遭到了许多大臣们的反对，可是魏忠贤这个人心狠手辣，他把那些作对者全部杀害了，因此，曹文衡对魏忠贤也十分的气愤。曹文衡任职东充兵备副使时，各省追随魏忠贤的死党都在忙着筹款为魏忠贤修建祠堂，称颂功德。当这些官员要到曹文衡这里时，曹文衡半分不予。当祠堂兴工上梁时，官吏们都去庆贺，唯独曹文衡没有去。当魏忠贤的檀香木雕像站立在船头上出京向南方巡游时，当地的巡抚、巡按、布政使、按察使、道员、知府、知州、知县等大小官员，皆依次摆香案进行跪拜，唯独曹文衡没有下跪叩拜。

据龚运喜《裕州记》记载："天启年间，太监魏忠贤在朝专权，杨涟、左光斗等很多大臣得罪魏而遭惨祸，他对魏非常痛恨，各省追随魏的死党都在忙着筹款为魏建祠时，曹分文不捐。当祠堂兴工上梁时，官吏们都去庆贺，惟曹文衡不去。当魏的檀香木雕像站立在船头上出京向南方巡游时，巡抚、巡按、布政使、按察使、道员、知府、知州、知县等大小官员，皆依次摆香案跪拜，惟曹文衡不拜。"[1]另据清乾隆《唐县志》记载：曹文衡的一个老下属，忧虑魏忠贤日后会陷害曹文衡，便跪地哭劝曹文衡，祈求曹文衡向魏忠贤下跪。曹文衡将其下属搀扶起来，面带微笑，并对下属说了一番话。话的意思大概是说他曹文衡对下属们的关爱很感激，不过，下属应该了解他，他自做

---

[1] 龚运喜：《裕州（方城）记》。

官开始，就把身家性命交给了皇上，他的身骨只对皇上父母跪拜，假如要他去拜魏忠贤这样的太监，即使把头杀了也不会叩拜。事后回到公署，为担忧自己被害，殃及家人，他便与夫人吕氏诀别，临别时他要吕氏多保重，把子女们照看好，另外，他还告知吕氏，他随时就会被魏忠贤派出的锦衣卫谋害，让家人们不要为他担忧，他会誓死保护他洁净的身躯。崇祯登基后三个月，魏忠贤畏罪自杀，那些为魏忠贤筹款建祠的官员皆被处死，唯独曹文衡刚正不阿，不附权贵，受到皇上表彰，并赐御宴，以示殊荣。

正是因为曹文衡的刚直性格及其为国效忠的品行，他本人深得崇祯皇上器重，被连升三级。清乾隆《唐县志》记载：崇祯皇帝登基三月后，曹不附权贵，深得皇帝厚爱。皇上曾指示吏部说："曹是忠臣，此忠臣当大任之。"后曹文衡被提升为陕西按察使，然而山东父老乡亲挽留曹文衡不让离去，最后经过皇上的应允，改任曹文衡为山东按察使。不久，曹文衡又被提升为江西布政使。当皇上得知江南巡抚一职空缺时，便又告诉吏部："非曹不可"。于是，曹文衡的江西布政使未到任，遂于崇祯元年（1628 年）九月二十日就任了江南巡抚之职，并兼任都察院右副都御史。曹文衡一年内连升了三次官，明史中也尚无他例。

（六）辞职还乡，全捐俸禄

曹文衡为官铁面无私，难免会遭到他人攻击，但他又能够明白事理，淡泊名利，不计个人得失。据史料记载：曹文衡任职蓟辽总督期间，皇上派太监邓希诏当监军。前任总督派兵出城迎接监军，设宴款待，而曹文衡不仅没有效仿，而且还怒批那些劝其按传统惯例做法的下属们。他对下属们说他本人连专横的太监魏忠贤都不怕，还怕那个邓希诏吗？也正是因为这事，邓希诏与曹文衡产生了矛盾，随后他们二人便通过写奏章的方式，在皇帝面前相互参奏。由于他二人一个是皇上的内侍亲信，一个是皇上器重的大臣，故皇上态度含糊，不予明断。曹文衡看到皇帝不可能给予公断，于是赌气请求皇帝，自己要辞官回老家，皇上一开始并不允许，但曹文衡再三请求，皇上最后不得不让他回了老家。曹文衡于是于崇祯五年（1632 年）十月辞官还乡。离任时，他除了把军饷如数交给继任总督傅宗龙之外，还将自己的俸禄全部捐给了边关将士。《少司曹公墓志铭》记载："公乞归，寻罢免，受代之日，自正饷外及自俸余，悉数以还之朝廷。"①

曹文衡一生为官清廉，作风正派，不畏权贵，刚正不阿，爱国爱民，忠君不贰，带兵打仗，军纪严明，身先士卒，功勋卓绝，无人可比。在明朝统治的两百多年中，曹居多个第一：清修《明史》，南阳唯他一人；文官武用并能建立卓绝功勋者他是第一；更不用说他还是明朝唯一一个连升三级的官员。从曹文衡为官一生来看，他为官从不为我，公而忘私，舍小家顾大家，堪称近古时期名副其实的官吏楷模。由于曹家自明至清，四世居官，且为官都很清廉正派，清代时，为表彰曹家为政之德，唐河县城关内，在大十字街立有都御史曹文衡、都御史曹伦、都御史曹三俊祖孙三人中丞坊（俗称大牌坊）；在东门大街立有曹文衡的布政坊；在所署西立有曹三俊妻常氏的贞节坊；在大街立有曹凤祯的举人木坊等，对曹门给予表彰。古人说："死而死则鬼之，死而生则神之。"曹文衡去世距今已有四百多年，但他的所作所为却永远值得人们称颂。②

---

① （清）曲耀辰：《少司曹公墓志铭》。
② （清）黄文莲、吴竹屿纂修：《乾隆唐县志校注》。

高以永

高以永（1630—1693年），字子修，号荆门，浙江嘉兴府秀水县新丰村人。出身于名门望族，北宋名将高琼第二十二世孙，曾祖明万历年间曾任南阳府叶县县令。康熙十八年（1679年）担任内乡知县，直到康熙二十七年（1688年）被提升为直隶安州知州兼新安县事时，在内乡任职时间长达九年，是清代任职内乡知县时间最长的一位。

（一）除暴安良，善政惠民

凡到内乡县衙参观过的人都知道，县衙内有一副这样的对联："得一官不荣，失一官不辱，勿道一官无用，地方全靠一官；穿百姓之衣，吃百姓之饭，莫以百姓可欺，自己也是百姓。"这副楹联，正是当时任职内乡知县的高以永所写，而且这副对联还是他为政做官的座右铭，充分表现了高以永轻个人荣辱得失，重一官职责，以民为本的思想。

据《内乡县志》记载，内乡县在康熙十七年（1678年）的夏天，连降大雨，导致夏粮绝收，秋季收成也不好，造成大量土地荒芜。在粮食歉收的情况下，内乡县当年的小麦小米每石价格上涨了二三倍之多，许多老百姓因为无钱买粮，只得到处挖野菜剥树皮充饥。康熙十八年（1679年），百姓闹饥荒的境况依然没有好转，于是朝廷就派了户部及河南的官员赈灾，从河南的荥阳调了八百四十石大米、郑县（今郑州）调了三百二十石谷物赈济内乡被灾染瘟之民。高以永也正是在这一年被朝廷委任为内乡知县。

据说，初到内乡的高以永县令，一到内乡，还没有进入官邸，就招来那些饥民，问寒问暖，命令开仓救济难民；他命令衙役给农民发种子，调配耕牛，发动老百姓积极开垦荒地，种植桑麻、枣等经济作物，并将所垦的土地分为五个等级，按最低等级划分给百姓耕种。此外，他还上书皇帝，恳请朝廷六年内免除内乡百姓的各种赋税。这些举措极大地调动了当地农民们的开荒积极性，流民们从四面八方返回到内乡。据统计，几年内内乡百姓开荒面积合计达四千余顷。随后，他又组织人力整修县署，建立琴治堂，推崇德化，内乡百姓日子渐渐好了起来。与此同时，一个爱民亲民的父母官的事迹也随之在内乡百姓之中广为流传。清同治年间编撰的《内乡通考》中这样评价："高以永，广开垦，除匪盗，其有造于内乡者甚大。"

内乡自明末开始大乱，流寇骚扰当地百姓长达十余年之久，百姓死的死逃的逃，原有六万人只剩下八千多人。加上内乡地处鄂、豫、陕三省交界，与襄阳接壤，临县襄阳的军需官杨来嘉，多年来借农收时节，跑到内乡来抢夺百姓粮食，而且还强迫一些贫民家的子女充当自己的家奴，这些被抓的人若有不从或逃跑，他还派官兵把其亲属邻人抓起来。康熙十九年（1680 年），高以永初任内乡县令的第三天，高以永接到群众举报，说有两个强悍的士兵不仅在街上随意抓捕行人，而且还公然称其所作所为乃是奉杨将军之令。高以永听到后很是愤怒，遂下达命令将这两个士兵抓获归案。此事很快便传到了南阳府，时任知府因惧怕杨将军之威，准备把二人释放，高以永则坚持请知府上报按察司，最终这两个强悍的士卒受到了惩罚。高以永以强力诛暴立威，自此使内乡县接壤襄阳的边境之地趋于平静，百姓安居乐业。

康熙二十七年（1688 年），因朝廷求贤若渴，高以永被调任直隶安州知州。他上任安州知州后，"畿南大旱，赤地千里，以永兼摄新安（县），两地求赈者日以千计。常平仓粟石散给立尽"，随后高以永又请示上司从国库内拨赈灾款三十万。为了保证赈灾粮食能够顺利到达百姓手中，高以永遍历乡村亲自给发，不假吏役之手，政策从一而终。烈日当头，尘土弥漫，高以永奔走于乡村田野，安抚百姓。由于长时间在田间户外，高以永被晒得又黑又瘦，以至于当地百姓"见者不知其为官也"。

安州东面的浅水湖泊白洋淀，因水涸为地，百姓在此种麦年年丰收。驻扎在保定的旗军看到该地有所收获，便要把此地作为放马场地。安州知府因不敢得罪旗军，便要命令下属丈量土地，核算赋税，高以永则据理力争，陈述此地常为水浸，偶遇干涸而已，他日涨水后不仅地不可得，马场也不可得，而按籍应有马场地若干，应另指他地作为固定马场地。为了此地，高以永据理与知府争论了多次，始终没有结果。后来天突降淫雨，白洋淀被大水淹没如初，其情形正如高以永所说，保定旗军因而不再指定此地为放马场，高以永的愿望终于实现，百姓也从此得以安寝，安州人都十分赞叹。

安州地理位置优越，位于天子脚下，那里驿递比较繁重，而且当地土瘠民贫，多数赋税不能够完成。为本州应役者，按规定每年每里一人轮值，虽为轮值，实为当地黑恶势力主之。修城所需的材料，上官驿马的养护，加上应役人员的饭食工钱，往往费一征十，老百姓负担沉重而又无处诉说，上官虽也知其弊端所在，但司空见惯，长期不改。高以永执政期间，为了革除这一弊端，就立了规矩，刻石碑立于州门外，永远不得更改。此规定要求凡公事一律由官自理，不能骚扰当地百姓，从而大大减轻了百姓的负担，民得以安息。过去，每遇皇帝大驾行幸安州之地，沿途诸州县接上司牌文，随即便把任务派遣到老百姓身上，而老百姓多以告病为由推托任务，唯有高以永任职安州期间"措置有方，事集而民不扰"。

（二）官德仁厚，万民敬仰

高以永温厚和平，爱护百姓，心胸开阔，赋性宽仁。遇到大事时，其他人往往表现出震惊的样子，惶惶不知所措，而高以永总能沉着冷静，以谈笑处之。他对其身边的人从没有发过火。"深仁厚泽，入人骨髓"，他出行所到之处，老百姓们都用歌舞的方式称颂他。高以永在内乡做官深受百姓爱戴，离任内乡时，百姓们集聚街道两边挽留他，甚至有人追送达数百里。清康熙年间，皇帝为了表其功德，亲赐高以永"德政""去思"牌匾，悬挂于内乡县衙义门前，并入名宦祠。清编撰的《内乡县志》上写："高以永，在事数年，温厚和平为治务，慈祥恺悌之声无间遐迩。"

高以永是爱民如子的父母官。然而在内乡任上，却遇见非常麻烦的黑铅一事。黑铅作为一种颜料，也是一种贡品。内乡本土没有生产，却有三百斤的上贡任务，每年为了这三百斤任务，只得到外省采购然后上交。康熙二十四年（1685年），因黑铅不够国家使用，朝廷便下旨把河南黑铅的任务在原有基础上增加五万斤，内乡则增加两万八千斤，一县的任务相当于全省的一半还多，当地物力民命怎么承受得了呢？面对难以完成的任务，作为知县的高以永多次奔走省会，为民请命。上司被他的诚意感动，责令南阳知府把内乡的任务分配到各州县共担，然而过了三年该贡品任务仍未得到改正。任职内乡数年来，高以永为民申冤之辞汇刻成帙。后来，高以永在安州知州任上，依然把内乡百姓的沉重负担挂在心上，不时奔走于省城呼吁，感人至深，其宽厚仁爱之心可见一斑。

高以永的宽厚仁爱还体现在他审理案件方面。他办案主要效法了战国时单父县令宓子贱的做法，崇尚鸣琴而治，政简刑轻。在内乡任上，他不仅重修了内乡县衙的二堂，并将原来二堂的"思补堂"改为"琴治堂"。曾经有一位孝廉畏罪亡匿，他的父亲和他的儿子被抓住押送到了县衙，高以永认为儿子犯罪不能株连老人，但考虑到放了老人却无人养活，于是请上级将他们祖孙二人一并释放，百姓无不称好。

任职安州知州时，有一纨绔子弟对高以永的政声和为人持怀疑态度，公然赴衙，要亲见其人。高以永欣然延接，和风于斋宇，其仪态之大方，学问之渊博，言辞之得体，使这位纨绔子弟大为叹服："以永的政声绝无粉饰之辞。"从此，这位纨绔子弟也出自诚心在邻里宣扬高以永的惠政之声。自谓曰："令之循良不可得，而卓卓如公者，予得以闻其政声，观其容貌，聆其言论为大快也。"① 高以永任职安州时，待民如同待内乡百姓，他离职安州时，当地百姓同内乡百姓一样，占道哭送。

（三）严于律己，清廉楷模

高以永，对待工作勤政廉政，对待身边的人宽厚仁慈，对待百姓爱民若子，对待自己则要求相当严格，终生过着清贫的日子。高以永从政以来，从没有把自己的家属带到自己工作之地，而且他从一地离任到另一地就职，除了随身衣物和书籍，其他什么也没有。据史料记载，在户部江西司员外郎任上，他深知"江南财赋半天下"，工作繁重、责任重大。为了防止奸吏作弊，他在任上夜以继日地查核文书簿籍，以至于积劳成疾，病逝在工作岗位上。他去世后什么财产都没有留下，甚至连灵柩运回的钱财都没有，最后不得不靠亲故周济，才得以把其灵柩运回安葬。安州人知道后，源源不断地赶过来哭奠祭拜。

---

① 王检心、王涤心等撰：《内乡通考》十卷十册，清同治八年手稿本。

多年后，他的儿子路过内乡，当地百姓挽留不舍其离去，含着眼泪为其送别。

高以永是勤能之官，清廉之吏，也是诗人。在康熙《内乡县志》记载的就有诗歌、碑文二十余篇。如他在《内乡春日漫兴》一诗里写道："每逢春耘早放衙，小堂幽静胜山家，悠然竹几摊出坐，落尽中庭白杏花。"从这首诗里，可以看出他体察民情、重视农事、关心民瘼的高尚情怀。此外，康熙十九年（1680 年）高以永初到内乡上任之初忧心忡忡，自感责任重大，夜不能寐，秉烛研墨，于是还撰写了如今最为世人喜爱和称赞的仍然悬挂在内乡县衙三堂的楹联："得一官不荣，失一官不辱，勿道一官无用，地方全靠一官；穿百姓之衣，吃百姓之饭，莫以百姓可欺，自己也是百姓。"这副对联不仅给我们留下了宝贵的精神财富，也受到了党和国家领导人的高度评价，内乡县衙也因这副对联而倍受世人关注。

高以永身后留有《高户部诗集》一本，嘉兴《竹林八圩志》收录有高以永一生作诗数百篇。清代著名史学家万斯同等五人为其作序，从不同的角度评价了高以永的为政、为人和在文学方面的成就，如冉觐祖在序言中写道："今海内诗人竞相雄长者未有定论，而公亦可以独树旗鼓，自名为家不愧也。而予尤幸始而闻公之政事，徐而瞻公之容貌，聆公之言论，今又得读公之诗，不觉向往之情弥殷也！"乾隆《嘉兴府志》《嘉兴县志》等志书也为高以永撰写了列传。[1]

作为百姓父母官的高以永，一生为官清廉，所到之处，皆以民生福祉为本，事必躬亲，兢兢业业。为官却没有官架子，自始至终以一个百姓的身份要求自己，从不炫耀和自夸，高风亮节、勤政为民之官

---

[1]　刘鹏九编著：《内乡县衙与衙门文化》，中州古籍出版社 2015 年增订版，第 40 页。

德修为可见一斑。

罗　景

　　罗景（生卒年不详），字星瞻，广宁（今辽宁省北镇县）人，监生出身。在南阳历史上，曾任南阳知府的罗景，是一个可以永载史册的人物。他任职南阳知府期间，为官清正廉明，关爱百姓，深受百姓爱戴，而且他还对南阳卧龙岗胜迹进行了较大规模修葺，对后世影响极大。①

（一）修古传文，德泽后世

　　罗景所处的时期，是康乾盛世的开始，而康熙皇帝作为一代开明之君，在位时十分敬重诸葛亮。于是，康熙时期的政要名人数次光临南阳卧龙岗武侯祠，或瞻仰先贤，或修葺祠宇，或歌咏题记。②康熙四十七年（1708 年）冬，罗景被朝廷派往南阳任知府。罗景对从南阳走上政治舞台的一代贤相诸葛亮十分崇拜和敬仰，并对当年诸葛亮躬耕之地南阳卧龙岗心仪已久。可是，当罗景到了南阳，见到南阳卧龙岗断壁残垣破烂局面时，内心十分沉重和悲凉，于是，他决心重修卧龙胜迹。据罗景《重修卧龙岗忠武祠序》记载："抵任后，即虔诣卧龙岗，仰瞻遗像肃致跽拜。见夫祠宇四壁，俱无以蔽风雨……草庐仅存遗址……更有武侯其余断碣残碑，前人题咏者，苔埋荒芜，是非

---

① 李陈广、张晓刚、刘绍明编著：《南阳历代郡守知府》，三秦出版社 2006 年版，第 158 页。

② 李远：《南阳知府罗景与"卧龙岗十景"》，收录于李远散文集《访古寻踪卧龙岗》，中州古籍出版社 2017 年版。

守土者之责哉？"①可是，修建这样一项工程，耗资巨大，为解决经费不足问题，罗景决定采取募捐形式筹集资金。在他的倡议下，他的同僚与上司们感念武侯功业和品德，一呼百应大力支持，巡抚河南部院、河南布政使司、河南按察使司、河南驿盐粮务分守道、河南提学道、河南分巡南汝道官员和开封知府、归德知府、彰德知府、卫辉知府、河南知府、汝宁知府、汝州知州，南阳府裕州知州、唐县知县、新野县知县、淅川知县、叶县知县、南阳知县等共二十六人参与捐修，共捐得白银三千多两，为重修卧龙胜迹提供了足够的资金保障。

资金筹到之后，康熙五十年（1711 年），罗景便与南阳总兵杨铸商议扩建南阳卧龙胜迹事宜。当年七月修建工作正式启动，次年（1712 年）八月修建成功，终于，历史上"卧龙岗十景"再次展现在人们面前。主持重修卧龙岗的罗景，望着修葺一新巍峨壮观的卧龙岗，忍耐不住内心的激动，心潮澎湃，思绪万千，于是就赋诗《新修卧龙岗谒忠武侯十六韵》及《龙岗十景》，表达对诸葛亮的崇拜之心及自己当时无比喜悦的心情。罗景此次修葺卧龙岗对后世影响巨大。在他身后，清嘉庆、道光、咸丰、同治及光绪年间，顾嘉蘅、任恺、傅凤飐等历任南阳知府对卧龙岗皆有增葺，从而奠定了今日南阳卧龙岗武侯祠的规模。

修建武侯祠，罗景功不可没，保护好卧龙岗文化，更是前无古人。罗景在南阳另一突出贡献是志胜表忠、保存卧龙岗珍贵资料。对此，他"志三顾之踪迹""集诸家之锦绣"，于康熙五十一年（1712 年），首次编辑了《卧龙岗志》。《卧龙岗志》是历史上第一套有关南阳卧龙

---

① 李陈广、张晓刚、刘绍明编著：《南阳历代郡守知府》，三秦出版社 2006 年版，第 164 页。

岗和武侯祠的志书，为后世全面系统了解卧龙胜迹历史文化，发挥了极其重要的作用。至今，"鞠躬尽瘁，死而后已"的卧龙精神，依然在滋养着南阳一代又一代人，同时南阳卧龙岗武侯祠每年都会吸引大量来自全国各地的游客光顾，而这都是与罗景的功劳分不开的，受到卧龙精神滋养的南阳人，怎能忘记罗景留给我们的宝贵财富呢？

（二）廉明正直，万民景仰

罗景在南阳任职期间，积极开展对南阳的全面整治工作，修建学校，整饬纪纲，赈济贫困，安抚百姓，凡是利国利民之事无不兴，反之则无不革。由于他廉明正直，反对行贿受贿，其性情又极为慈祥，因此为政利泽施与人，名声达于朝，深受百姓好评和拥戴。《南阳太守罗公生祠碑记》记载："南阳……自明季流氛扰乱兵燹之后，继以灾祲，赖本朝定鼎以来，休养七十余年，而士习民风始翕然丕变，不有循良，其何以为治哉？幸逢我沈阳罗公名景字星瞻，以河厅奉圣天子特简，来守斯土，下车之始，即加意图治，修葺学校，整饬纪纲，赈济穷檐，安全黎庶，利无不兴，弊无不革，廉明正直，苞苴不行。而性又极慈祥，以故利泽施与人，名声达于朝。"① 后罗景考核第一，于康熙五十二年（1713 年）升任陕西任神木道副使。当百姓听到罗景要离职南阳去陕西任职的消息后，南阳之父老却不愿让这位父母官离去，并以借口有匪寇请他继续留在南阳，而罗景对南阳也有深厚的感情，不忍舍去南阳人。当其离开南阳之时，南阳全城人夹道相送。他们中间有的是拍手鼓掌，热烈欢送；有的是牵挽车辕，随车相送；

---

① 李陈广、张晓刚、刘绍明编著：《南阳历代郡守知府》，三秦出版社 2006 年版，第162 页。

有的是横挡车道，拦阻车行；有的是载歌载舞，边唱边送；有的是泪流满面，哭声不止。正如史料记载："荣发之日，攀辕遮道，抚掌鼓歌者有之，感激涕零者有之。郡人不忍失公，公亦不忍舍郡人。"① 由此可见，罗景在任期间和南阳百姓鱼水之情是何等深厚。

康熙五十三年（1714 年），南阳人民为纪念罗景在南阳的丰功伟绩，在南阳名胜古迹武侯祠一侧为他建立祠堂，时任内阁学士兼礼部侍郎的彭始抟，亲撰《南阳太守罗公生祠碑记》，碑文赞曰："其与古之刘宽、召杜、羊续、仲淹辈同传不朽。"② 彭始抟把罗景放在南阳古代著名郡守知府同等地位，给予了罗景极高的评价和赞誉，可见罗景为官为人之品行高尚。

通过罗景在南阳任职知府的生平事迹，我们可以清晰地了解这是怎样的一位廉官。他大修卧龙岗，体现了他心之所向，渴望成为像诸葛亮那样忠于君王，鞠躬尽瘁死而后已的臣子。同时，所在任上，他勤于政务、爱护百姓、重视改革弊政，是一位值得后人念颂的父母官。

王检心和王涤心

在清代内乡的历史上，内乡县湍东王营村有兄弟二人——王检心、王涤心，他们同是举人大挑一等授任知县，同是爱民如子的父母官，同是著名的理学家，享有很高的知名度。③

---

① 李陈广、张晓刚、刘绍明编著：《南阳历代郡守知府》，三秦出版社 2006 年版，第162 页。
② 李陈广、张晓刚、刘绍明编著：《南阳历代郡守知府》，三秦出版社 2006 年版，第163 页。
③ 刘鹏九编著：《内乡县衙与衙门文化》，中州古籍出版社 2015 年版，第 69 页。

王检心（1804—1869），原名立人，号子涵，内乡县湍东王营村人，为内乡王氏第十七世祖。出身官宦之家，祖上有不少"忠臣孝子""仁人君子"，被乡里称为"义门"和"世德之家"。清道光五年（1825年）中举，历任江苏省句容、高淳、仪征、宜兴、铜山、兴化等县知县，后升直隶候补道，封文林郎，奉直大夫，晋赐中宪大夫。道光二十七年（1847年）冬，仪征胥浦河决口，王检心漕运粮米，以赈灾民。咸丰二年（1852年），太平军起义，他被调到铜山负责修建城池，训练士兵，防守义军。后咸丰帝赏其守城有功，赐戴花翎。同治元年（1862年），又被同治皇帝提升为按察使衔。同年返回乡里，被聘为内乡菊潭城防总局长、菊潭书院院长。六月，太平军进攻内乡，任城防一职，至同治六年（1867年）卸任，潜心休养。王检心精通理学，晚年与他人共同创办理学社。其著作有《易经治约》《春秋本义》《四书存真》《礼传合抄》等二十余种，并于清同治八年（1869年）修《内乡通考》。①

王涤心，字子洁，王检心的胞弟。道光十二年（1832年）壬辰科举人，二十四年（1844年）以举人大挑一等，任职直隶唐山、平山知县、晋州知州，后升任为山西候补道，广西横州直隶州知州。从政期间，注重兴办教育，政务空闲时，亲自给青少年学生讲课，将理学中的孝悌忠信品德发扬光大。在乱匪四起的年代里，他能够和邻县联合，为百姓创造一个相对安定的生活环境。他重视农业，注重教化，表彰节妇义男，禁止民间斗殴。做官期间凡是利国利民的事必尽力发扬光大，反之改革废除，政绩突出。晚年告老还乡，主讲菊潭书院，继续传播理学之精髓。他所作所为对培养青少年的气节情操、社

① 宝鼎望修、高佑纪纂：《内乡县志》，清康熙三十二年。

会责任感、历史使命感等方面发挥了巨大作用。由于家乡子弟得到他的亲授，内乡县在当时科举中屡获佳绩，受到社会各界的称颂。

哥哥王检心官职从五品，弟弟王涤心官职正七品。由于二位在位时，为官清正，体察民情，政绩卓著，道光皇帝推恩于此，先后两次赠圣旨碑。这两个圣旨碑，一个通碑的碑文是道光二十三年（1843年）十二月一日，皇帝诰封王检心的祖父为奉直大夫，祖母为宜人；另一个是道光二十六年（1846年）十二月一日，道光帝敕封王涤心的父亲为文林郎，母亲为孺人。①

（一）革新除弊，善政为民

王检心居官从政时，重视实践，亲自体察民情，关心百姓疾苦，所到之处，事无巨细事必躬亲，实心行实政，做了许多有利于民生的事情，百姓爱戴，上级满意，全都以清官看待他。悬挂其室内的三句非常朴实的至理名言："燕居必衣冠、行政必勤慎、待人必忠信。"②就是他为官从政的箴言。

据史料记载，道光二十二年（1842年），王检心步入仕途，在兴化县任职期间，他体察民情，关心百姓，重视教化，发展教育重订学规，倡尊师重儒之风。在江苏省高淳县任职期间，他通过体察民情，了知在当时的高淳县，不合礼制规定的祭祀、赛事会费很多，这些活动消耗巨大，每年都需数万金。巫师们更是戴面具，怪声怪气地吓唬妇女儿童、蛊惑群众；官吏们则消极懒散，不务正业；还有官府的摊派及地方对上级官员到来的吃、住、行等招待，所有费用都加在百姓头

---

① 刘鹏九编著：《内乡县衙与衙门文化》，中州古籍出版社 2015 年增订版，第 71 页。
② 刘鹏九编著：《内乡县衙与衙门文化》，中州古籍出版社 2015 年增订版，第 70 页。

上，使百姓叫苦不迭。王检心认为，民俗所贵莫如朴诚，衣食本源莫如勤俭。对此，他大胆进行革新除弊，一方面召开各会首领进行动员，一方面向上级写报告反映当地情况，并提出自己的改革方案。与此同时，贴出告示，大张旗鼓地禁赌、禁溺女、禁食鲍、禁鸡血沥门、禁城隍诞目，劝葬，烧毁赵公元帅等会内面具画轴等。此外，为了教化民风，他还在那些被查封的会所原址上仅用三天时间建了一百七十七所义学，用一天时间建了一百四十五座义仓，设立白鹿精舍书院，并制定了九条规约命人刻于碑上。后来，他本人还带头捐五百金修建永济桥。一年多后，当地"百废俱兴，存谷四百石有奇，百姓立碑石垂远"。在任职高淳县的两年里，他兴利除弊，一举两得，惠及百姓无数。①

在仪征做官期间，他勤于政务，关系民事，日夜不息。为教化民众，改革民风，他主张大兴教育。为明理断案，他常常察看案卷至半夜，从不积累案件。为教育后人，他印发《弟子规》发放给那些学童，每月给学生讲课；此外，他还设立牛痘局、慈幼堂这样的场所，保证婴幼儿的身体健康；建立纺织桑蚕局，用来帮助百姓种植农耕；补文庙俏额；修县志、筑城墙；为表彰孝子王家孝廉事迹，为其送匾盖房子；为保护当地渔民的船只免受破坏，组建巡江船队，确保百姓能够安居乐业。胥浦河决口，王检心能够急百姓所急，想百姓所想，把救济灾民作为首要任务，漕运粮米，救济难民。他的一系列政务举措，使得仪征当地百姓深受感动，于是百姓们自发组织起来，先后给王检心送了"实心实政""迩安远肃""冰心铁面"三块匾额，向其表示感谢。离任时，当地的百姓哭着相送数十里外，恋恋不舍其离去。王检心逝世后被"崇祀乡贤"，国典以荣。

---

① （清）宝鼎望修、高佑纪纂：《内乡县志》，清康熙三十二年。

（二）兴学重教，净化乡风

王检心理学造诣颇深，幼年师从塾师王香峰，为钻研学问打下坚实基础。十几岁时经人推荐，拜师桐城学者姚谏。姚家也是著名的藏书家，王检心在此读了许多书，视野大开，后来他与大学问家交往，专心攻读理学。

在治学方面，王检心非常注重实践，他不仅自己热爱读书，同时也教导青少年多读书、读好书、交好友，"非身心姓名之书不读，非公正直谅之士不交"。晚年回乡后，以他和其胞弟王涤心为代表的理学人士继续从事教育事业。定期在建福寺、菊潭书院、义塾等处讲学，传播程朱理学思想，不仅培养了内乡学子的理论思维，还教育当地百姓知书识理、陶冶人们的情操，并一度在内乡掀起了一阵理学热。由于他授课内容融合了世人和自己做人、做官、做学问的经验，因此理学成为学生们日常言行的是非标准和识理践履的主要内容。在教学过程中，他还力求将理学精髓和"君臣、父子、夫妇"为核心的伦常观普及于"群黎百姓"，家喻户晓，使之逐渐成为普及全民的意识形态，从而用来维持封建的统治秩序。著作方面，王检心著有《读易备忘》《菊潭讲义》等著作，主修《平山县志》。同治八年（1869年）修成《内乡通考》。与其他志书不同的是，该书不仅有史事而且还有评论，在明清地方志中，可谓独树一帜。此外，该书也为后人了解内乡历史提供了重要的参考价值。

王氏兄弟二人为官，能够深入实际，事无巨细事必躬亲，改革不利于国计民生的陈规陋习，为百姓谋福祉。同时，二兄弟作为理学大成就者，能够注重教育事业，引领当地青年人读书，其德行举止世人称叹。可谓做官一身正气，两袖清风，勤政务实，造福百姓，告老还乡，不忘初心，教化百姓，明辨是非，美名远扬。

顾嘉蘅

顾嘉蘅（生卒年不详），号湘坡，湖北宜昌市城区中书街人，祖籍江苏省昆山县，生于清嘉庆末年。其父顾槐因"家贫以授徒为生"，顾嘉蘅便跟着父亲读书习字。道光二十年（1840 年），顾嘉蘅京试及第，中二甲第五名进士，授翰林院编修。道光二十七年（1847 年）秋，因京察考核为一等，遂以七品翰林编修调升为从四品南阳府知府。他五次任南阳知府，时间长达二十年，当时南阳民众把他与西汉的召信臣和东汉的杜诗这两位有惠政于民的南阳太守并列，誉之为当代的"召父杜母"。

南阳知府卸任后，因年龄过大，遂携带了家属回到老家宜昌安度晚年。返乡时，除随身所带衣物外，就是大量书籍、古玩和一台古砚。其妻魏氏主持家务，量入而出，克勤克俭，对儿孙管教甚严。虽属官宦人家、书香门第，但无豪华奢侈之风，亦无骄横腐化之气。晚年，作为总编，顾嘉蘅与宜都学者杨守敬等共同编写《荆州府志》，光绪十六年（1890 年）木刻刊行，那年他大约八十岁，不久逝世。[①]

（一）五任知府，政绩卓著

顾嘉蘅是在南阳任职最长的官员，前后跨越二十年。顾嘉蘅初任南阳知府是在道光二十七年（1847 年）。道光二十八年（1848 年），

---

① 李陈广、张晓刚、刘绍明编著：《南阳历代郡守知府》，三秦出版社 2006 年版，第 238 页。

他的母亲因病去世，他便在家守孝三年。他第二次任职南阳知府是在咸丰元年（1851年），时间不长，1853年春，他的父亲又病逝，顾嘉蘅再次丁忧归家。期间因捻军在北方起战事，为父守孝三年未满，顾嘉蘅就被清政府诏回南阳任知府，这也是他第三次出任南阳知府。第三次期满后，他继续留任南阳知府，即第四次任职南阳知府。同治初年，又第五次任职南阳知府。

顾嘉蘅做官能力十足，政绩斐然。他任职南阳时，为南阳百姓做了许多好事。他勤于政务，善结积案，初任南阳知府时，就十分注重安抚百姓，认真审理了三百多起积压下来的案子，稳定了南阳当时的社会秩序。他还重视指导农事，发展农业生产，使农民安居乐业。为防捻军攻城，他修城竣隍，练兵习武，使南阳免遭生灵涂炭。在他治理下，南阳社会安宁，社会秩序井然，百姓们都称赞他。在五任知府后离去之时，南阳百姓挽留不舍。任辉第撰《湘坡顾太守去思碑记》记载："咸丰三年春，我公祖奉特旨，三守南阳，民兴来暮之歌。五年冬，练勇既精，修城甫竣，遽因议去官，父老攀辕，童子牵裾，留之不得也。举疾首蹙额而相告曰：我公乎竟为民失官乎！……夫我公三守是邦，以实心行实政，无论巨细。凡有关乎国计民生者，莫不悉心讲求，以期功归实际，纪之者有德政碑，兹不暇赘。惟是募勇三千人，逐日练之，颓城四百载与民新之，此数端尤为实惠及民，民不能忘也。公之勋业，诚超召杜诸公而上之矣。"①

---

① 李陈广、张晓刚、刘绍明编著：《南阳历代郡守知府》，三秦出版社2006年版，第246—247页。

（二）注重传承，重修古迹

保护和传承历史古迹，是一件功在当代、利在千秋的大业。同曾任南阳知府的罗景一样，顾嘉蘅也十分敬仰诸葛亮的人格，对诸葛亮曾经的躬耕地卧龙岗更是万分的敬慕，但由于当时世事不太平，卧龙岗也屡遭破坏，加上年久失修，有碍观瞻，于是决定再修武侯祠。顾嘉蘅《修葺诸葛庵并建龙角塔碑记》记载："南阳诸葛庵为躬耕旧地，人皆知所尊崇。闻明季兵燹，营员郭指挥尽以碑石筑防，遂致湮没。焚琴煮鹤，此怀古者一大憾事。且年久祠宇荒芜，殊无以壮观瞻。"① 清咸丰四年（1854 年），顾嘉蘅开始整修卧龙岗。清同治三年（1864 年），五任南阳知府的他，又大规模对武侯祠进行了修缮。除工程修缮之外，顾嘉蘅还十分重视和发扬卧龙岗武侯祠的文化。他从《诸葛亮文集》中，把颇能表现诸葛亮立身治国的《将善》《兵权》等四篇文章选了出来，命工人镌刻于祠内，并述作多篇怀古诗文。加上他喜欢书法，擅长写诗和对联，至今武侯祠由他亲书的匾额有四方、对联有六副、题咏石刻等达十余块。其中，"心在朝廷原无论先主后主，名高天下何必辨襄阳南阳"名联，就是出自顾嘉蘅之手。

南阳设府始于元朝，此后每朝每代都会对南阳城进行修缮。道光二十七年（1847 年）春，南阳府衙就被顾嘉蘅的前任知府岳兴阿组织过一次大修。但至咸丰元年（1851 年），府衙中又有不少建筑倾圮毁坏，于是顾嘉蘅便进行了一定规模的修葺补建。同时他还在

---

① 李陈广、张晓刚、刘绍明编著：《南阳历代郡守知府》，三秦出版社 2006 年版，第247—248 页。

府衙后院、内宅周围增建不少建筑，并亲自题写名字。现今大堂内匾联高悬低挂，主要匾额"公廉"就是由顾嘉蘅亲题，其匾联为："为政戒贪，贪利贪，贪名亦贪，勿骛声华忘政事；养廉唯俭，俭己俭，俭人非俭，还从宽大保廉隅。"绕口令一样的对联，大意是说为官者要戒贪，不可贪名贪利贪财，要以身作则，节俭养廉，知行合一。这副对联可以说是他自己为官从政的真实写照。顾嘉蘅对南阳府衙的这次修建，为四十余年后的南阳知府傅凤飏（傅凤扬）全面整修扩建府衙奠定了基础，为现今研究府衙文化作出了不可磨灭的贡献。

顾嘉蘅为政南阳二十多年，这在历代官员中是少有的现象。顾嘉蘅在五任南阳知府期间，不仅能文，而且善武，为官清正，勤政爱民，同时他还善于决断案件，重修武侯祠和南阳府衙，充分说明他能力超群，是封建时代少有的能吏。

傅寿彤

傅寿彤（1818—1887年），原名昶，字青余，晚号澹叟，贵州贵阳人。道光二十四年（1844年），贵阳乡试第二名。咸丰三年（1853年），癸丑科进士，后因学识渊博，文采过人，入选翰林院庶吉士。[①]咸丰十年（1860年）和清穆宗同治二年（1863年），两次出任南阳知府。同治三年（1864年），任开封知府。同治六年（1867年），官至

---

① 庶吉士，亦称庶常。其名称源自《书经·立政》篇中"庶常吉士"之意。是中国明、清两朝时翰林院内的短期职位。由通过科举考试中进士的人当中选择有潜质者担任，为皇帝近臣，负责起草诏书，有为皇帝讲解经籍等责，为明内阁辅臣的重要来源之一。

南汝光兵备道①。光绪元年（1875年），升为河南按察使，不久又调任布政使。光绪十三年（1887年），病故于长沙，终年七十岁。傅寿彤一生著述等身，其作有《古易殊文集》《易源》《周官源流考》等，被称为贵州学人第一人。②

（一）修城固防，保境安民

傅寿彤仕途之年，正是捻军起义势力发展迅速的年代。那时，中原地区地势平坦，人烟稀少，而捻军勇猛，防备困难。咸丰十年（1860年），傅寿彤因在与捻军官桥一战中，能够力挽颓局，设伏突击，大败捻军，被朝廷器重，遂选授为归德（今商丘县南）知府，同年十二月调任南阳。

古时南阳方城、赊旗店，为商贾来往暂聚之地，清政府在此设有厘局征收货物税。当时有绅民建议，欲借朝廷之官税修建防御工事，但建议没有获得上级的同意。上任南阳知府时间不长的傅寿彤，便修书向上级陈说修筑防御工程的重要性，请求暂缓收取商人们的税收，结果惹恼了上峰，他便被革职。同治二年（1863年）六月，他又在得知其被免职真相的中丞的帮助下，官复原职，二任南阳知府。

为了使南阳地区免遭捻军破坏，二任南阳知府的傅寿彤一到任，便因地制宜，审时度势，到处筹集钱粮，组织练兵，建炮台以固城守。期间，他对南阳城进行了大修及改造，他让士兵在南阳城东、

① 全称整饬兵备道，明朝时在边疆及各省要冲地区设置的整饬兵备的按察司分道。兵备道道官通常由按察司的副使或佥事充任，主要负责分理辖区军务，监督地方军队，管理地方兵马、钱粮和屯田，维持地方治安等。清朝沿置，乾隆时定为正四品，多由守、巡二道兼任。兵备道集军事、监察大权于一体，成为明清时期一项重要的地方管理制度。

② 潘守廉修：《南阳府志》，光绪三十年刻本。

西、南、北四座城门外，构筑四座独立的寨堡，这几个城堡从外看起来像朵梅花，于是南阳城又被人们称为"梅花寨"或"梅花城"。之后，他又命令士兵把各寨之间用寨墙连接起来，并在寨墙脚下挖寨壕，环寨之间建空心炮台十六座。同时，他还命令周边县城仿照南阳城的城防建设修建城池。就这样，一个类似梅花城形状的城防体系建立了起来，梅花城的修建从此把捻军与城内百姓隔离开来，捻军被置于处处挨打的不利局面。南阳地区各县在其战略思想的指导下，最终陆续收复了许多失地。僧格林沁亲王在南阳督师作战时与傅寿彤相见，当面夸赞他为"文官能习武事"的难得人才。①

同治三年（1864 年）四月，傅寿彤由南阳调任开封知府，后升任河南候补道。同治四年（1865 年），内乡马山口之役，清军兵力相比捻军悬殊，傅寿彤便率领军队前往增援，击退了捻军。同治七年（1868 年），傅寿彤因作战有方，被任命为南汝光兵备道，他一到任便组织敢死队与捻军作战，再次取得同捻军作战的胜利。

（二）尽忠竭智，勤政爱民

傅寿彤任南阳知府时，政绩十分卓著，他勤政爱民，五年如一日。"南阳太守傅公政德碑"碑文记载："公守宛前后五年，兴学校，劝农桑，训士卒，理词讼，内剔积弊，外遏贼氛，持官持身五年如一日……"此外，碑文还列举数例说明傅寿彤的过人才干，其中一例为两镇有纷争，积怨日深，似乎没有什么办法可以解决，谁知傅寿彤只用了片言只语便解决了两镇多年恩怨："公片言折服，并为立均市法，

---

① 李陈广、张晓刚、刘绍明编著：《南阳历代郡守知府》，三秦出版社 2006 年版，第71—73 页。

使各厚其生，两镇之民欢声雷动，迄今十余载恪守公命无异言。"①

　　在河南布政使任上，傅寿彤依然爱民若子。光绪元年（1875年），因战功显赫，清廷提升傅寿彤为河南按察使，旋即调任布政使。据其后人记述，傅寿彤在任职河南布政使时，黄河河道荒废，修缮河道需花费银子数量巨大，鉴于当时清廷财力不足的现状，傅寿彤只得自己想办法，他竭尽心力，到处筹措。由于河防被及时修补，因而当年天降洪水，没有对河道两边百姓造成灾祸。光绪二年至三年间（1876—1877年），河北、河南、山西、陕西连遭饥荒，赤地千里，出现了人吃人的惨状。其中，河南有多达七十余州县成为灾区，灾情极其严重，然而面对如此严重灾情，朝廷不但没有从国库和官府粮仓中拨银和粮食救济百姓，反而多次催促地方政府征收西征的粮饷。光绪三年（1877年）冬，南阳知府刘齐衡因赈灾失当而被撤职，清廷再次任命傅寿彤为河南布政使。二任布政使的傅寿彤，为了让受灾的难民吃上一顿饭，他日夜操劳，精心规划，因劳累过度，胡须和头发白了不少。救济期间，他安排人马建立粥厂，并在省城九门外专门建立安置所，收养难民十几万，同时，他还命令其他各州县也以此照做。在他的努力帮扶和指导下，河南灾情有所减轻，民众因而得以渡过难关。

　　傅寿彤博学多才，是道、咸、同、光年间少有的济世之才。作为在国家内忧外患年代从政的傅寿彤，能够坚守官员道德，勤政、敬业、爱民，真不愧为一代良臣。同时，作为文官，又能够带领军队，修城布阵，防御捻军，战功显赫，表现出了他博学多才与超人的智慧和胆识。

① 　南阳出土碑文：合镇绅民公立"南阳太守傅公政德碑"。

下 篇

南阳古代官德文化的当代价值

习近平总书记在纪念孔子诞辰 2565 周年国际学术研讨会暨国际儒学联合会第五届会员大会开幕会上，强调指出，中国优秀传统思想文化"体现着中华民族世世代代在生产生活中形成和传承的世界观、人生观、价值观、审美观等，其中最核心的内容已经成为中华民族最基本的文化基因。这些最基本的文化基因，是中华民族和中国人民在修齐治平、尊时守位、知常达变、开物成务、建功立业过程中逐渐形成的有别于其他民族的独特标识""中国人民的理想和奋斗，中国人民的价值观和精神世界，是始终深深植根于中国优秀传统文化沃土之中的，同时又是随着历史和时代前进而不断与日俱新、与时俱进的"。[①] 习近平总书记的讲话，深刻总结了中国优秀传统思想文化在中华文化长河中的地位和作用。为我们治国理政，凝聚力量，指明了方向。

道德是立身之本，政德是立国之基，政德建设是加强党的建设的内在要求。南阳挺立在中华大地上，这一方灵山秀水，培育了无数优秀儿女，孕育了丰富的灿烂文化。其中，南阳古代优秀官德文化，是先贤留给我们的一份珍贵精神遗产。新时代，这一珍贵的精神遗产具有新的时代价值，它将为党员干部干事创业，提供丰厚的文化思想资源。官员在任何时期，都是国家建设发展的极其重要的力量。他们的

---

① 习近平：《在纪念孔子诞辰 2565 周年国际学术研讨会暨国际儒学联合会第五届会员大会开幕会上的讲话》，《光明日报》2014 年 9 月 25 日。

素质、品德、能力，对整个社会的风尚、发展状态，甚至基本走向，都有着不可估量的影响。今天的官员，就是各级领导干部。一定意义上，一个国家和社会的前途命运，主要看官员整体状况如何，他们的确是社会上的"关键少数"。而官员能否正确履行自己的职责，能否发挥引领社会健康发展的方向，则取决于官员普遍尊崇和奉行的官德。中国共产党及其党员要成为整个社会前进的风向标，社会的表率，成为中国特色社会主义建设发展的坚强领导力量，努力学习中国优秀传统思想文化，从中吸取营养和精华，具有重大的指导作用，尤其是古代优秀的官德文化，在当代，仍具有时代价值，对于我们提升道德规范、行为准则、能力建设、理想境界，都有着重要的现实意义。

一、崇尚官德，彰显治国理政的思维策略

　　中华民族自古以来就十分注重道德教化在引领社会发展中的重要作用。《论语》中就有"为政以德，譬如北辰，居其所而众星共之"的论述。如果统治者能够施行仁德之政、顺应民意、不断修德于天下，就能够实现国家的长治久安；反之，则会受到民众的反抗而趋于灭亡。在历史的长河中，那些帝国的崩溃、王朝的覆灭，无不与其当政者不立德、不修德、不践德有关，无不与其当权者作风不正、腐败盛行、丧失人心有关。中华优秀传统文化高度强调入仕者的政治责任，"君子之仕也，行其义也。"出仕济世造福苍生，是儒者天经地义分内之事。怎样才能具有这种政治责任呢？中华优秀传统文化高度重视"德"的教化养成。《易·乾·文言》中讲"君子进德修业"。《礼记·学记》中讲"君子如欲化民成俗，其必由学乎！""玉不琢，不成器；人不学，不知道。是故古之王者建国君民，教学为先。"官员的"官德"，不同于一般人的道德，所谓"君子之德风，小人之德草，草上之风必偃"，公权力执掌者在修德问题上理应发挥典范和带动作用，必须在"大德""公德""私德"上下苦功夫，务期成为"整个社会道德建设的风向标"。若为政者本身有悖公序良俗，则后果不堪设想。荀子就称那些"口言善，身行恶"者为"国妖"，要治理好国家就要"除之"。

礼义廉耻，国之四维，明末清初大儒顾炎武曾将"耻"视为"四维"之要，痛斥"士大夫之无耻，是谓国耻"。此种"国耻"，直指"亡天下"的万劫不复境地。

习近平总书记参加十三届全国人大一次会议重庆代表团审议时指出，"领导干部要讲政德。政德是整个社会道德建设的风向标。"他在庆祝中国共产党成立 100 周年大会上进一步强调："新的征程上，我们要牢记打铁必须自身硬的道理，增强全面从严治党永远在路上的政治自觉，以党的政治建设为统领，继续推进新时代党的建设新的伟大工程，不断严密党的组织体系，着力建设德才兼备的高素质干部队伍，坚定不移推进党风廉政建设和反腐败斗争，坚决清除一切损害党的先进性和纯洁性的因素，清除一切侵蚀党的健康肌体的病毒，确保党不变质、不变色、不变味，确保党在新时代坚持和发展中国特色社会主义的历史进程中始终成为坚强领导核心！"[①]进一步讲明了政德建设在治国理政、国家治理中的地位作用，它是国家治理的核心内容。

"国无德不兴，德乃立国之基。"一个国家强盛与否，经济、军事、科技固然非常重要，但道德、文明、信仰、精神、价值观同样十分重要，只有硬实力和软实力的结合，才是综合国力的体现，尤其在全面建成小康社会以后，道德、文明等就显得更为重要和迫切。政德建设是新时代中国共产党治国理政的重要基础和保障。中国共产党是法治和德治建设的领导者和推进者，只有把德治纳入党员干部的日常建设中，在加强政德建设中引领整个社会的道德建设，才能最终促进德法共治良好格局的形成。政德建设的优劣直接影响到治国理政的效果。如果政德建设的效果良好，就会促进社会良好道德风气的形成；如果

---

① 习近平：《在庆祝中国共产党成立 100 周年大会上的讲话》，《求是》2021 年第 14 期。

政德建设出现了问题，就会给社会以错误的引导和不良示范效应，败坏社会整体的风气，使得社会道德生态恶化。政德是加强党的建设的深层要求。思想建设作为党的建设的重要内容，对党的建设全局起着引领作用，如果思想领域出现了问题，行动也会相应地出现问题。首先，党的思想建设包括着党员干部的道德建设维度。其次，加强政德建设是净化党内风气、杜绝党内贪污腐败现象的重要思想保障。党员干部的贪腐行为往往是从思想领域的腐化开始，其中政德缺失是重要原因。从近年来查处的领导干部违法违纪案件看，那些落马的官员中不乏一些"能人"，甚至颇有政绩。沦为腐败分子，并非能力不足，而是很大程度上源于没有夯实廉洁从政的思想道德基础，没有筑牢拒腐防变的思想道德防线。因此，强化政德建设是历史与现实赋予我们的重大任务。

南阳官德文化丰富多彩，从多方面多角度，彰显出一批有益国家和民族、造福社会和黎民、惠及当时和后代、成全自己和家人、流芳千秋和万代的官员的德行和节操，这一批"精英"已成为历史上，历朝历代治国理政的中坚力量，更成为一种正能量和"风向标"。

百里奚从小聪明好学，四十岁开始外出求官，他到过很多国家乞讨，阅历丰富，同情底层。后经贤达之人蹇叔推荐，在虞国做了大夫。晋献公"假道伐虢"，百里奚和虞公一同被俘沦为奴隶。秦穆公求贤，得知百里奚治国有道，用五张羊皮从楚国赎回百里奚，询问治国理政大事，拜为大夫，号称"五羖大夫"。接下来七年时间，百里奚辅佐秦穆公，使秦国由一个边陲小邦变为列强之一，为秦国最终统一天下奠定了基础。

更有一批代表人物如：范蠡、张衡、诸葛亮、召信臣、杜诗、张仲景、范仲淹……一个个光辉的名字，折射出南阳官德文化的耀眼光芒。他们收获了成功的人生，他们对社会和人民做出了卓越贡献，他们成为历代官员的表率。我们追寻他们的足迹，探问他们的经验，汲取他们的"从政之道"，不是可以让我们的领导干部、让我们每一个人，思索应该怎样对待自己的人生、应该怎样在自己的岗位上发挥作用吗？这些古代南阳优秀的官员，或者刻苦自励，以天下为己任，"先天下之忧而忧，后天下之乐而乐"；或者淡泊名利，尽心为民，"不耻禄之不夥，而耻智之不博""不为良相，便为良医"；或者忠诚尽职，无怨无悔，"鞠躬尽瘁，死而后已"；或者勤政爱民，造福一方，"前有召父，后有杜母"；或者不畏强权，严守法纪，"天下无冤民"；或者锐意改革，勇于担当，"宁鸣而死，不默而生"；或者克己修身，崇俭尚廉，"剩喜门庭无贺客，绝胜厨传有悬鱼。清风一枕南窗外，闲阅床头几卷书"……他们为后人敬仰和怀念，不是无缘无故的。他们的思想和行为，启示着我们"立党为公、执政为民"的伟大实践。认真学习南阳古代优秀官德文化，加强官德修养，能够从中探寻治国理政的思维策略，端正我们的价值取向、用权理念和品行操守。

治国之要，首在用人。当前，在全面建成小康社会的基础上，全党全国各族人民正在为建设社会主义现代化国家、实现中华民族伟大复兴的中国梦而团结奋斗。面对复杂多变的国际形势和艰巨繁重的国内改革发展稳定任务，我们必须按照习近平总书记治国理政总体思路，强化党的建设，准备进行具有许多新的历史特点的伟大斗争。实现党从十八大以来确定的各项目标任务，关键在党，关键在人。"关键在党，就要确保党在发展中国特色社会主义历史进程中始终成为坚强领导核心。关键在人，就要建设一支宏大的高素质干部队伍。"①我们党始终把选人用人作为关系党和人民事业的关键性、根本性问题。

---

① 《习近平谈治国理政》，外文出版社 2014 年版，第 411 页。

　　什么是高素质的好干部？习近平总书记指出，大的方面说，就是德才兼备。"现在，我们提出政治上靠得住、工作上有本事、作风上过得硬、人民群众信得过等具体要求，突出了好干部标准的时代内涵。""概括起来说，好干部要做到信念坚定、为民服务、勤政务实、勇于担当、清正廉洁。"①习近平总书记明确了新时代好干部的标准和遵循，这是今天干部的"为政之道"，是应该树立的"政德"。习近平总书记强调："立政德，就要明大德、守公德、严私德。"大德是领导干部政德中的最高层次。明大德，就是要铸牢理想信念、锤炼坚强党性，在大是大非面前旗帜鲜明，在风浪考验面前无所畏惧，在各种诱惑面前立场坚定。公德是领导干部干事创业的基本操守。守公德，就是要强化宗旨意识，全心全意为人民服务，恪守立党为公、执政为民理念，自觉践行人民对美好生活的向往就是我们的奋斗目标的承诺，做到心底无私天地宽。私德是领导干部为人处世的基本原则。严私德，就是要严格约束自己的操守和行为。百行德为首。严私德是领导干部政德的基础。不讲私德，大德和公德便无从谈起。

　　为政之德是一定社会政治文化的重要组成部分。党的十九大报告指出："在 5000 多年文明发展中孕育的中华优秀传统文化，在党和人民伟大斗争中孕育的革命文化和社会主义先进文化，积淀着中华民族最深沉的精神追求，代表着中华民族独特的精神标识。"②中华优秀传统文化、革命文化和社会主义先进文化构成了中国特色社会主义文化的三大渊源，也构成了新时代干部政德建设的三大理论资源。没有三者的底蕴和滋养，干部政德就难以做到虔诚而执着、

① 《习近平谈治国理政》，外文出版社 2014 年版，第 412 页。

② 闻言：《坚定文化自信，建设社会主义文化强国——学习〈习近平关于社会主义文化建设论述摘编〉》，《人民日报》2017 年 10 月 16 日。

至信而深厚。

十九大报告近一步明确："中国共产党从成立之日起，既是中国先进文化的积极引领者和践行者，又是中华优秀传统文化的忠实传承者和弘扬者。"①"讲仁爱、重民本、守诚信、崇正义、尚和合、求大同"，是中华优秀传统文化的核心理念；"民惟邦本、政得其民，礼法合治、德主刑辅，为政之要莫先于得人、治国先治吏，为政以德、正己修身，居安思危、改易更化"等，构成了传统中国治国理政的传世智慧。对传统文化中的为政之德进行创造性转化和创新性发展，对当前干部政德建设具有重大意义。正如习近平总书记指出的，"当高楼大厦在我国大地上遍地林立时，中华民族精神的大厦也应该巍然耸立。"② 所以，正如习近平总书记所说："只要中华民族一代接着一代追求美好崇高的道德境界，我们的民族就永远充满希望。"

历史经验告诉我们，"德刑并用，常典也。"同时，时代的进步和发展昭示我们，依法治国是人类社会进入现代文明的重要标志，也是国家治理体系现代化的基本特征。法律是准绳，任何时候都必须遵循；道德是基石，任何时候都不可忽视。法安天下，德润人心，法治和德治不可分离、不可偏废。学习汲取优秀传统官德文化，是促进国家治理的重要条件，因为良善的国家治理，既须"依法而治"，亦须"奉法者贤"。③ 习近平总书记强调："中国特色社会主义法治道路的一个鲜明特点，就是坚持依法治国和以德治国相结合，强调法治和德

---

① 习近平：《决胜全面建成小康社会　夺取新时代中国特色社会主义伟大胜利——在中国共产党第十九次全国代表大会上的报告》，《人民日报》2017 年 10 月 28 日。
② 张贺：《让全社会充满道德温度》，《人民日报》2019 年 6 月 25 日。
③ 孔新峰：《"立政德"的新时代意义》，《光明日报》2018 年 4 月 16 日。

治两手抓、两手都要硬。"①因此，党的各级领导干部必须要充分重视自身道德素养的提升，"政者，正也。子帅以正，孰敢不正?"领导干部只有不断提高自身道德水平，努力以高尚的道德行为影响和感化群众，党的事业才能兴旺发达，国家才会长治久安。

① 《立德树人德法兼修抓好法治人才培养　励志勤学刻苦磨练促进青年成长进步》，《人民日报》2017 年 5 月 4 日。

二、造福百姓，坚持一切为民的民本思想

政之所兴在得民心，政之所废在逆民意。"闻之于政也，民无不为本也，国以为本，君以为本，吏以为本。"正因为百姓是国家和社会稳固的根本，所以社会治理必须从百姓的利益出发，"为政之道，以顺民心为本，以厚民生为本，以安而不扰民为本。"

中国共产党自成立之日，就把为中国人民谋幸福，为中华民族某复兴作为初心使命。人民是历史的创造者，是真正的英雄。毛泽东同志说："人民，只有人民，才是创造世界历史的动力。"人民是认识活动的主体、实践活动的主体，也是评价实践成果的价值主体。坚持人民立场，明确人民的历史主体地位，体现了马克思主义政党的本色，是马克思主义政党区别于其他政党的显著标志。中国共产党百年的发展历程，就是党领导人民艰苦创业的历史，就是人民群众历史主体地位得到充分尊重的历史。一切为了人民，一切依靠人民是我们党不断夺取胜利的根本保证，是党从小到大、从弱变强、从革命党到执政党转变的决定性因素。习近平总书记在庆祝中国共产党成立100周年大会上讲道："江山就是人民、人民就是江山，打江山、守江山，守的是人民的心。中国共产党根基在人民、血脉在人民、力量在人民。中国共产党始终代表最广大人民根本利益，与人民休戚与共、生死相

依，没有任何自己特殊的利益，从来不代表任何利益集团、任何权势团体、任何特权阶层的利益。"这是中国优秀传统文化中民本思想的集中体现和升华。

在博大精深的南阳官德文化中，民本意识特别突出。南阳人百里奚，在辅佐秦王施政过程中，始终以天下苍生命运为念，体谅百姓艰难，顺应百姓愿望，努力造福百姓。他注重实际，亲理政务，生活简朴，提倡教化，开启民智。在处理内政外交上，继承尧舜美德，以仁爱为本，强调德行的力量，为秦穆公的霸业打下坚实基础。

范仲淹，在他 64 年的生命历程中，竟有三分之二以上的时间都是在满怀忠贞之志和饱拥尽瘁之心而为国操劳、为民做事的。他始终遵循"进则持坚正之方，冒雷霆而不变。退则守恬虚之趣，沦草泽以忘忧"的处世哲理，全然进入了一种"无我"之境界。他的儿子范纯仁也和他一样，虽然官至尚书右仆射兼中书侍郎，位同宰相，但却一生清正、耿直、谨职、尽责。他认为无论为官处事，抑或布道做人，都必须时时刻刻把老百姓装在心里，要无愧于国家和人民，他认为，面对社稷和庶众，"与其有愧心而生存，还不如无愧心而死"。

康熙十八年（1679 年），时任内乡知县高以永，曾在县衙内写有一副流传至今的名联："得一官不荣，失一官不辱，勿道一官无用，地方全靠一官；穿百姓之衣，吃百姓之饭，莫以百姓可欺，自己也是百姓。"并把这副对联作为他做官的座右铭，充分表现了高以永轻个人荣辱得失，重一官职责，以民为本的思想。据记载，内乡县在康熙十七年至十八年间灾荒不断，灾民成批外逃。高以永县令一到内乡，就招来那些饥民，问寒问暖，命令开仓救济难民；他命令衙役给农民发种子，调配耕牛，发动老百姓积极开垦荒地，种植桑麻、枣等经济作物，并将所垦的土地分为五个等级，按最低等级分配给百姓耕种。

此外，他还上书皇帝，恳请朝廷六年内免除内乡百姓的各种赋税。这些举措极大地调动了当地农民的开荒积极性，受灾百姓从四面八方返回内乡。据统计，几年内内乡百姓开荒面积合计达四千余顷。随后，他又组织人力整修县署，建立琴治堂，推崇德化，内乡百姓日子渐渐好了起来。与此同时，一个爱民亲民的父母官形象也随之在内乡百姓心中竖立起来。

"治国有常，而利民为本。"人民群众对美好生活的向往便是一切工作的出发点、落脚点。新中国成立前后，无数共产党人更是一切为民的倡导者、践行者。70多年前，毛泽东同志在《为人民服务》的演讲中就强调，"我们这个队伍完全是为着解放人民的，是彻底地为人民的利益工作的。"作为共产党员，心无百姓莫为官，心无人民莫从政。所以，毛泽东同志说："群众是从实践中来选择他们的领导工具、他们的领导者。被选的人，如果自以为了不得，不是自觉地作工具，而以为'我是何等人物'！那就错了。"共产党人无论职务多高、功劳多大，都不是什么特殊人物，而只是人民群众中的一员；在任何时候、任何情况下，都不能有特权思想、当特殊人物，而只能当好人民公仆。所谓为公者，食民之俸，所为其谁？自然是一颗公心，为民所为。

20世纪30年代，赣南群众自编歌谣赞颂苏区干部："苏区干部好作风，自带干粮去办公，日着草鞋干革命，夜打灯笼访贫农。"1934年11月，红军长征经过湖南汝城县沙洲村，三名女红军在战斗中与部队失联，借宿在徐解秀家的茅草屋。临走时，她们把自己仅有的一床被子剪下一半，留给了老人。老人说，什么是共产党？共产党就是自己有一条被子，也要剪下半条给老百姓的人。好作风能赢得民心，这是每一位党员都当永生铭记的箴言。抗战时期，赴延安的中外记者和美军考察组，惊奇地发现一国竟有"两个世界"，感叹"他们不是一般的中国人，他们是新中国的人"。60 多年前，中国共产党人在延安的窑洞里找到了"为人民服务"的制胜法宝："只要我们为人民的利益坚持好的，为人民的利益改正错的，我们这个队伍就一定会兴旺起来。"人心是最大的政治。历经峥嵘岁月，共产党密切联系群众、艰苦奋斗的"延安作风"，最终打败了国民党脱离人民群众、奢侈腐败的"西安作风"，时至今日依然启人深思。自古成败，皆在民心。乐民之乐者，民亦乐其乐；忧民之忧者，民亦忧其忧。遥想当年，是500 多万民工用 80 多万辆小车，才推出淮海战役的胜利。"政之所兴在顺民心，政之所废在逆民心。"人心，蕴藏着看不见的软实力。民主革命的先行者孙中山曾说："立国基础，就是万众一心。"有人曾向毛泽东同志请教，为什么能够打败蒋介石？他的回答言简意赅："共产党赢得了民心。"

朱德在担任国家副主席期间，曾到昆明视察工作。一位省委干部发现他每天吃的都是马豆荚、春蚕豆等素食，伙食费用低于规定标准，便为他加了一道好些的菜。朱德见后眉头直皱："我们每天吃得很不错了嘛，群众能这样吗？"朱德 60 岁生日时，董必武写下贺诗，称赞朱老总"半生戎马为人民""甘为民仆耻为官"。"甘为民仆耻为官"，正是党的优秀干部的生动写照。一位地方干部曾以"牛"勉励自己和他人："俯下去做群众的牛，站起来做群众的伞。"牛的品质在于忠诚苦干，一辈子为人民服务，不辞辛劳；伞的精神在于担当奉献，不怕艰险，力挡风雨。共产党人应学习牛和伞的品格，做人民利益的造福者和守护者。①

邓小平同志曾指出，为什么过去很困难的局面我们都能度过？根

---

① 向贤彪：《"甘为民仆耻为官"》，《人民日报》2016 年 12 月 16 日。

本的问题是我们的干部、党员同人民群众一块苦。回首近百年光辉征程，中国共产党筚路蓝缕、不畏险阻，始终与人民站在一起，始终为百姓筹谋利益，用事实诠释了"人心向背、力量对比决定事业成败"。正是一代代共产党人无私无畏、全心为民，这支队伍才能"唤起工农千百万"，才能创造"地球上最大的政治奇迹之一"。以百姓之心为心，永远同人民心连心、同呼吸、共命运，一块苦、一块干、一块过，我们就能不惧一切困难挑战，从胜利走向胜利。所以，习近平总书记说："我们中国共产党人靠什么来得民心呢？靠的就是廉洁奉公，全心全意为人民服务。这是一条真理。"①中国共产党之所以能够发展壮大，中国特色社会主义之所以能够不断前进，正是因为始终把人民作为"源"和"本"，深深植根于人民之中。

党的十八大以来，以习近平同志为核心的党中央，围绕群众路线这个"生命线"，开展了反对"四风"、"三严三实"、"两学一做"、"不忘初心，牢记使命"等主题教育活动，取得了明显成效。但正像习近平总书记讲的，作风建设永远在路上。"四风"在有些地方仍有反弹，穿"黄马甲"的，披"隐身衣"的，钻"毒纱帐"的，每月每天仍有违反八项规定的现象发生。当前，我们正在做中华民族伟大复兴的伟大事业，学习古代官员的为民思想，各级领导干部要始终把群众利益放在第一位，始终与人民群众想在一起、干在一起，相信群众、依靠群众，所做的每件事都要让群众有"获得感"。要坚持权为民所用、情为民所系、利为民所谋。在制订各项路线方针政策上，始终把群众是否答应、是否高兴、是否赞成作为出发点和落脚点。百年征程艰难曲折，百年初心坚定不移，我们党干革命、搞建设、抓改革，都是为

---

① 李浩燃：《得民心者有力量》，《人民日报》2017 年 10 月 18 日。

人民谋利益，让人民过上好日子。中国共产党坚守江山就是人民、人民就是江山的信念，认为民心是最大的政治，坚信得民心者得天下。中国共产党为人民而生，因人民而兴，只有一如既往始终同人民在一起，为人民利益而奋斗，百年风华正茂的大党，才能继续带领人民群众铸就新的历史伟业。

三、忠于国家，蕴涵忠诚担当的政治品质

忠诚，就是诚信、守信和服从，真心诚意、尽心尽力、忠心不二。忠诚是中华民族优秀传统文化的重要符号。忠诚作为对人的道德品质的一种界定和评价，在中国传统文化中有着非常重要的位置，忠诚的美德已深深植根于民族精神，在中国源远流长的传统文化中有着很深的积淀和扎实的群众基础。忠诚自古以来就是为人称道的优秀品质，是人们相处时彼此信任、可以生死托付的可靠保证。坚守"士为知己者用""士为知己者死""士受伤不受辱"的贞操。一个人如果没有忠诚，就不会信守如一，就会在各种诱惑、威逼等情况下，变节动摇，丧失原则，从而做出危害对方的事情。担当就是负责，就是恪尽职守，把国家、组织、上级交给自己的任务尽心尽力完成好。对于一项事业，如果对一个组织或国家不忠诚，就不会矢志不移，就不会尽心竭力，就不会迎难而上勇于担当。反而会三心二意，消极应付，一遇风吹草动、艰难险阻，就会临阵脱逃，在威逼利诱时，就会走向背叛。

传统文化中的天下情怀，培养了无数仁人志士。南阳历史上的优秀官员，具有高远的理想追求，"慨然以天下为己任"，信念如一，初心不改，在大是大非面前立场坚定，矢志不渝，敢于"亮剑"。这是

南阳官德文化中的核心内容。虽历经艰难困苦、挫折打击，始终没有泯灭内心的信念之火，不屈不挠地努力奋斗。他们不惧强权，在正义面前毫不退缩，不计个人的荣辱得失。一个人若胸怀天下，那还有什么可怕的呢？正如屈原说的："定心广志，余何所畏惧兮？"

尽忠竭智，鞠躬尽瘁，诸葛亮是突出代表。自从刘备三顾茅庐之后，诸葛亮一直追随刘备，南征北战，忠心耿耿，为蜀国的建立立下了不朽的功勋。随后辅佐后主，北伐中原不辞辛劳，呕心沥血，在蜀、魏、吴三国错综复杂征战不断的形势下，能够维护蜀汉政权延续，的确是鞠躬尽瘁、死而后已。张建封年纪轻轻，就冒着生命危险，处理乱民聚众闹事事件；面对叛军的威逼利诱，不为所动，坚决抵抗。贾黯廉洁自律，富有主见，敢于伸张正义，一生刚直不阿。

李贤作为明朝景泰年间的吏部官员，对当时官场不正之风、官员玩世不恭等现象，他从国家大局出发，不顾自己官职卑微，个人身家性命安危，斗胆向代宗皇帝提出了自己认为可行的十条改革弊政、整饬官场衙门作风的具体措施，简称"正本十策"，即：勤于圣人之学，听从规劝，戒除声色等嗜好，断绝玩好，举动谨慎，崇尚节俭，敬畏天命，勉励近臣，振作士风，团结民心。代宗皇帝看后很是赞赏，即刻命翰林抄好一份放于身边，随时阅览。在吏部任职期间，李贤还专门从历代君王中选取了二十二位明君，并把这些明君的行事作风，编成了《鉴古录》，呈递给皇帝以便选贤任能。李贤又向皇帝建议壮大军队，打造战车和制造火药火器，以备战事所需。皇帝随即采纳了他的建议。因向国君建言有功，李贤被升任为兵部右侍郎。在兵部任职期间，针对边防守备松弛的问题，李贤向皇帝提出了激励边疆将士的各种措施，以此激发将士们保家卫国的信心和斗志。是一位建言献策、忠君效力、名副其实的忠臣。

范仲淹心系天下、忠于国君、勇于担当，在历史上留下英名。他一生三次遭遇贬官，但"志于道"的追求始终未改，"以天下为己任"，高居庙堂，心系天下苍生，根据君子之道来事君为官，以一种"帝王师"的人格标准示范天下。哪怕与权臣、帝王发生冲突，仍敢于挺身而出，面折廷争，冒死直谏，根本不顾自己的荣辱利害、身家性命，这叫作"三军可以夺帅，匹夫不可夺志""虽九死其尤未未悔"，难能可贵地做到了"大丈夫处事，论是非，不论祸福"。当刘太后要求皇帝和文武百官一起，到会庆殿给她祝寿。虽然与礼不合，但是宋仁宗不敢说什么，满朝文武更无人置喙。没想到，官微言轻的范仲淹却站出来，大胆反对。把推荐他的枢密使晏殊吓坏了，怕因此被连累了，所以，把范仲淹叫来大加责难。范仲淹则认为这是对得起举荐人的行为，自己是"不以富贵屈其身，不以贫贱移其心"。被贬后，他没有感到委屈和消沉，反而在河中府极短的贬官任上，又上了四道折子，针砭时弊。明道二年（1033年），京东和江淮一带大旱，又闹蝗灾，百姓苦不堪言。范仲淹心急如焚，奏请宋仁宗派人救灾。皇帝正忙着其他事，对民间疾苦不以为然，不予理会。范仲淹立马上得朝堂，面折廷争，疾言厉色质问宋仁宗：如果宫中半日停食，陛下该当如何？现在江淮和京东各路民不聊生，您怎能不闻不问呢！面对炙手可热、权势熏天的宰相吕夷简，人们无可奈何，范仲淹不惧风险，向皇帝上奏一份奏议《百官图》，揭露吕夷简卖官专权，危及朝廷。① 像范仲淹一样，张释之立场坚定、敢于担当，不怕触犯龙颜，冒犯皇权，依法判案；杜诗对南阳豪强恶霸、地痞无赖"先斩后奏"。"是其所应是、

---

① 周宗奇：《忧乐天下：范仲淹传》，作家出版社2015年版，第112—127页。

非其所应非、为其所应为。"这些坚持原则、不畏强权、敢作敢为的品质正是我们共产党员、各级领导干部需要学习和汲取的。

中国共产党继承并弘扬了中华优秀传统文化中的精华，特别是政德文化中忠诚担当的政治品质。正如习近平总书记强调的："我们党一路走来，经历了无数艰险和磨难，但任何困难都没有压垮我们，任何敌人都没能打倒我们，靠的就是千千万万党员的忠诚。"①2021 年 6月，习近平总书记在青海考察时指出："要崇尚对党忠诚的大德，广大党员、干部永远不能忘记入党时所作的对党忠诚、永不叛党的誓言，做到始终忠于党、忠于党的事业，做到铁心跟党走、九死而不悔。"②

忠诚是党员干部的政治选择。是否对党绝对忠诚是衡量一个党员干部是否具备坚定的、优秀的政治品格的试金石。绝对忠诚，就是唯一的、彻底的、无条件的、不掺任何杂质的、没有任何水分的忠诚。党员干部要用这样的标准要求自己，自觉在思想上、政治上、行动上同党中央保持高度一致。对党忠诚就是忠于党的信仰，把学习马克思主义基本理论与学习中国特色社会主义理论体系结合起来，在知党、爱党、信党中增强道路自信、理论自信、制度自信，增进对党的政治认同和情感认同。对党忠诚就是要忠于党的宗旨，心里装着人民群众，牢记手中的权力是人民赋予的，只能用来为人民谋利益。对党忠诚就是要忠于党的纪律，自觉遵守党的章程和各项法规制度。对党忠诚就要对组织忠诚。中国共产党是按照马克思主义建党原则建立起来

---

① 《立志做党的光荣传统和优良作风的忠实传人——论学习贯彻习近平总书记在中青年干部培训班开班式上重要讲话》，《人民日报》2021 年 3 月 4 日。

② 《坚持以人民为中心深化改革开放　深入推进青藏高原生态保护和高质量发展》，《人民日报》2021 年 6 月 10 日。

的政党，由九千多万党员和各级党组织组成。党组织就是党的肌体，每个党员都是党的一分子。我们对党忠诚，就必须对组织忠诚，就像习近平总书记所说的那样，"全党同志要强化组织意识，时刻想到自己是党的人，是组织的一员，时刻不忘自己应尽的义务和责任，相信组织、依靠组织、服从组织，自觉接受组织安排和纪律约束，自觉维护党的团结统一"。现在有少数干部台上一套，台下一套，说"两种话"，做"两面人"，是明显的不忠诚表现，对这样的干部我们要严格管理、严格教育，经教育不改的要坚决清除出干部队伍。

党员干部必须做到四正，即心正，心怀坦荡、光明磊落、心底无私、表里如一，能帮人也能容人，对上对下，一视同仁，不要小聪明，不耍小手腕，不打击别人，不抬高自己。身正，即从自己做起，遵守社会公德、职业道德和家庭美德。言正，即说实话、做实事、求实效，不说大话、套话、假话、违心话。行正，"富贵不能淫，贫贱不能移，威武不能屈"，不做阳奉阴违之人、嫉贤妒能之人、耍滑耍奸之人和自私自利之人。做到"四正"，拥有一身正气，才能以德服众。"四正"要求的旨归，就是领导干部要修好"大德"，为官从政者，首先要涵养优良的"政治德性"。对于党员领导干部而言，"政治德性"的核心就是理想信念坚定和党性原则坚强，体现为心中有党、对党忠诚，任何时候都以党的利益为重，以党的要求为先。可以说对马克思主义的信仰，对社会主义和共产主义的信念，是共产党人最大最高的"德"。习近平总书记强调"明大德"，对于党员领导干部来说，实质上是道出了一个对党"信和不信、忠与不忠"的大是大非问题。本立而道生，对马克思主义、共产主义的信仰，对社会主义的信念，始终是共产党人精神上的"钙"。只有补足精神之"钙"，坚守共产党人精神家园，铸牢坚守信仰的铜墙铁壁，才能练就抵御各种诱惑、风险和考验的金刚不坏之身。①

　　勇于担当是领导干部的优秀政治品质。习近平总书记指出："是否具有担当精神，是否能够忠诚履责、尽心尽责、勇于担责，这是检验每一个领导干部身上是否真正体现了共产党人先进性和纯洁性的重要方面。"忠于职守，忠诚党的事业，才能意识到手中的权力意味着什么，才能深深懂得权力就是责任，责任就要担当。

　　延安时期，毛泽东同志有一次曾当众脱帽、鞠躬担责，他在延安党校礼堂开会时说："党校就犯了许多错误，谁负责？我负责，因为我是党校的校长。整个延安犯了许多错误，谁负责？我负责，因为发号施令的是我。""为官避事平生耻"。当领导的就是要不避事、不推诿、敢担责，认账就是最好的担当和负责。

　　当年小岗村搞包产到户，时任安徽省革委会主任的万里承受巨大压力，批示"我看可以试验"，为农村改革蹚出一条路；争取到"尚方宝剑"的习仲勋说办就办，推动广东改革开放"先走一步"；"上不怕丢乌纱、下不怕挨骂"的王伯祥发动山东寿光群众种植蔬菜，开辟农民致富之路……无数改革闯将，在关键时刻勇立潮头，把看似不可能的事情变成可能。要有"明知山有虎，偏向虎山行"的勇气，对干部而言，有多大担当才能干多大事业，尽多大责任才会有多大成就。然而，现实中有的喜欢争功诿过，见成绩和荣誉争着往前拱，一味往自己脸上贴金、往功劳簿上"贴花"，热衷于向上表功邀功，而对于工作中的毛病、问题和不足，讳莫如深，或闪烁其词、虚晃一枪；有的对之前的表态和承诺，语焉不详，只字不提，似乎压根就没有说过；有的出了责任事故时，第一反应是搞"封口""统一口径"，急着

---

① 王青：《坚守信仰成就不朽人生》，《人民日报》2018 年 1 月 23 日。

灭火而不是救火，忙着撇清，或找人代过、推给他人，避之唯恐不及；有的对于决策失误，一味归咎于客观因素，对自身造成的过失、过错死扛硬撑，最后拍屁股走人。这是不老实、不忠诚的表现。"言必信，行必果。"当领导的要说到做到，没做到的就公开承认，讲明情况、讲明原因，这本没什么大不了的事情。领导意味着责任。

处在新时代的党员领导干部，特别需要具备强烈的忠诚担当精神。恪尽职守、善解难题，在敢于担当上作表率。领导干部身处重要工作岗位，必须带头接过历史的接力棒，负起责任、挑起重担，敬业奉献、奋发有为，不当"墙头草"、不患"软骨病"，敢啃"硬骨头"、敢解"挠头事"，守土有责、守土负责、守土尽责。领导干部的职位就意味着责任、重担和使命，必须以舍我其谁的气概，以踏石留印、抓铁有痕的劲头，知难而进、迎难而上，做到担责不误、临难不却、履险不惧、受屈不计。首先是政治担当。因为政治上敢不敢担当、能不能担当、有没有担当，最能检验领导干部的政治操守和政治品格。必须看到，在实现中华民族伟大复兴目标进程中，不可避免地会遇到许多重大挑战、重大风险、重大阻力、重大矛盾，这就需要各级领导干部强化政治担当，敢于碰硬、敢战能胜。"惟其艰难，才更显勇毅；惟其笃行，才弥足珍贵"。其次是工作担当。即牢固树立为人民服务的宗旨意识，自始至终把广大人民群众对美好生活的向往作为自己全部工作的重心，实现好、维护好、发展好最广大人民的根本利益，不断促进人的全面发展和全体人民的共同富裕。克服懒政、怠政、不作为思想，要以时不我待、只争朝夕的奋斗精神投入工作，把对组织和人民的感恩之情，转化为奉献社会和服务群众的实际行动，转化为勇创佳绩和拼搏进取的工作劲头。在追求政绩的过程中，既要做老百姓看得见摸得着的显绩，也要做有利长远为后人作铺垫的潜绩，要在老老实实干工作和默默无闻做奉献中，追求经过历史沉淀后人民群众真实而客观的评价，所谓"口碑千古事，得失民心知"。①

志不求易者成，事不避难者进。"改革推进到今天，比认识更重要的是决心，比方法更关键的是担当。"改革，不是按下开始键就会顺理成章地自然运行。今天，改革进入深水区，改革处于攻坚期，面临错综复杂的矛盾，应对众口难调的诉求，需要处理的都是难啃的硬骨头。只有不断激荡闯劲和干劲，才能让改革始终拥有动力、充满活力。真正使敢于担当成为领导干部的自觉行动，必须牢记习近平总书记对干部提出的要求，把"五个敢于"内化于心、外化于行，忠于职守，撸起袖子加油干。面对大是大非敢于亮剑，在事关大是大非和政治原则问题上，必须增强主动性、掌握主动权、打好主动仗；面对矛盾敢于迎难而上，要坚持问题导向，勇于直面矛盾，善于解决问题，在矛盾问题面前，最能考验领导干部的担当作为；面对危机敢于挺身而出，要有"明知山有虎，偏向虎山行"的劲头，真正成为带领人民群众战风险、渡难关的主心骨，领导干部敢于担当，不仅要体现在平时工作中，更要体现在紧急关头上；面对失误敢于承担责任，不谋私利才能谋根本、谋大利，才能不掩饰缺点、不回避问题、不文过饰非；面对歪风邪气敢于坚决斗争，"四风"问题都是顽症，要真正解决问题，就要有抛开面子、揭短亮丑的勇气，有动真碰硬、敢于交锋的精神。能够担当。担当不能仅仅停留在勇气和口头上，要具备担当的本领，就要不断提高自己方方面面的能力，努力增强适应新形势新任务的信心和能力。这就要求我们向书本学习，从书本中汲取新知

---

① 靳凤林：《领导干部的政治品德》，《光明日报》2018 年 4 月 23 日。

识、新能量；向同志们学习，学习他人的长处，取长补短；向社会和实践学习，从社会和实践一线积累经验、锻炼本领。要不断磨砺自己、提升自己、完善自己，使自己逐渐具备担当的本领，从而不负组织重托，圆满完成组织交给的任务。

四、遵规守矩，契合遵纪守法的规矩意识

凡事都有规矩，不以规矩，不成方圆。规矩既是规范、法则，也是标准、尺度。做人有行为规范，做事有游戏规则。《管子·法法》说得好："虽有巧目利手，不如拙规矩之正方圆也。故巧者能生规矩，不能废规矩而正方圆；虽圣人能生法，不能废法而治国。"所以，尽管规矩也需要视时立仪，与时俱进，需要不断地修改修订，创新完善，然而却不可以一日无规矩，更不能不懂规矩，不讲规矩，不守规矩。古人有言，"世有乱人而无乱法"。古谚亦云，"曲木恶直绳"。可见，规矩不仅是方法论，亦含有世界观。

传统文化意义上的规矩，主要体现在"礼"与"法"两个方面。礼者，履也，礼仪三百，威仪三千，文绉绉地，是软规矩。法者，刑也，人心似铁，官法如炉，威赫赫地，是硬规矩。礼无不敬，法无不肃。礼的核心是敬——敬重，敬畏，表现于对万物的尊重；法的核心是肃——肃然，肃杀，表现于对法律的戒惧。有道是，礼禁未然之前，法施已然之后。换言之，礼与法的价值实现，以是否"犯法"为疆界，它是一个是否对当事者及其亲属乃至社会构成伤害，以及是否造成耗费公共资源、增加执法成本，从而涉及伦理、文化、政治、经济等社会多方面的大问题。谚云，"礼从俗，事从官"。"俗"指风俗

习惯，是礼的范畴，是长期以来家风民俗耳濡目染、文化熏陶润物无声而形成的软规矩；"官"指政事官法，是法的范畴，是为维护公平正义、保护生命财产、打击犯罪活动而制定的硬规矩。故曰："礼制君子，法制小人"。中国古代思想家多以度量衡器来比喻法的客观、公正、公平。管子说："尺寸也，绳墨也，规矩也，衡石也，斗斛也，角量也，谓之法。"又说："法律政令者，吏民规矩绳墨也。"

当前，世情、国情、党情都发生了深刻复杂变化。我们党肩负着团结带领人民实现中华民族伟大复兴中国梦的历史重任，同时又面临着长期执政、改革开放、市场经济、外部环境"四大考验"，面临着精神懈怠、能力不足、脱离群众、消极腐败"四种危险"。应对这些严峻复杂的考验和危险，需要党员特别是领导干部始终保持先进性和纯洁性，不断增强党组织的创造力、凝聚力和战斗力。党纪国法是每个党员干部的戒尺。

马克思曾指出："我们现在必须绝对保持党的纪律，否则将一事无成。"毛泽东同志讲过："路线是'王道'，纪律是'霸道'，这两者都不可少"。这讲的都是纪律、规矩对于干事创业的重要性。没有纪律，不讲规矩，最终什么事也干不成。法律面前人人平等，纪律面前没有特权，党纪国法的红线不能逾越。遵纪守法是领导干部从政的底线，也是安身立命的最基本要求、最基本职责和最基本素养。近年来，中央和地方查处了一批违法违纪领导干部，原因虽然很多；但对法纪缺乏最起码的敬畏是一个非常重要的原因。因此，领导干部必须尊重法纪的神圣，心存敬畏、手握戒尺，带头遵纪守法，从程序和制度上规范权力、约束权力，在任何情况下坚持做到不越界、不越轨，拒腐蚀，永不沾。

习近平总书记指出："领导干部要把对法治的尊崇、对法律的敬畏转化成思维方式和行为方式，做到在法治之下、而不是法治之外、更不是法治之上想问题、作决策、办事情。党纪国法不能成为'橡皮泥'、'稻草人'，违纪违法都要受到追究。"领导干部手中握有人民赋予的权力，更应心存敬畏，不迷失方向、不动摇信仰，依规用权、谨慎用权、干净用权，用坚强的政治定力、无畏的政治担当、高超的政治智慧完成好执政为民的考卷。《中国共产党党内监督条例》明确要求，党的领导干部应当强化自我约束，经常对照党章检查自己的言行，自觉遵守党内政治生活准则、廉洁自律准则，加强党性修养，陶冶道德情操，永葆共产党人政治本色。

正己而后可以正物，自治而后可以治人。领导干部是党的事业的骨干，一言一行都会影响社会风气；只有管住自己、管好自己，注重自我养成、强化自律自省，才能担起肩上的重任。诸多案例都表明：从不拘小节开始，逐渐放纵自我，最终就会失去群众信任；从贪小便宜开始，慢慢就会禁不住利益诱惑，走向腐化堕落。自我约束，基础和前提在于守住底线：守住做人的底线，用正确价值观抵御利益诱惑，做到清正廉洁；守住用权底线，不忘为人民服务的初心，做出实实在在的工作业绩；守住政治底线，时刻绷紧纪律之弦，模范遵守党章，坚持真理、修正错误，不负党和人民的重托。政治清醒、思想敏锐，在坚定信念上作表率。领导干部作为执政"脊梁"和社会"主心骨"，必须严守党的政治纪律和政治规矩，高度自觉地与党中央保持一致，在大是大非面前旗帜鲜明，在各种风浪考验面前坚如磐石，在各种诱惑面前不为所动，在关键时刻挺身而出。特别是在多元思想观念相互激荡的当下，更要有很强的政治敏锐性和政治鉴别力，自觉做到思考问题站在政治和全局的高度，认识问题注重从政治上分析判断，处理问题注重从政治上考量，确保在政治上不出任何问题。

南阳历代优秀官员，把遵规守矩当作自己的座右铭，时刻衡量、规范自己的言行。张释之做廷尉时，秉公执法。汉文帝出行，御马被一乡下人惊扰。文帝大怒，交由廷尉发落。经张释之调查，此人纯属无心之过失，按照法律条款，应判处罚金。文帝大怒，认为判罚过轻。皇帝的理由是：这个人冲撞御驾，如遇烈马，我定会有生命危险，所幸没出事，但应该判他重罪。张释之正儆地回答："法者，天子所与天下公共也。今法如此而更重之，是法不信于民也……廷尉，天下之平也，一倾，而天下用法皆为轻重，民安所措其手足？唯陛下察之。"意思是，国家的法律是天子和百姓都应该共同遵守的。这个案子依法应该判罚金，若是依陛下之见，以后法律就无法取信于民了。廷尉，是主持天下公平的执法人，一旦断案不公，全国各地的执法官在量刑时就会失去轻重。如果这样，老百姓就不知所措了。最后，文帝承认张释之做得对。还有一件事，有一天有人盗走汉高祖庙里神座前的玉环，抓到盗贼后，文帝交张释之审判。张释之根据汉代法律规定的条款，盗窃宗庙之物，应当判为斩首。文帝不悦，他认为，盗窃皇家宗庙的罪犯，应该诛其九族，而不能当成一般案件来判。张释之说："法如是足矣。假令愚民取长陵一抔土，陛下何以加其法乎？"意思是，判罪犯"弃市"已经足够了，如果这个盗窃罪判灭九族，假如有人毁坏了皇陵，那又该用何刑呢？文帝认可了张释之的判决。张释之"明德慎罚""法不阿贵"的执法精神，给后人树立了标杆。

诸葛亮赏罚分明，公正廉明。刘璋留下的益州纲纪废弛，刘璋旧部还希望诸葛亮效法高祖实行简单法度，诸葛亮明确宣布："吾今威之以法，法行则知恩；限之以爵，爵加则知荣。"强调荣恩并用，上下有节。由此，不避权贵，一切依法行事。马谡是他的爱将，屡立战功，和诸葛亮交情很好，但因他骄傲轻敌，结果丢失了战略要地街亭，按照军法应判处死刑，但按个人感情诸葛亮不忍心，为了严肃军纪，诸葛亮只能忍痛割爱，这就是历史上有名的"挥泪斩马谡"。诸葛亮自己也因用人不当自责，自降三级。

董宣于东汉初年在办理一桩"苍头白日杀人案"时，遇到了极大的压力。当时的"苍头"，代指家奴。该案凶手是湖阳公主刘黄的苍头，而刘黄正是当朝皇帝刘秀的亲姐姐，权势很大。此苍头光天化日之下杀人，躲在公主府，没人敢去抓捕。董宣不顾压力，带着十几个狱卒，在公主的车队中发现苍头，正欲缉拿，遭到湖阳公主的强力阻拦。没想到董宣竟然"以刀画地"，强行拦住车队，将凶手缉拿下车，就地正法。董宣不畏权贵，公正执法在当时影响巨大。

一代名臣范仲淹曾遇到这样一件事：当时，有人想要替他在洛阳买一座名为"绿野堂"的园子，他坚决不肯收。对此，他解释道："一旦取其物而有之，如何得安？"现实中，收受他人财物，便易受人所制，甚至陷入权钱交易、权色交易、权权交易的陷阱，一旦"东窗事发"，便会受到法纪严惩。因此，与其突破廉洁底线而惴惴不安，毋宁清清白白做人、干干净净做事、坦坦荡荡为官。

历史上，民间有"南瑞北拯"的说法。北拯指的是包拯，南瑞则指海瑞。传说包拯担任开封府尹，有三口铡刀：龙头铡专铡皇亲国戚、凤子龙孙；虎头铡专铡贪官污吏、祸国奸臣；狗头铡专铡土豪劣绅、恶霸无赖。该说法虽见于文学作品《三侠五义》，不能作为信史，但包拯公正执法、不畏权贵的品质则是妇孺皆知。海瑞任户部主事时，眼看嘉靖皇帝不理朝政，整日沉迷于长生方术，严嵩父子把持朝政，祸国殃民；官场昏暗不堪，民不聊生，遂准备好棺材，与家人一一告别，冒死上书："嘉靖者，言家家皆净而无财用也"，建议嘉靖皇帝下台。被激怒的嘉靖皇帝将其下狱，直到穆宗继位的时候，海瑞才得以释放并官复原职。包拯、海瑞代表了廉直官员的正气、刚正品格，他们讲原则，做到了刚直不阿、公正执法。

我们常说："少数人靠觉悟，多数人靠制度。"新中国成立前夕，中国共产党人"进京赶考"前，在西柏坡定下了六条规矩。习近平总书记来到西柏坡时感慨地说："这里是立规矩的地方。党的规矩、制度的建立和执行，有力推动了党的作风和纪律建设。"处处不讲规矩，治理往往就会失序。事事不守规则，法治就是镜花水月。"天下从事者，不可以无法仪；无法仪而其事能成者，无有也。"对于领导干部来说，规矩意识不仅是一种政治觉悟，更是一种现代治理素养。实现国家治理现代化，迫切要求我们善于运用法治思维和法治方式。规矩意识，就是法治意识的基础。①

20 世纪 60 年代，陈云夫人于若木刚买了一床毛巾被，第二天报纸就登出消息说，国家经济已经恢复到一定水平，即日起，高价产品降为平价产品。于若木向陈云抱怨，怪他为什么不早点说，害自己花了冤枉钱。陈云回答："我是主管经济的，这是国家的经济机密，我怎么可以在自己家里头随便讲？我要带头遵守党的纪律。"马上就要公布，却依然对家人守口如瓶、不肯通融，因为涉及党和国家的秘密。事实上，"保守党的秘密"，正是每一个共产党人须臾不能忘记的一条铁律。坚决不把秘密透露出去，既让自己守住了纪律红线，也避免了家人可能因知晓秘密而犯下错误。陈云的做法，看起来很"迂"、不近人情，实则是明智而清醒的选择，体现了共产党人对纪律的坚守。②

---

① 蔡朝阳：《"规矩意识"提升治理能力》，《人民日报》2014 年 4 月 2 日。
② 陈凌：《心中有戒则行之有界》，《人民日报》2018 年 8 月 9 日。

谷文昌在福建省东山县当一把手，从不让家里人、身边人搞一点特殊；大半辈子与林业管理打交道，从不沾公家一寸木材。他是一个无论走到哪里都廉洁为政、清白为人的干部，一个没留下多少清晰影像、却清晰留存在群众记忆里的干部。谷文昌的可贵之处就在于，他自觉把党纪国法、公义廉耻作为心间戒尺，将干事创业、为人处世的根基立稳在从严自律上。"当领导的要先把自己的手洗净，把自己的腰杆挺直！"他是这样说的，更是这样做的。他用权以廉、持身以正的宝贵品质，正是今天各级干部尤需补充的精神钙质。

习近平总书记在《认真学习党章，严格遵守党章》一文中指出："没有规矩，不成方圆。党章就是党的根本大法，是全党必须遵循的总规矩。"党章彰显着党的根本宗旨，昭示着共产党员的理想信念。以党章为镜对照自己，以党规为尺衡量自己，唯其如此，广大党员干部才能以过硬的素质和作风，展现"想干事、肯干事、敢干事"，诠释"会干事、能干事、干成事"。用权为民，用权依法，用权有戒。对权力始终怀有敬畏之心、戒惧之心，对人民始终怀有敬重之心、服务之心，方能行正道、做正事、成正果。

党的十九大报告指出，"要尊崇党章，严格执行新形势下党内政治生活若干准则，增强党内政治生活的政治性、时代性、原则性、战斗性，自觉抵制商品交换原则对党内生活的侵蚀，营造风清气正的良好政治生态"。领导干部必须敬畏党规党纪。纲纪不彰，党将不党，国将不国。党的各项纪律规矩是"带电的高压线"，要牢固树立法治意识、制度意识、纪律意识，懂法纪、明规矩，知敬畏、存戒惧，形成尊崇制度、遵守制度、捍卫制度的良好氛围。党的十八大以来，以党章为总依据，为适应全面从严治党的新要求，把纪律和规矩挺在前面，制定、修订了《中国共产党廉洁自律准则》《中国共产党纪律处分条例》《中国共产党问责条例》《关于新形势下党内政治生活的若干准则》《中国共产党党内监督条例》等 90 余部重要党内法规。《条例》以负面清单的方式，列举了共产党员不能做、不能违反的情形。党员干部，要做尊崇党纪党规的模范，强化党的意识、纪律意识、规矩意识，自觉用党章和党规党纪约束自己的言行，守住法规底线，依法行使权力。习近平总书记指出："要以上率下，从中央政治局常委会、中央政治局、中央委员会做起，从各地区各部门党委（党组）做起，从高级干部做起，对党绝对忠诚，模范遵守党章，严格按党的制度和规矩办事，夙兴夜寐为党和人民工作，任何时候都不搞特权，都不破坏党的制度和规矩。"一些倒下的"老虎""苍蝇"，之所以一度恣意妄为，就是因为没有形成规矩意识，没有对规则法度的敬畏。党员没有对党纪国法的敬畏之心，就会随心所欲、利欲熏心、不计后果，最后给党、国家和人民带来严重损害。

党的十八大以来，党风政风如清风扑面，方方面面都严起来了。然而，从严要求，还需以实为行，更看落实成效。油门踩得震天响、就是不见车轮转，只闻楼梯响、不见人下来，雷声大、雨点小，只挂帅、不出征，凡此种种工作中屡见不鲜的怪现象，都只是表面上的"严"，是做给别人看的，而不是真想干。因此我们看一个干部有没有严起来，很重要的方面就是看他实不实。看一个地方风气严不严，就看抓落实有没有蔚然成风。①"说到不如做到""喊破嗓子不如做出样子"。作为全面依法治国中的"关键少数"，领导干部对法律、党纪党规，必须具有敬畏意识、担当精神，以身作则，率先垂范，发挥关键的作用。

---

① 江柳依：《抓落实，一肩担子挑到底——作风建设"严起来"的思考》，《人民日报》2015 年 1 月 26 日。

五、律己廉平，显现清正廉洁的品行修养

"克勤于邦，克俭于家"，"吏不廉平，则治道衰"，"公生明，廉生威"，"无教逸欲有邦，兢兢业业"……这些传统廉政文化思想，在中国优秀传统文化中闪烁着耀眼的光芒，对于当今社会仍有诸多启示意义，成为新形势下加强反腐倡廉教育和廉政文化建设的重要资源。

中国优秀传统文化十分重视修身的意义，认为这是成就一切事情的基础，是中国人做人处事、为官理政的根本。作为官员，能否履职尽责，能否成为好官，同样是前提和基石。《大学》一开始就讲修身、齐家、治国、平天下，并强调"一切皆以修身为本"。官德修养主要内容包括"孝、慎、廉、学"四大类。孝为诸德目之本，是一切道德心、感恩心、善心、爱心的源头，是一个人塑造其道德人格的起点。慎就是自我审视、自我约束。廉就是廉洁自律，洁身自好，不取不义之财，不贪不义之利。学即学习。为官者在官德修养中要做到"六慎"：一是慎欲。过度的欲望就是贪婪。要做到"欲而不贪"、"以义制利"，君子爱财，取之有道，如孔子所言："不义而富且贵，于我如浮云"，"君子义以为上"，《礼记》所谓："傲不可长，欲不可纵，志不可满，乐不可极"，孟子所言，"宝珠玉者，殃必及身"。二是慎微。为官者应注重细节小事，在细微处自律，不能因为事小而放纵自己，

"骄纵生于奢侈，危亡起于细微"，"勿以善小而不为，勿以恶小而为之"，"千里之堤，溃于蚁穴"。常怀慎独之心，保持官德的纯洁性。三是慎权。应牢记权力是人民赋予的，不能把权力看作牟取私利的工具，不能把"有权不用，过期作废"看作是为官信条，更不能滥用权力，为所欲为。四是慎嗜好。为官者的情趣爱好，不仅仅是个人行为，而是具有相当影响力的社会行为，有时候甚至关系着国计民生，所以，为官者应慎重对待自己的嗜好。五是慎言行。为官者的言行具有表率作用，故应谨言慎行，要言必信，行必果，不可信口雌黄、胡作非为。六是慎始终。为官者应处理好为官之始和为官之终，此为官员人生历程中两个重要转折点，故要保持清醒的头脑。

南阳历代优秀官员都非常重视个人品行修养，并以此作为从政为人的准则。春秋时，宋国司城子罕清正廉洁，受人爱戴。有人将一块宝玉献给他，他却拒不接受，说："我以不贪为宝，而您以宝玉为宝。如果我接受了您的玉，我们都失去了自己的宝物，不如我们各有其宝。""以廉为宝"的价值追求，光照千秋，发人深省。子罕拒绝贿赂，是出于道德自律，是因为价值操守，用今天的话来说，就是"不愿腐"。

刘秀在家乡没有当皇帝的时候，就经常赞扬张堪志存高远、节操超伦。东汉王朝建立之初，已经步入中年的张堪，经同乡南阳新野人中郎将来歙举荐，被光武帝刘秀诏拜为郎中，并且三次升迁为谒者（即掌管和办理引大臣见皇帝与传达皇帝旨意等事务的官员）。后张堪受命带领骑兵七千人负责后勤，随吴汉征讨割据蜀地的公孙述，成都城破之后，张堪带兵率先进入城内，清点公孙述的财产和珍宝，面对堆积如山的珍宝，张堪秋毫无私，命令属下逐项登记造册上报朝廷，同时抚慰吏民，被当地百姓传为佳话。

《后汉书》记载了大司徒邓禹家训："禹内文明，笃行淳备，事母至孝。天下既定，常欲远名势。有子十三人，各使守一艺。修整闺门，教养子孙，皆可以为后世法。资用国邑，不修产利。"可见清廉律己之一斑。邓禹之后人遵其教诲，无人越规，英名流世。邓骘因迎立安帝有功，食邑达 13000 户，邓骘坚辞不受。他辗转来到宫中，向邓太后陈述外戚掌权，过分恩宠，必将引发祸害，反遭诛杀的道理。后经反复上疏，邓太后才勉强收回成命。平时，邓骘对子女要求严格，生怕影响朝政，中郎将任尚向邓骘儿子邓风行贿一匹白马，儿子向父亲自首，邓骘就剪掉妻子和儿子的头发到邓太后面前请罪。

东汉中平三年（186 年），羊续任南阳郡太守，南阳郡是大郡，当时很多权贵之家好奢侈，羊续非常反感，便以身作则，穿着破旧的衣服，吃着粗劣的食物，使用破旧的马车和瘦弱的马匹进行私访、办案。有一府丞看到羊续生活这样简朴，就向羊续进献一条活鱼，羊续让其带回，来人不肯，羊续只好暂时接受。之后，将鱼挂在厅堂之上。等府丞再次送鱼，羊续就指着之前所悬挂的鱼给他看，以示拒绝。因此，羊续被世人称为"悬鱼太守"。

范仲淹以修身为座右铭，也因其高洁操守而扬名于世、名垂青史。他在每晚睡觉前都要进行"自计"，算算一天所做的事情与自己的俸禄是否相称。范仲淹在《告诸子及弟侄》中告诫子孙要为政清廉、不营私舞弊，"莫纵乡亲来部下兴贩，自家且一向清心做官，莫营私利"。范仲淹一生廉洁，给家人做出了榜样。他官至副相，儿子办婚事，凭范仲淹的官职和威望，办隆重一点也不为过。但他对儿子说，"钱财莫轻，勤苦得来；奢华莫学，自取贫穷"。就是这样一位显赫的朝廷显贵，却没有为后人留下半点财产。在他弥留之际，问他对皇帝有什么要求时，他摇摇头，表示没有任何要求。

元好问做了三次县令，而且为官地点都在南阳境内，其中任职内乡县令的时间最长，长达五年。在他做官期间，始终牢记并遵循"公生明，廉生威"，"为官之道在于安民"等古训，所到之处，皆廉洁从政、体恤百姓，关心国家兴亡和民生疾苦，官员和百姓对他都给予很高的评价："元好问劳抚流亡，循吏也，不当徒以诗人目之"。当他离任内乡县令时，内乡百姓攀辕卧辙、挽留不舍。

据《内乡县志》记载，曹文衡在任职江南巡抚期间，为了激励将士们能够团结一心，奋勇杀敌，取得抗倭胜利，对手下将士们非常关爱。在剿倭战役中，由于战船上装载的给养不是很足，于是，曹文衡下令官兵同吃同住，任何人不准搞奢侈浪费，违者即刻严惩。曹文衡自己更是以身作则，每顿饭只许有一个好菜，如果有两个好菜，便拒绝用餐。如果有将士生病了，曹文衡就像待自己的亲人一样悉心照料。由于曹文衡抗倭功劳卓著，当他带兵凯旋时，当地百姓们欢呼雀跃，夹道迎接。

清正廉洁，既是中华优秀传统文化的深刻内涵，更是融入中国共产党人血脉之中的不变本色，也是中国共产党人代代传承的红色基因。习近平总书记在"不忘初心、牢记使命"主题教育工作会议上指出，努力实现理论学习有收获、思想政治受洗礼、干事创业敢担当、为民服务解难题、清正廉洁作表率的具体目标，确保这次主题教育取得扎扎实实的成效。回望我们党百年的奋斗历程，从党诞生之日起，清正廉洁作为中国共产党人的政治操守，就始终与党为中国人民谋幸福、为中华民族谋复兴的初心和使命连接在一起，使我们党在人民心中树立起崇高形象，赢得人民的信赖、爱戴和拥护。历史和现实都表明，始终保持清正廉洁的政治本色既是我们党战无不胜、攻无不克的制胜法宝，也是共产党人在不忘初心、牢记使命的生动实践中不能动摇的基本遵循。

在中国共产党发展历史上，无数老一辈无产阶级革命家以廉洁清正、杜奢防腐的事例为我们树立了榜样。延安时期，爱国将领续范亭见到朱德，没想到身经百战、威震敌胆的八路军总司令竟粗布衣衫，像个庄稼汉，发出"时人未识将军面，朴素浑如田家翁"的感慨。抗美援朝时，全国人民给志愿军司令员彭德怀寄去了许多慰问品，彭老总吩咐警卫员"管起来，分下去"，并批评那些随意拿慰问品的干部："管'公'的人就要这样，第一自己不贪，第二别人不送，第三敢把厚脸皮、熟人挡回去。有这三条，才保得住一个'公'字。"许光达"三辞将衔"的故事，令人敬佩。1955 年，全军实行军衔制，中央军委准备授予著名将领许光达大将军衔，许光达得知后，"高兴之余，惶惶难安"，接连写了三封恳辞信，请求降衔。在他看来，自己对革命的贡献，"不要说同大将们相比，就是与一些资深的上将比，也自愧不如"。"人生富贵驹过隙，惟有荣名寿金石"。荣誉历来被视为"人生的第二遗产"，多少人趋之若鹜，许光达却选择冷却自己，"不停地敲击心鼓"，追问自己是否"心安神静"，最终选择"让衔"。毛泽东同志看到信件后深受触动，感慨道："不简单啊，金钱、地位和荣誉，最容易看出一个人，古来如此！"许光达的扪心自问、一取一舍，照见的正是共产党人的觉悟。①

与过去战争年代相比，如今或许少了血与火的考验，少了生与死的选择，但仍弥漫着看不见的硝烟，充满着不可知的挑战。面对"围猎"，是选择"意思意思也无妨"，还是谨守"一身正气悬山河"？面对权力寻租，是信奉"有权不用，过期作废"，还是铭记"管住自己，

---

① 陈凌：《有"觉悟"方知取舍》，《人民日报》2017 年 1 月 18 日。

天下无敌"？金钱美色诱惑在前，是把信仰当作"可有可无的点缀品"，还是视之为"须臾不可离的立身之本"？陈毅有诗云："岂不爱权位，权位高高耸山岳。岂不爱粉黛，爱河饮尽犹饥渴。岂不爱推戴，颂歌盈耳神仙乐。"如果觉悟不高，就很难经受住考验。陈云同志讲过一个须要警醒的事实，"起初是干革命来的……后来官越做越大，味道也越来越大，有人就只想做官，不想革命了，把革命忘光了"。人不能沉迷于权位、美色、虚名，总有一些价值在它们之上，值得我们守望。①对于为官从政者而言，其心正不正、修身严不严，不仅反映出一个人的道德水准和政治觉悟的高低，也直接决定着在从政道路上究竟能够走多远。无数事实表明，身处复杂环境，人们难免受到外界形形色色模糊认识和错误观念的影响，如果不加强觉悟的锤炼，立场就很难摆正。在一定意义上说，人心起伏比是非黑白更难把握，糖衣炮弹比屠刀刑架更难以应对，因而，思想建党比惩腐肃贪更需要耐心与恒心。

"朝中有人好做官"，是承袭几千年的陋规。到了毛泽东同志那里，变成了这样的宣告："过去的皇帝一上台，亲戚朋友都跟着沾光，鸡犬升天。我们是革命者，不能搞打虎亲兄弟那一套，革命的目的就是要解放工农劳苦大众，为人民服务，为大多数人谋福利。""近水楼台先得月"，是见惯不怪的潜规则。到了彭德怀同志那里，时任国防部长的他，却让按条件本可授衔上尉的侄子被授予中尉。"接待好就是生产力"，是不少地方招商引资的"真经"。到了焦裕禄妻子徐俊雅那里，她却如此告诫教育当乡长的儿子："我就信一条，工作不是请客吃饭；我就不信一条，不请客不吃饭工作真就干不成！"②

---

① 陈凌：《有"觉悟"方知取舍》，《人民日报》2017年1月18日。
② 向贤彪：《以百姓之心为心》，《人民日报》2017年6月30日。

为官不患无位、不患位之不尊，而患修身不严。以德养身，行德方能致远；以静安神，宁静方能致远；以规束行，守道方能致远。作为领导干部，倘若都能勤于自省、严以自律，常思贪欲之害、常养为政之德、常念百姓之苦，修好了这门必修课，就能在从政道路上行稳致远。现实中有的人总觉得只要一心干事，身上有点不干净似乎情有可原，甚至认为可以网开一面，以功抵过；还有的人觉得干事的人"出点事""沾点腥"在所难免，所谓"洗碗多的人容易打碎碗"等，而忽视了这些其实都是政治教养缺失的表现。各级干部决不能以干事为幌子暗度陈仓，或以干事为由为不干净开脱，只有守住底线，做一个政治干净、心理干净和"手脚"干净的人，才为干事装了"安全阀"，贴了"护身符"。

"四海皆秋气，一室难为春。"一段时间，政治生态被一些人若明若暗的"潜规则"搞得乌烟瘴气，让好人受气、老实人吃亏，"不会来事""不合时宜"的人被边缘化，寒了不少人的心，也让一些人变得所谓"学乖了""聪明了"，自觉或不自觉地跟着坏风气走，甚至同流合污。近年来，政治环境已经大为好转，政治上的一些"雾霾"日渐消散。然而，"冰冻三尺，非一日之寒"，政治生态的修复有长期性、艰巨性和复杂性。政治环境的整治不能只看朝夕，还得只争朝夕，真正形成让干事又干净的人吃苦不吃亏、受累不受气、流汗不流泪、埋头不埋没的好环境。习近平总书记曾强调指出，"让干净的人有更多干事的机会，让干事的人有更干净的环境，让那些既干净又干事的人能够心无旁骛施展才华、脱颖而出"。为我们反腐倡廉，用好清正廉洁的好干部指明了方向。

对于党员干部而言，加强党性修养，注重提升觉悟，是一辈子而不是一阵子。党的十八大以来，被处理的高级领导干部当中，昔日不乏才华能力出众、政绩业绩突出的佼佼者，因为贪一时之欲、恋一时之财、惩一时之快，而私念膨胀、律己不严、行为放纵，最终让个人努力前功尽弃、家人至亲受辱蒙羞、组织辛苦培养付诸东流，不能不令人感慨万千，不能不令人扼腕叹息。

习近平总书记突出强调防止"枕边风"成为贪腐的导火索，防止子女打着自己的旗号非法牟利，防止身边人把自己拉下水，可谓切中当前严私德的要害。关心家人，照顾亲属，本是人之常情。不同于一般群众的是，领导干部手中拥有很大权力，容易被利用。家人一旦把这种权力当作捞钱资本，就会让权力失控。在近年来查处的贪腐案件中，"父子兵""夫妻店""全家'腐'"等现象，令人震惊。有的主政一方，家人经商办企业，包揽工程、批发项目，谋取巨额利益；有的搞"一家两制""前门当官，后门开店"，大发横财，自己成了"权钱交易所所长"。事实证明，如果领导干部舍不得"情分"、拉不下"面子"，甚至一味纵容包庇，到头来不只是害了自己，还害了家人。敬畏权力、慎用权力，别让权力成为亲情之殇，尤其需要领导干部把握好自己。"一人不廉，全家不圆。"中央纪委国家监委公布的一项统计显示，仅2015年被查处的34名部级及以上领导干部中，逾六成违法违纪涉及亲属，其中一半以上属于利用职务上的便利为亲属经营活动谋取利益。在相当意义上，他们的亲情关系被扭曲成了伙伴关系、工具关系，变成了"亲情陷阱"，令人深思。

"当官要公廉，亲情第一难"。难在何处？就在于"法不容情""权不偏私"，而领导干部在用权时每每面临秉公与徇亲的选择。"恋亲，但不为亲徇私；念旧，但不为旧谋利；济亲，但不以公济私。"毛泽东同志当年为自己定下的三原则，蕴含公与私的哲理，至今引人深思。

良好家风是阳光，呵护幼树可参天；不正家风是恶土，好种也会长歪苗。习仲勋家风之严，在很多人看来有点不近人情。1983 年，王光英筹建光大公司，有意调习仲勋女儿去工作。习仲勋闻知后，当面谢绝。他说："别人的孩子能去，我的孩子不能去！"并对女儿说，你是习仲勋的女儿，就要"夹着尾巴做人"。① 对一个领导干部来说，"居家"正，"居官"方能正，这是"家风"对"官风"的影响；而对社会来说，"君子之德风，小人之德草"，为官清白廉正者可以风化一方，这是"官风"对社风、民风的影响。

---

① 萧伟光：《"居家"正，"居官"方能正》，《人民日报》2014 年 8 月 7 日。

六、吃苦耐劳，显露艰苦奋斗的传统美德

吃苦耐劳、勤俭节约、艰苦奋斗，是中华民族的传统美德。《左传》曰："俭，德之共也；侈，恶之大也。"俭是道德要求，侈是万恶之首。荀子在《天论》中强调"强本而节用，则天不能贫"，表达了对勤劳耕作和勤俭节约的认同。《墨子·非命下》指出："必使饥者得食，寒者得衣，劳者得息。"称得上是中国社会福利、劳动保障思想的萌芽。不少家规家训也教导子女谨记"勤劳之风"。

南阳历代官员中，流传着许多吃苦耐劳、勤俭节约、艰苦奋斗的感人故事，为我们展现了一幕幕感人的图景。秦相百里奚，是一位节俭的"布衣丞相"。他从三十多岁外出求官，穷困时沿街乞讨。七十岁当上秦相，外出视察不乘车，天热不张伞，走访不带护卫。百里奚曾回过一次南阳，别人说妻子带着儿子外出讨饭去了。一次百里奚宴请宾客，见一仆人唱着小曲，"百里奚，五羊皮，可记得，熬白菜，煮小米，灶下无柴火，劈了门闩炖母鸡"。百里奚止不住泪流满面，仔细一看，竟是自己的结发妻子。相堂之上夫妻抱头痛哭。百里奚相堂认妻的故事，让南阳人编成戏，传唱了两千多年。"贫贱不移，威武不屈"，是中华民族传承千年的优良传统。

范蠡是我国春秋时期著名的政治家、军事家、谋略家和实业家，

他辅佐勾践"卧薪尝胆"、灭吴兴越,功成名就后弃政从商,成为巨富,被后人尊称为"中国商人的圣祖"、文财神。从越国到齐国后,范蠡利用早年学到的经济知识和平民子弟的吃苦耐劳精神,在齐国艰苦创业。他带领妻子儿女,从头开始,像普通人那样辛苦地经营渔桑,由于经营有法,不久就"致产数千万",齐人很是崇拜他,齐王又聘请范蠡做相国。数年后,范蠡又辞去相职,把财物分散给亲朋好友,悄无声息地来到定陶。后来,范蠡老年又在南方各地经商,成绩斐然,被誉为陶朱公。范蠡青年出宛、壮年入仕、功成裸退、老年经商、三迁皆荣的传奇人生为后世提供了可以学习的精彩内容。他的身上体现了我们中华民族吃苦耐劳、艰苦奋斗的进取精神。

召信臣在南阳为官期间,以吃苦耐劳艰苦创业的品行受到南阳百姓称赞。他常亲自劝导农耕,出入于田间,住在乡野亭舍之中,很少有安闲在家的时候。他经常调查巡视郡中的水源,并亲自带领百姓开沟修渠,造福黎民。竟宁年间,他被征召为少府,位列九卿。到任后,他继续保持勤奋节俭之品行,奏请皇上对上林苑等许多皇帝很少巡幸的离宫别馆,不要再花钱进行修缮;又奏请将乐府黄门中的倡优、杂戏以及官馆中的守卫、器物等减少一半以上。对一些在皇宫园圃里用人工烧火加温种植的一些反季节蔬菜,由于劳民伤财,不应该对它们如此侍奉供养,还有其他不适合的食物,他都上奏请予罢止,这样每年可节省数千万费用。

岑文本是唐初的宰相。他认为,创业难守业更难,要想国泰民安,就必须体恤民力,勤奋节俭,严防奢侈之风蔓延。对于当时社会中的奢靡浪费之风,岑文本看在眼里,急在心中,他多次上书唐太宗,要求进行整治。他在奏疏中说到,人们都知道创业艰难,因为创业需要拨乱反正,在生死征战中拼杀,要在群雄逐鹿中胜出,非常艰难。但是，许多人并不清楚，天下已定，要想守住江山，实现长治久安，更是一条荆棘丛生之途。只有居安思危，才能使社会得到安定，坚持有始有终，才能根基稳固。现在虽然战乱已除，四方安宁，百姓安居乐业，但是战争的创伤尚未完全抚平，刚刚恢复的经济生产还十分脆弱，经不起消耗和折腾。现在应该爱惜民力，杜绝浪费，减少游猎，抑制奢侈，减轻劳役。他恳请皇帝从古今兴衰、安危变化中洞悉治国之道，心念社稷，选用人才，关心百姓，发展生产。岑文本的奏疏，论说了爱民节俭的重要意义，提出对奢侈挥霍要有所抑制，受到唐太宗的称赞，并得以实行。

艰苦奋斗、勤俭节约同样是我们党的光荣传统。不论公私，物件都宜珍惜爱护，因为它们都是劳动人民的创造。只有精打细算、充分利用，才能用更小的成本办更多的事情，实现高效发展、绿色发展。"俭则约，约则百善俱兴；侈则肆，肆则百恶俱纵。"铺张浪费奢靡挥霍，糟蹋的不仅是物质财富，更会侵蚀民族精神大厦，腐蚀社会风气。节约是美德，节约是财富，拒奢尚俭无论对国家还是对个人而言都是不可或缺的价值支柱。习近平总书记在参加十三届全国人大二次会议内蒙古代表团审议时语重心长地告诫，"不论我们国家发展到什么水平，不论人民生活改善到什么地步，艰苦奋斗、勤俭节约的思想永远不能丢"。过去我们党靠艰苦奋斗、勤俭节约不断成就伟业，现在我们仍然要用这样的思想来指导工作。艰苦奋斗、勤俭节约，不仅是我们一路走来、发展壮大的重要保证，也是我们继往开来、再创辉煌的重要保证。

"成由勤俭破由奢"。美国记者斯诺两次采访延安和陕北革命根据地，看到毛泽东住着简陋的窑洞，周恩来睡的是土炕，彭德怀穿着用缴获的降落伞改制的背心，林伯渠戴着用线绳系着断了腿的眼镜。从这些细小的事情上，斯诺感慨中国共产党人有一种战无不胜的"东方魔力"，断言这是兴国之兆、胜利之本。中国共产党在民主革命时期经历的艰难困苦是世所罕见的，在那样残酷的环境中取得的胜利堪称人间奇迹。邓小平同志在讲到这个问题时说："为什么过去很困难的局面我们都能渡过？根本的问题是我们的干部、党员同人民群众一块苦。"新中国成立后，我们党依然保持艰苦奋斗、勤俭节约的优良作风，短短几十年间就让一个满目疮痍、一穷二白的古老民族昂然屹立于世界民族之林。可以说，正是"红米饭、南瓜汤"，"天当被、地当床"的艰苦奋斗、勤俭节约精神，始终激励着我们党百折不挠、成就伟业。经过一百年的奋斗，我们党团结带领人民在一个有着几千年封建社会历史的国家实现了最广泛的人民民主，人民真正成为国家、社会和自己命运的主人；我们在一穷二白的基础上创造了经济社会快速发展的奇迹，用几十年时间走完了发达国家几百年走过的工业化历程，跃升为世界第二大经济体，综合国力、科技实力、国防实力、文化影响力、国际影响力显著提升；我国人民生活由温饱不足到全面小康，整体上彻底摆脱了绝对贫困，成为世界上中等收入人口最多的国家；我国长期保持社会和谐稳定、人民安居乐业，成为国际社会公认的最有安全感的国家之一。这次抗击新冠肺炎疫情的伟大斗争，充分彰显了党的领导和我国社会主义制度的显著优势，极大增强了全党全国各族人民的信心信念。当今世界，要说哪个政党、哪个国家、哪个民族能够自信的话，那中国共产党、中华人民共和国、中华民族是最有理由自信的！坚持发扬顽强拼搏、自强不息的奋斗精神。奋斗的道路不会一帆风顺，往往荆棘丛生、充满坎坷。这就要求我们涵养"为有牺牲多壮志、敢教日月换新天"的大无畏气概。习近平总书记指出："我们的国家，我们的民族，从积贫积弱一步一步走到今天的发展繁荣，靠的就是一代又一代人的顽强拼搏，靠的就是中华民族自强不息的奋斗精神。"在实现中华民族伟大复兴的新征程上，必然会有艰巨繁重的任务，必然会有艰难险阻甚至惊涛骇浪，这就特别需要我们发扬顽强拼搏、自强不息、不怕牺牲、英勇斗争的奋斗精神，同时必须准备付出更为艰巨、更为艰苦的努力。

从革命战争年代的爬雪山、过草地，到深化改革开放的啃硬骨头、涉深水区，都充分表明能吃苦、肯吃苦、艰苦奋斗是我们党永远都不能丢的光荣传统。我们所推崇的艰苦奋斗，不是抑制人们正当的物质追求和精神享受，而是一种勤俭节约、艰苦朴素的传统美德，一种自力更生、不等不靠的自主精神。只有艰苦奋斗，才有出路；只有自强不息，方有前途。中国这么大的体量，不能指望依靠别人来实现自己的梦想，不能拄着别人的拐棍走路，必须坚持走自力更生的道路，扎扎实实做好我们自己正在做的事情。习近平总书记把焦裕禄精神概括为"亲民爱民、艰苦奋斗、科学求实、迎难而上、无私奉献"。2014年3月，他考察焦裕禄干部学院时谈道："焦裕禄精神影响了一代人。很多东西存在的时间是短暂的，但就是这短暂的一刻化为了永恒。"郑州八旬老记者回忆起50年前采访时偶遇焦裕禄，一碗红薯面糊当早餐，直到刮得干干净净才舍得放在水龙头下冲洗。相较于其他的机关小灶，显得清苦许多。食堂大师傅不满："焦书记你啥都好，就是不听劝这一点不好。听人家说肝病需要高糖高蛋白，这一碗红薯面糊能有多少营养？我说给你加个鸡蛋你不要；想去医院给你开点葡萄糖粉你不准。"焦裕禄想到群众的生活仍没改善，坚持早餐只喝一碗红薯面糊。

自从"八项规定"实施以来，享乐主义、奢靡之风基本刹住了，但艰苦奋斗、勤俭节约的精神并没有在每个人身上扎根。有一些领导干部在思想深处认为艰苦奋斗、勤俭节约过时了，有的个人私欲膨胀，政绩观错位，热衷于弄虚作假搞"形象工程""面子工程"，严重脱离实际，背离群众意愿。凡此种种，既是一种病，更是一种腐败。离开了艰苦奋斗，背离了初心使命，必将贻误党和人民事业的发展。我国仍然是世界上最大的发展中国家，防范系统性风险的任务十分繁重，很多事关人民福祉的急事大事需要大量的投入。这些都要求我们绝不能骄傲自满、大手大脚，丢掉艰苦奋斗、勤俭节约这个"传家宝"。

"人无俭不立，家无俭不旺，党无俭必败，国无俭必亡。"70 多年前，毛泽东同志告诫全党务必保持谦虚、谨慎、不骄、不躁的作风，务必保持艰苦奋斗的作风。这场"赶考"还在进行中。每个党员干部都要牢记"两个务必"，牢记习近平总书记"党和政府带头过紧日子，目的是为老百姓过好日子"的嘱托，继续发扬艰苦奋斗、勤俭节约的优良传统，开源节流、量力而行，精打细算、严格把关，让有限的财力、物力和人力发挥出最大效益。要牢固树立艰苦奋斗的作风，反对享乐主义。艰苦奋斗，是共产党人在革命斗争中体现出的不怕任何艰难险阻、吃苦耐劳、艰苦创业、勤俭节约、自强不息的精神。"历览前贤国与家，成由勤俭败由奢。"历史上，由于奢侈浪费、贪图享乐而亡国败家的例子屡见不鲜。正是我们党所具有的艰苦奋斗政治品格和历史自觉，使得我们党能够战胜艰难困苦，渡过一个又一个难关。要清醒地看到，道路不可能一帆风顺，蓝图不可能一蹴而就，梦想不可能一夜成真。那种在思想上安于现状、不思进取；在工作上追逐名利、喜好花拳绣腿、做表面文章；在生活上追求享乐、玩物丧志的做派，只能遭到人民唾弃。而只有奋发有为、勇于担当、居安思危、克勤克俭、永不懈怠、乐于奉献的人，才能经受住各种风险的挑战与考验，创造出无愧于时代、无愧于人民、无愧于党的新业绩。

七、踏实肯干，展现勤政实干的务实作风

　　勤劳、务实、肯干是中华民族几千年贯彻始终的道德倡导。《尚书·周官》中写道："功崇惟志，业广惟勤。"《古今药石·续自警篇》中写道："民生在勤，勤则不匮，是勤可以免饥寒也。"意思是，人们的生计在于勤劳，勤劳就不会缺乏衣服与食物，勤劳能够让人避免饥饿与寒冷。荀子在《天论》中所说："强本而节用，则天不能贫。"表达了对勤劳耕作和勤俭节约的认同。《清仁宗味余书室全集》第35卷《故一·民生在勤论》中写道："农夫不勤则无食；桑妇不勤则无衣；士大夫不勤则无以保家。"意思是，农民不勤劳就没有吃的，采桑养蚕的妇女不勤劳就没有衣服穿，士大夫不勤劳就无法贡献国家。"勤于劳动"被看作是"修齐治平"的根本性的道德品质，深深滋养着一代代华夏儿女的精神心田。

　　南阳官德文化注重官员的功业，无论身处朝堂，还是身在地方，都以国家民生为念，不计较个人遭遇，而致力于勤政实干，造福一方，为社会兴利除弊。他们信守"太上有立德，其次有立功，其次有立言"，立德、立功、立言，是他们追求的最高人生境界，也蕴含着官德文化中为人处世的标准。为官一任，造福一方，这是他们坚守的功德观、政绩观，其中也蕴含了奋发有为、注重实干的文化内涵。

张仲景被誉为"医圣"。他读完了东汉之前所有的医学名著。为了学得阳励公的医术，曾更名易服，到阳医生药铺里当一名制药佣工，每天起早贪黑，辛勤劳作，半年之后阳医生才知道他是闻名已久的张仲景，感动之余将自己的伤寒秘方全部传授给他。他听说襄阳同济堂名医"王神仙"有治疗"瘩背疮"的经验，立即跋涉几百里拜师。他被举孝廉之后，在长沙任太守。他尽心尽责，处理政务，早晚节假日还坐堂行医，为百姓解除病痛。还曾多次游历京师洛阳，拜谒各家经师，虚心请教。他研习医学时，遇有丝毫疑问即"考校以求验"，绝不放过。张仲景的《伤寒杂病论》，积十年之汗水而成。他辞官回南阳后，在伏牛山一座庙里安居下来，白天有时为百姓治病，有时带着两个徒弟上山采药、下山制药，不时还要到民间收集药方。只有晚上，才能坐下来博览群书，撰写著作。《伤寒杂病论》中的每一方剂都是经他反复试验，临床验证，被后世称为"经方"。无论是为良相兼济天下，还是为良医悬壶济世，都是以拯救天下苍生为己任，体现着他崇尚勤政实干的精神。

召信臣在南阳为官期间，勤勤恳恳，务实重干，他经常亲自劝导农耕，出入于田间，住在乡野亭舍之中。他开通沟渠修建的水闸堤堰一共有数十处，使耕地灌溉面积年年增加，达到三万顷之多。他又为民制订了先后用水的规定，刻在石头上立于田边，以防止争抢。他治理的地方，教化盛行，郡中人家无不勤奋劳作，外地百姓前往投奔，因而户口倍增，但盗贼讼狱却大为减少，官吏百姓都敬重爱戴他，称他为"召父"。荆州刺史上奏朝廷说，信臣为百姓兴利，从而使郡县殷富，皇帝便与以赐赏。他调到河南任太守后，其政绩仍然突出，得到朝廷几次提拔并增加赏赐。

南阳人王检心，居官从政时，重视实践，亲自体察民情，关心百姓疾苦，所到之处，事无巨细，必躬亲事，实心行实政，得到百姓爱戴。悬挂其室内的三句非常朴实的至理名言"燕居必衣冠、行政必勤慎、待人必忠信"，就是他为官从政的箴言。王检心在兴化县任职期间，体察民情，关心百姓，重视教化，发展教育重订学规，倡尊师重儒之风。在江苏省高淳县任职期间，他通过体察民情，了解到在当时的高淳县，不合礼制规定的祭祀、赛事会费很多，劳民伤财，百姓怨声载道。对此，他大胆进行革新除弊，大张旗鼓地禁赌、禁溺女、禁食鲍、禁鸡血沥门、禁城隍诞目，烧毁赵公元帅等会内面具画轴等。同时，建校设书院，教化民风。他本人还带头捐五百金修建永济桥。在仪征做官期间，他勤于政务，关心民事，日夜不息。为教化民众，改革民风，他主张大兴教育。为明理断案，他常常察看案卷至半夜，从不积累案件。离任时，当地的百姓哭着相送数十里外，恋恋不舍其离去。

顾嘉蘅为政南阳二十多年，五任南阳知府。他为官清正，勤政爱民，断案公正，重修武侯祠和南阳府衙，办了许多实事好事，为南阳百姓所称颂。初任南阳知府时，就十分注重安抚百姓，认真审理了三百多起积压下来的案子，稳定了南阳当时的社会秩序。他还重视指导农事，发展农业生产，使农民安居乐业。为防捻军攻城，他修城竣隍，练兵习武，使南阳免遭生灵涂炭。在他治理下，南阳社会安宁，社会秩序井然，百姓们都称赞他。在他离去之时，南阳百姓挽留不舍。

中华民族勤劳务实肯干的可贵品质，为中国共产党人所发扬光大。中国人民无比敬爱的周恩来总理，抓工作深入细致，一丝不苟，是我们党"实行"精神的楷模。在觉悟社时期，他认为最重要的是实行精神，实行精神是一种伟大的品质，"'奋斗'、'勇敢'、'牺牲'三种精神缺一种，实行便做不到真处"。他鼓励大家都要"说真话，鼓真劲，做实事，收实效"。秘书回忆他鞠躬尽瘁的一生，归纳出"八个一致"，其中一条便是"岗位和责任的一致"。我们常说，让有为者有位。位子是用来有所作为的，是用来实心办事的。在其位，就必须要谋其政，要敢于负责，勇于担当，善于作为，为老百姓谋求实实在在的福祉。① 工作中遇到矛盾和困难，是躲着走，还是迎着上；是重表态、轻落实，还是有担当、善破题；是习惯简单层层上报、责任上推，还是敢于立足基层实际、攻坚克难，不仅映照出干部的能力、素养与修为，更考验着干部的品格、作风与党性。

邓小平同志曾明确指出，"社会主义是干出来的"。干事创业，"干"字在先，"实"字为本。今天，全面深化改革已至中流击水处，各级领导干部唯有以"不破楼兰终不还"的信念，以"拼命三郎"的干劲儿，"笃根本、去浮华"，身体力行、知行合一，方能勠力同心、闯关夺隘，将改革向纵深推进，从而无愧职责使命，实现人生价值。政声人去后，民意闲谈中。"不受虚言，不听浮术，不采华名，不兴伪事"，卸下虚名的包袱，甩开膀子、脚踏实地，把有限的精力投入到干事创业中去，真心为百姓谋福、为苍生立命，自然会被人们记惦。焦裕禄、谷文昌、孔繁森、杨善洲、沈浩……这些被群众铭记于心、时常怀念的好干部，他们的好名声正是靠实干累积起来的。

习近平同志在担任福建省宁德地委书记期间，走遍宁德所有乡镇，有时到偏远地方调研要乘车走一整天盘山路，甚至要手持竹竿，沿河边一步一步走。针对宁德经济发展较为落后的实际，他提出弱鸟先飞、滴水穿石、不耻落后的发展理念，不是想着干一夜暴富的事，

---

① 周人杰：《干部当"以真践实履为尚"》，《人民日报》2018 年 5 月 28 日。

而是锲而不舍、苦干实干，最终推动宁德经济社会发展旧貌换新颜。领导干部必须牢记无功便是过，做到有功不自傲，敢啃硬骨头、甘当铺路石。只要是对人民群众有益的事，困难再多、耗时再长也要尽心尽力去做。不计较个人名利得失，踏实苦干，努力让潜功成为真政绩，就会得到人民群众的拥护和点赞。①

老百姓看干部、看我们党，最终看的是实绩、潜绩。正所谓"政声人去后，民意闲谈中"，人们对领导干部功绩的最真实评价，往往是在岁月洗尽铅华之后。当此之际，任上干了些什么，任后留下些什么，清晰可见、无可虚饰。用笔墨粉饰政绩、明明作假却企图蒙混过关，这样的人，在封建官场数不胜数，现实中也并不鲜见。有的人在任上热热闹闹，卸任后人们发现像样的事情一件也没干。有的人倒是干了，但职务上去了，债务留下了；人调走了，项目烂尾了；在任时干的事不少，不几年就隐患重重；任上政声显赫，任后骂声一片。凡此种种，除了其个人或小团体一时得到了益处，其结果则是误国误苍生。对这种侮辱群众智商、败坏党风政风、贻误改革发展的浮夸作风，必须露头就打、系统来抓。对这种口号喊得震天响，却缺乏行动和实干的人，必须坚决清除。为政有德，善治有方。现实中，一些干部作风有点"飘"，或是热衷推诿卸责的请示，或是喜好华而无用的报告，或是擅长冠冕堂皇的表功，究其根源差就差在这个"实"字上。有副官箴古联的上联是"为政戒贪，贪利贪，贪名亦贪，勿骛声华忘政事"。讲的便是官员之"贪"不只在于贪利，还在于贪名、贪虚名、贪虚功。不受虚言，不听浮术，不采华名，不兴伪事，自古是官德至理。脚踏实地，奋战一线，戒断形式主义的官僚气，群众路线的"烟

---

① 李俭：《让潜功成为真政绩》，《人民日报》2018年5月28日。

火气"才会多起来、旺起来。古人说得好，"名者，实之宾也"。没有实干、实绩、实效作支撑，名声只会是徒有虚名、欺世盗名。没有人因虚名而流芳千古。一个人如果执迷于那些如浮云一般的虚名，很容易一叶障目，落得个名不副实的结局。为官一任，不是不需要声誉，关键在于如何留住清名与美德。能被世人敬仰而铭记者，无不是心中有抱负、脚下有征途，靠实绩而赢得口碑。

那些善于侃大山、摆龙门阵的虚浮干部，如果凭借形象工程、政绩工程、弄虚作假、跑官卖官而得到提拔，则只有"唱功"没有"做功"的干部就会越来越多，踏实干事的干部就会越来越少。事实告诉我们，干成事难、说空话易，空谈者常常还会对实干者造成干扰。你在前边干，他在旁边看，干好了他说"早该如此"，干错了他说"早知如此"。正是在这个意义上，提拔一类干部，就是表明一种导向，就是在树立一面旗帜。"用一贤人，则贤人毕至"。树立实干的用人导向，即是为实干者撑腰、让空谈者无市场，破除的正是那种"无过即功"的庸俗处世哲学。①

重实干，并非是只看当下的表现和成绩，对于基础性长远的工作和利益，能够一张蓝图绘到底，持之以恒，一任接着一任干，也是实干的应有之义。摒弃政绩焦虑、敬畏发展规律、尊重地方实际，少些"一个师公一道法"的浮躁，多些"一任接着一任干"的坚守，正是干部谋潜绩、创实绩的不二法门。让潜功成为真政绩，要有"功成不必在我"的境界。这是一种不计较个人名利的境界，更是一种将人民长远利益装在心里、摆在首位的为民情怀。让潜功成为真政绩，还要

---

① 李拯：《实干者有位　空谈者靠边——凝聚未来中国的力量之九》，《人民日报》2012年12月26日。

有"功成必定有我"的责任担当。山西有个右玉县，这个满目苍翠的"塞北绿洲"，向世人述说曾在这儿任职的18任县委书记是如何"干好后任"的。右玉县位于晋西北边陲，常年风沙。一年一场风，从春刮到冬。大风中的右玉"不植桑蚕不种麻""百里竟无一人家"。18任县委书记一张蓝图、一个目标，一任接着一任、一届接着一届干。有一首赞扬他们的诗写道："十八书记抒壮志，六十春秋挥锄钩。终见'善无'变善有，已将沙洲换绿洲。"塞罕坝和右玉的领导干部在超过半个世纪的岁月中，坚持一张蓝图绘到底，一茬接着一茬干，终于创造出辉煌政绩，得到党和人民充分肯定。这表明，做铺垫性工作不但是政绩，而且是了不起的政绩，甘做铺垫性工作的领导干部尤其了不起。他们的了不起就在于真抓实干、敢于担当，以赤子之心做出了经得起实践、人民和历史检验的优异成绩；就在于他们着眼长远、甘于奉献，不贪一时之功、不图一时之名，咬定青山不放松，一锤接着一锤钉，持之以恒为人民群众创实绩、谋福祉，为子孙后代造幸福林、铺发展路。

真践实履、务实重干，应该是今天的领导干部的行为遵循。重大问题要请示、要报告是我们党的一贯要求，是党的重要纪律和规矩，严格执行这一制度有利于上情下达、下情上传。但同时，工作中会遇到各种问题和情况，甚至瞬息万变，不能事事都请示，不能只靠领导的批示来处理，每一级单位部门、每一位领导干部都有自己的职责和任务，都应恪尽职守、守土尽责。因此，《中国共产党章程》明确要求"党的下级组织既要向上级组织请示和报告工作，又要独立负责地解决自己职责范围内的问题"。该请示的请示，该决断的决断，乃是抱实心、练实功、行实政、兴实业、出实绩的"真践实履"要义所在。

习近平总书记指出，"幸福都是奋斗出来的"，要"撸起袖子加油干"。伟大梦想不是等来的、喊来的，而是拼出来、干出来的。随着经济发展，物质生活日渐丰裕，一些人踏实肯干的品质出现了削弱或扭曲，比如，坐等扶贫的寄生思维、投机暴富的病态心理，好逸恶劳的"啃老"观念、享乐主义，等等。这些社会问题，我们不容忽视，需要加强劳动教育，树立劳动最光荣、奋斗最幸福的劳动价值观。实现中华民族伟大复兴，靠人们的辛勤劳动。一切有利于社会建设的诚实自觉的劳动，都是高尚的、光荣的。勤奋做事、勤勉为人、勤劳致富的正能量的社会氛围，鼓励人们不断创造出新的内生动力。只要我们守护中华民族推崇勤劳实干的深厚底蕴，弘扬工匠精神和坚忍不拔、自强不息的美德，就必定能创造伟大的历史，不断开创未来美好生活。

一些领导干部嘴上强调"不让老实人吃亏"，心里则想"不让老实人吃亏谁来吃亏"。有的尽管表面上赞美老实人，但心里却认为老实人撑不开大局面、挣不来大面子、出不了大政绩，所以一到提拔使用的关键时候，就轻拿轻放，"口惠而实不至"。试问，倘若埋头苦干者没有奔头，真抓实干者尝不到甜头，谁来做那些见效慢的基础工作，谁来抓那些难出彩的长远工程？如果让那些作风飘浮、哗众取宠者吃香，善搞"政绩泡沫""经济泡沫"者得利，则不仅伤了实干者的心，更导致党的基业受损。实践证明，"用一贤人，则贤人毕至；用一小人，则小人齐趋"。如果重用实干家成为风气，鄙弃虚浮者成为常态，社会必定风清气正，人们心情舒畅，事业兴旺发达。正所谓"政如农工，日夜思之，思其始而成其终"。官德文化中的积极意涵能激励党员干部将心血和汗水倾注在事业上，激发党员干部干事创业的积极性、主动性、创造性，形成勇于担当、敢于任事、务实创新的实干氛围。

让实干者更多涌现，更重要的是为实干者在制度上铺平道路，为他们撑腰，为他们发展创造更多机会。治国之要，唯在得人。用什么样的人，这既关乎国家社会治理，也关乎社会风气和导向。习近平总书记在指导兰考县委常委班子专题民主生活会时强调，"让埋头苦干、真抓实干的干部真正得到重用、充分展示才华，让作风飘浮、哗众取宠的干部无以表功、受到贬责"，领导干部的一言一行、一举一动，群众都看在眼里、记在心上。干部心系群众、埋头苦干，群众就会赞许你、拥护你、追随你；干部不务实事、骄奢淫逸，群众就会痛恨你、反对你、疏远你。与人民心心相印、与人民同甘共苦、与人民团结奋斗，是我们党始终立于不败之地的根本保证。形式主义、官僚主义是对党全心全意为人民服务的根本宗旨的背离，任其存在和蔓延，就势必销蚀党与人民群众的关系，影响党在人民群众中的威信。唯有实干，才能取信于民；唯有实干，才能自强自立；唯有实干，才能梦想成真。

八、变革求新，承载改革开放的开拓精神

在文明发展早期，中华民族就已经意识到世界万物都处于运动变化之中。遵循事物运动变化的规律，因时而变、因势而动、顺势而为，事物就会永续发展。在《周易》中，就有宇宙万物均处于永恒运动的变化之中，人们应该遵循规律、革故鼎新、与时俱进等观点。《周易·杂卦传》中说，"革，去故也；鼎，取新也"。《礼记·大学》中说，"苟日新，日日新，又日新"。《周易·系辞》中说，"富有之谓大业，日新之谓盛德"。实现国家富强这一伟大事业，人们要有自我革新的意识，要有变革图强的"日新"精神。中华民族的"日新"精神始终伴随着中华民族自强不息的发展历程。早在我国宋代之前，中国发明的造纸术、指南针、火药、印刷术等很快就传向世界。从历史的角度看，中国农业社会鼎盛时期的这些发明创造及其在全球的推广，为西欧国家工业社会的到来打下了良好的基础。中国古代的"四大发明"作为中华民族创新的重大成果，推动了中国社会的文明进步，为人类社会的发展作出了重大贡献。

中华民族推崇"以和为贵""和而不同"的处事之道。追求"万邦和谐，万国咸宁"的共赢理念。中国古人认为，天地最大，包容万物。中华民族注重"海纳百川"的品德修养，推崇"以和为贵"的处

事之道，主张"和而不同"的合作精神。在发展自己的基础上，坚持开放包容，借鉴人类发展的文明成果。汉朝的张骞出使西域及汉朝在河西走廊置官、屯田等，一方面把中原的制度、物资、人流、技术带到了西域，另一方面，西域的信息、物资、人流、技术也大量进入中原；唐朝中期开放的程度达到古代历史上的顶峰时期，以至于世界上众多国家的来华使节络绎不绝；明朝前期，郑和率领大规模的舰队"下西洋"直至非洲大陆。开放包容是中华民族持续发展的活力之本。

习近平总书记在庆祝改革开放 40 周年大会上的讲话中指出："中国人民具有伟大梦想精神，中华民族充满变革和开放精神。"变革和开放精神是中华民族在长期实践基础上形成的。变革是中华民族对事物发展规律的遵循，是中华民族伟大实践的凝练，是中华民族取得成功经验的总结，是中华民族生生不息的力量源泉。开放是借鉴吸收人类文明成果的内在要求，是创新发展的必要条件。在变革和开放中，中华民族创造了人类发展史上的一次又一次辉煌。中国人民坚持和弘扬中华民族变革和开放精神，必将在新时代创造出更加辉煌的成就。

变革创新和开放包容精神支撑中华民族永续发展。在五千年灿烂辉煌的历史长河中，中华民族始终保持着变革创新和开放包容的文化特质。正是中华民族传承和弘扬"自强不息""厚德载物"精神，勇于变革、敢于开放，中华五千年的灿烂文明才成为人类历史上唯一的至今未曾中断的文明。从历史的角度看，变革和开放总体上是中国的历史常态。中国共产党成立以来，党领导人民在长期革命、建设和改革实践中，把马克思主义与中国的具体实际相结合，探索中国特色的革命道路、探索中国特色社会主义建设和改革开放的发展之路，形成了中国特色社会主义道路、理论、制度和文化。当今时代，中华民族以改革开放的姿态继续走向未来，变革创新和开放包容的精神是我们在全面建成小康社会、基本实现社会主义现代化、建设社会主义现代化强国的历史进程中的深厚文化根基和宝贵精神财富。

南阳古代官德文化中，同样闪耀着变革创新和开放包容的民族精神，是我们今天改革创新精神的前奏和萌芽。

"前有召父，后有杜母"。这是南阳百姓对这两个父母官的爱称。召信臣，字翁卿，为官清廉，西汉元帝初元到竟宁年间出任南阳太守。任太守时，他摒弃传统靠天吃饭的农耕思维，学习借鉴发达地区先进经验，兴修水利。他摘下乌纱换上斗笠，脱去官靴穿上草鞋，跋山涉水，勘察水源，协调土地，建渠修闸，几年间兴建大小水利工程达三十余处，可浇地达三万余公顷。杜诗，字君公，河南汲县（今河南省卫辉市）人，东汉官员，水利学家、发明家。光武帝时，为侍御史。建武七年（31 年）任南阳太守。在太守任上，杜诗修坡整地，扩大耕作，把经战乱破坏的召渠全部整理修复。杜诗还发明了"水排"，减轻了农民的劳动强度，提高了农业发展水平。他研制的水轮"发电"机，以强劲的风力为冶铁生产提供了巨大动力，提高了生铁的产量和质量。①

张衡自幼勤于读书，钻研科学。在数学、地理、绘画和文学等方面，表现出了非凡的才能。公元 111 年，张衡在南阳太守鲍德的推荐下，被朝廷特招进京，先任侍郎，再任太史令。他在太史令位置干了十四年。第三年研制出当时世界上最先进的天文仪器——漏水转浑天仪，同时他的天文巨著《灵宪》问世，"天之包地，犹壳之裹黄"，他提出的这一宇宙理论，比西方早 1700 年。十四年后，世界第一架

① 李天岑主编：《南阳历史地位研究》，中州古籍出版社 2016 年版，第 103 页。

监测地震仪器——候风地动仪研制成功，并于公元 135 年成功预测出甘肃大地震。这项技术比西方国家早 1300 年。1971 年，联合国天文组织把月球背面的一座环形山命名为"张衡山"，1974 年把宇宙中 1802、9012 两颗小行星分别命名为"张衡星"和"南阳星"。2018 年，我国成功发射"电滋监测地震卫星"，并将其命名为"张衡一号"。

张仲景是东汉末年的著名医学家，被后人尊称为"医圣"。张仲景同样是一位变革求新的践行者。东汉建安年间，军阀混战，瘟疫暴发，天下大乱。张仲景作为民间一名医生，立志"勤求古训，博采众长"，"上疗君亲之苦，下救贫贱之厄"。张仲景举为孝廉后并没有马上做官，而是日夜在抗疫战场操劳，救治病人。他反复实践，研究出十几种无痛苦不花钱的急救治疗法，人工呼吸、自溢救治、心脏复苏、灌肠法、消渴法等，至今仍在应用。张仲景当上长沙太守后，白天处理公务，晚上以"郎中"身份为百姓治病，后来又择定每月初一、十五停止办公，在大堂开诊。"坐堂行医"典故就出于此。这在历史上可以说是开创性的。为了救治天下病痛百姓，他毅然辞官，回到家乡，在一个庙里安顿下来，白天出诊看病，上山采药，收集经方，晚上钻研古代医著，撰写医书。经过十年功夫，著成《伤寒杂病论》。这部著作确立的辨证论治原则，是中医临床的基本原则，是中医的灵魂所在。它是我国医学史上影响巨大的古典医学理论著作，也是我国第一部临床治疗学方面的巨著。

南阳人张堪，在渔阳太守任内，除了把在家乡掌握的先进农业技术传授给当地农民外，还大胆革新，把蜀郡的水稻种植技术引入渔阳郡，在孤奴（今北京顺义境内）造稻田八千余顷，劝民耕种，使当地百姓很快富裕起来。张堪任渔阳太守八年，直到病逝。渔阳百姓用歌谣讴歌张堪曰："桑无附枝，麦穗两歧。张君为政，乐不可支。"从那时起，水稻这种在南方温暖地区丰产的农作物，已在相对寒冷的北京一带开始种植，并逐步扩展到东北地区，张堪功不可没。

东汉中期开始，官吏选拔被权势部门把持，基层推荐也被门阀操弄，"举秀才，不知书；举孝廉，父别居"，成为对当时的最大讽刺。官至尚书的左雄，顶着罢官免职的风险，数次上书汉顺帝，要求对选拔官员制度进行改革。他的改革措施可概括为：凡被举为孝廉者，在公府严格考察的基础上，增加一次经书相关内容的考试，然后予以公示，经审核无误后才正式录用。也就是说，在原来察举程序上，增加一次笔试，考察其真实水平。这一制度的改革打破了只有贵族子弟才能取士的局限，使学习取士形成制度。这对当时"上品无寒门，下品无士族"的选官制度也是一种纠正，为底层的穷人志士提供了一条上升的通道。也可以说，它是科举制的萌芽。对这一改革，顺帝予以采纳，将此令颁布各郡正式实施。

中国共产党的成立，是石破天惊、披荆斩棘的开拓创新。在军阀混战、水深火热的年代，克服千难万险成立一个以马列主义为指导的无产阶级政党，这需要何等的胆略，何等的勇气！100多年前，处于帝国主义薄弱环节的俄国率先成功取得无产阶级革命的胜利。短短三年多时间，无产阶级革命本身就是一个年轻的新生事物，在理论、实践等方面还明显不成熟，而要在半殖民地半封建的中国建立这样一个全新的政党，实现民族独立、国家富强的夙愿，这在当时的历史条件下是一件常人难以相信的事情。这就需要早期中国共产党人开天辟地的非凡胆略和勇于创新的伟大气度。在中共七大预备会议上，毛泽东同志引用了《庄子》中的一句话"其作始也简，其将毕也必巨"，此语用来概括中国共产党成立的历史再适合不过。

中国共产党在百年成长的历程中，始终坚持理论实践创新与改革开放相结合，走出了一条符合中国实际的发展之路。

在理论创新上，推进马克思主义中国化。毛泽东同志把马克思主义基本原理同中国革命具体实践相结合，提出"枪杆子里面出政权"、农村包围城市的正确理论，领导中国共产党取得了革命斗争的胜利；邓小平同志在党的十一届三中全会主题报告中提出"解放思想，实事求是，团结一致向前看"；江泽民同志提出"三个代表"重要思想；胡锦涛同志提出"科学发展观"；习近平总书记提出"新时代中国特色社会主义思想"。从这一系列理论成果的形成，可见中国共产党人不忘初心、与时俱进、理论创新的足迹。

在实践创新上，1927年"八一"南昌起义，中国共产党打响了武装反抗国民党反动派的第一枪；1935年的"遵义会议"，纠正"左"的路线错误，在事实上确立了毛泽东的领导地位；1978年12月确立以经济建设为中心的正确路线。党的十八大以来，面对新形势，以习近平同志为核心的党中央提出统筹推进"五位一体"总体布局，协调推进"四个全面"战略布局，提出"创新、协调、绿色、开放、共享"五大发展理念，形成了一系列治国理政新理念新思想新战略，推动了马克思主义在中国的实践创新。

无论实践探索，还是顶层设计创新，无论是"摸着石头过河"的大胆突破，还是立足经验总结的制度设计，一项项变革方案的提出，无不展示出我们党勇立时代潮头，把握时代脉搏，承担时代使命，聆听时代声音，回答时代课题，坚持辩证唯物主义和历史唯物主义世界观和方法论，通过思想解放，勇于打破藩篱，推动变革的政治定力和创新勇气。在对外开放方面，我们党一以贯之，坚持请进来走出去不动摇，确立互利共赢开放战略。从加入世界贸易组织到积极参与亚太经合组织、上海合作组织、大湄公河次区域经济合作等诸多区域经贸合作活动；从主要是沿海开放扩大到沿江沿边开放，到形成陆海内外联动、东西双向互济的开放格局，推动形成开放型世界经济和构建人类命运共同体；从引进资金、技术、管理，到开展"三来一补"贸易，再到外向型经济水平稳步提升，首届中国国际进口博览会举办，推动构建人类命运共同体，建设新型国际关系，共建"一带一路"，以中国的新发展为世界提供新机遇。

新中国成立 70 多年来，特别是改革开放 40 多年来，我国取得了历史性的成就，我国的面貌发生了历史性的变化，我国的发展创造了人类社会的奇迹，赢得了世界的尊重。这些成就的取得离不开中国人骨子里蕴藏的中华优秀文化基因和民族精神。我国改革开放取得的巨大成就，都是勤劳智慧的中国人民干出来的。习近平总书记在庆祝改革开放 40 周年大会上的重要讲话中强调："40 年来取得的成就不是天上掉下来的，更不是别人恩赐施舍的，而是全党全国各族人民用勤劳、智慧、勇气干出来的！"中国人民所创造的伟大成就，凝聚着中国人民的智慧，浸透着中国人民的汗水。在社会主义现代化新征程中，中国人民继续发扬变革创新和开放包容的精神，点燃新时代继续奋斗的激情，就一定能够达到创造更加美好的未来。

当今中国站在新起点上，我们面临着错综复杂的国际环境和国内改革发展的矛盾与问题，同时也面临着重要的发展机遇期。中国人民秉承改革创新、开放包容的民族精神，永葆变革和开放的品格，用习近平新时代中国特色社会主义思想凝聚民族复兴的坚定意志和磅礴力量，统筹推进"五位一体"总体布局，协调推进"四个全面"战略布局，牢牢抓住发展的机遇，不断化解发展道路上的各种危机和挑战，必将实现全面建成社会主义现代化强国的目标。

后　记

　　一次，听一位外地朋友说，南阳自古以来，藏龙卧虎，不可小视。唐朝大诗人李白对南阳人物就十分赞叹，在《南都行》一诗中讲："此地多英豪，邈然不可攀。"听他一说，心中大为震动，想不到自己家乡，竟然在诗仙眼中地位如此之高，不觉为之自豪，同时也觉得应该好好认识南阳及其历史了。对南阳有所了解的人，也都有这样的惊奇：从古到今，为什么这里涌现出那么多的彪炳史册的卓越人物？如古代的百里奚、范蠡、张衡、张仲景、诸葛亮、范仲淹等历史人物，现代的冯友兰、彭雪枫、二月河以及被称为"南阳现象"的作家群、法学家群，等等。我生活在南阳，虽然多少知道有张衡、张仲景、诸葛亮等这些妇孺皆知的名人，但对南阳拥有这么多出类拔萃的人物，所知却不多。经人们一再说，用心去了解一下，的确发现，南阳是一个非同凡响的地方，很值得关注和研究。

　　时值南阳师范学院和南水北调干部学院商谈合作事宜，酝酿呼应加强党的建设研究，特别是政德建设问题的研究课题，拟以南阳历代优秀官员所作所为具有的启示，撰写一部官德文化方面的著作。于是，几位有志于此的同仁，开始筹划这部书的写作。

　　《南阳古代官德文化概论》一书，是对南阳古代优秀文化的一页采撷。作为中原文化重要组成部分的南阳文化，十分厚重渊博，远在春秋战国初展风采，东汉时期形成一次高峰，此后绵延发展，蔚为大观。这是中原文化中的璀璨珍宝，需要我们倍加珍爱、精心打磨、努力开发，使其焕发出时代的光芒，照亮我们前行的道路。我们对南阳古代官德文化的思考梳理，是一次尝试，以期使更多人关注和促进南阳乃至中原文化的研究与发展，为中原文化的弘扬，为中原更加出彩，以尽绵薄之力。同时，在加强社会治理体系和治理能力现代化建设的背景下，通过对南阳古代官德文化资源的挖掘，为社会治理体系健全和治理能力提升，提供可资借鉴的文化资源。

本书四位作者中，靳安广、李新士、杨景涛分别是中国人民大学马克思主义哲学博士、南开大学中国哲学博士、北京大学政治学博士，都长期从事高校教学科研工作，对历史文化有着浓厚兴趣，具有较强的研究能力；张书报先生长期从事行政管理工作，历任县委书记、市人事局局长、市委组织部副部长、南阳大文化研究院副院长等职，有丰富的政治实践经验，现在从事南阳文化研究宣传工作，具有经验和理论双重优势。四位作者不断查阅资料、调研访谈、咨询专家、研究切磋，经过反复斟酌，时时修改打磨，历经两年时光，始有本书的问世。本书得到很多领导、专家和朋友们的关心和支持，实在是众人努力合作的结果。各部分的具体分工是：靳安广撰写引言、中篇、下篇；张书报撰写上篇；李新士撰写中篇；杨景涛撰写中篇。

本书的写作过程，得到南阳师范学院、南水北调干部学院、南阳市委组织部以及南水北调精神研究院等单位（机构）的大力支持。南阳师范学院党委书记黄荣杰教授、副校长孔国庆教授对我们的工作非常关心，提供了宝贵的指导和支持。南阳市委组织部原部长吕挺琳十分重视本书的撰写，指导有关部门积极协调配合，并审阅书稿，提出中肯意见。南水北调干部学院院长孙富国，对本书的策划、组织专家研讨、协调出版等方面付出了辛勤的劳动，提供了大力支持和帮助。南阳师范学院马克思主义学院院长席晓丽教授积极支持，韩国良教授、曾祥旭教授、高二旺教授等提供了专业帮助和指导。其间，有很多学者和朋友热心帮助，积极鼓励，留下许多难忘而又美好的回忆。借此机会，对所有给予关心、支持和帮助的人们，表示由衷的谢意！

在写作过程中，我们参考引用了许多论文、著作和材料，尽可能注明了出处，还有一些没能一一注明。正是这些资料，为我们的写作提供了必不可少的条件，在此表示深深的感谢！虽然我们花费两年之久，反复推敲，精心打磨，努力使之成为有分量的作品，为弘扬南阳文化尽一份力量，也期望为广大读者献出一部有看头有价值的著作，但因水平所限，不足之处定然不少，恳请专家、学者和读者多提宝贵意见，以便将来修改完善。

2021 年 5 月

责任编辑：朱云河

装帧设计：周方亚

责任校对：吕　飞

图书在版编目（CIP）数据

南阳古代官德文化概论 / 李永，孔国庆主编 . —北京：
　人民出版社，2021.12

ISBN 978－7－01－022839－6

I. ①南⋯　II. ①李⋯ ②孔⋯　III. ①廉政建设－南阳－通俗读物

　IV. ① D630.9－49

中国版本图书馆 CIP 数据核字（2020）第 249322 号

南阳古代官德文化概论

NANYANG GUDAI GUANDE WENHUA GAILUN

李永　孔国庆　主编

人民出版社 出版发行

（100706　北京市东城区隆福寺街 99 号）

北京中科印刷有限公司印刷　新华书店经销

2021 年 12 月第 1 版　2021 年 12 月北京第 1 次印刷

开本：710 毫米 ×1000 毫米 1/16　印张：17

字数：204 千字

ISBN 978－7－01－022839－6　定价：58.00 元

邮购地址 100706　北京市东城区隆福寺街 99 号

人民东方图书销售中心　电话（010）65250042　65289539

版权所有·侵权必究

凡购买本社图书，如有印制质量问题，我社负责调换。

服务电话：（010）65250042